학습분석학의 이해

조일현 · 박연정 · 김정현

LEARNING ANALYTICS

박영story

PREFACE

　학문의 한 분야로서 학습분석학(learning analytics)은 그 역사가 길지 않다. 앞으로 더 많은 연구와 실천을 통해 확산될 가능성이 높은 미래지향적인 학문이다. 최근 4차 산업혁명에 대한 관심이 확대되면서 학습분석학 관련 연구논문과 보고서 또한 크게 늘어났다. 그러나 학습분석학을 이론과 실천 측면에서 균형 있게 다룬 입문용 교재는 국내외를 포함해서 찾아보기 쉽지 않은 실정이다. 『고등교육에서의 빅 데이터와 학습분석학(Big Data and Learning Analytics in Higher Education: Current Theory and Practice)』(Daniel, 2016), 『학습분석학(Learning Analytics: From Research to Practice)』(Larusson & White, 2014)과 같은 도서, 그리고 『학습분석학 핸드북(Handbook of Learning Analytics)』(Lang, Siemens, Wise, & Gašević, 2017)이 편저(여러 저자가 각각의 챕터를 맡아 한 권의 책으로 완성하는 형태)로 출간된 바 있다. 그러나 번역서들은 국내 현실에 제대로 적용하기엔 분명 한계가 따르기 마련이다. 따라서 우리 세 저자들은 학습분석학을 제대로 연구하고 공부해 국내 현실에 적용하도록 활용할 만한, 하나의 완성된 교재가 절실히 필요하다는 결론에 도달했다.

　그렇게 집필 계획을 세운 지 2년이 지났다. 2016년 6월 이화여자대학교 LAPA (Learning Analytics for Prediction and Action) 연구실이 제1차 『Learning Analytics Workshop』을 개최하면서 학습분석학을 중심으로 한 연구 사례를 소개하게 되었고, 그간의 연구 성과물을 정리해 한 권의 책으로 신속히 출간하려 하였다. 그러나 한 권의 교재로 엮으려면 그 동안 쌓아온 연구 성과물들을 내용과 방법 면에서 통일하는 작업이 선행되어야 했다. 학습분석학을 처음 접하게 될 독자의 필요에 맞도록 내용을 구성하고 편집하는 작업에도 예상보다 더 많은 시간이 들었다. 지난 2년 동안 연구실이 새로운 생리 심리 연구의 제안과 실험, 논문 작성 등 새로운 방향을 모색하느라, 돌아보고 정리할 여력이 부족했던 탓도 있다.

　그동안 학습분석학 연구도 그 범위와 영역이 확장되고 내용과 수준 또한 깊어졌다. 4차 산업혁명시대 또는 지능 정보화 시대 등 최신의 '시대' 용어들도 등장하였다. 우선, '빅 데이터'는 학습분석학이 하나의 체계적 학문으로 관심을 받기 시작한 시점과 맞물려 있다. 학습분석학이 개념화 되기 전 비교적 오랜 시간 자리를 차지했던 학문 영역이 교육 데이터 사이언스(Educational Data Science: EDS)이다. 데이터 사이언스의

한 갈래인 EDS는 2000년과 2007년 사이에 개최된 몇몇 워크숍에 기인한다. 관련된 대표적인 국제콘퍼런스가 EDM(Educational Data Mining)과 LAK(Learning and Knowledge Analytics)이다. 특히 LAK 콘퍼런스는 2011년 최초로 시작된 뒤 명실공히 전 세계의 학습분석학 연구를 선도하는 역할을 수행하고 있다. 빅 데이터는 2012년 세계경제포럼(World Economic Forum, 일명 다보스 포럼)에서 국제 개발의 새로운 가능성을 여는 중요한 기술로 지목되면서 언론을 도배하기 시작했다. 알려진 바대로 2016년 다보스 포럼에서 4차 산업혁명이라는 단어가 제시된 이후 '빅 데이터 시대'라는 용어는 자연스럽게 4차 산업, 보다 구체적으로는 '지능정보사회'라는 용어로 대체되는 추세다. 때문에 2011년으로 추정되는 학습분석학의 태동과 발전에 4차 산업이나 지능정보사회보다 '빅 데이터 시대'가 적절하다는 생각에 본고의 시작을 빅 데이터로 하였다. 학습분석학은 결국 4차 산업혁명의 영향력 아래, 빅 데이터 – 머신러닝 – 딥러닝 – 인공지능으로 이어지는 기술 혁신 속에서 지속적으로 발전할 것이다.

본 책은 크게 5부로 구성된다. 1부에서는 이렇게 빅 데이터 시대로 표방되는 현재의 교육 환경과 학습분석학이 시작되기 전부터 꾸준히 발전하고 진화해온 교육적 데이터 마이닝에 대한 개념을 소개한다. 따라서 1장에서는 빅 데이터의 기본 개념에 초점을 두었고, 2장에서는 교육적 데이터 마이닝에서 학습분석학으로의 전환을 다루었다. 제2부에서는 본격적으로 학습분석학에 대해 학습할 수 있다. 왜 학습분석학이 최근 주목을 받고 있는지, 어떠한 특징과 프로세스를 통해 수행되는지 이해를 도울 수 있는 학습분석학 모형과 유형을 제시했다. 제3부에서는 구체적인 연구 사례를 학습분석학의 세부 영역인 학습심리, 분석예측, 처방으로 나누어 설명한다. 제4부에서는 3부의 사례에서 다루지 못한 학습분석학의 확장을 두 가지 방향으로 나누어 제시했다. 10장에서는 학습분석학 활용을 기업교육훈련(HRD) 맥락으로 확장하였으며 11장에서는 분석 대상에서의 확장인 생리심리 데이터의 분석을 다루었다. 마지막 5부는 학습분석학을 둘러싼 도전 과제에 대한 주제다. 11장에서는 윤리적 이슈와 해결과제를 논의하고, 12장에서는 학습분석학의 궁극적 지향점에 해당하는 교수학습의 설계에 대한 내용을 담았다.

아무쪼록 시대를 앞서가는 독자 여러분들이 본 교재를 통해 학습분석학에 대한 이해를 높이고 교육의 현장에서 탐구, 적용, 발전시켜 나가는 여정을 함께하길 기대해본다.

2019년 2월
저자 일동

CONTENTS

PART 01 빅 데이터 시대의 교육환경

CHAPTER 01 빅 데이터에 대하여 ·· 12

  1. 빅 데이터란? _ 12
  2. 빅 데이터의 여섯 가지 특징 _ 15
  3. 빅 데이터의 유형, 분석 기법 및 워크 플로우 _ 16
  4. 빅 데이터의 활용 영역과 추세 _ 20

CHAPTER 02 교육적 데이터 마이닝(EDM) ······························· 26

  1. EDM의 연구배경 _ 26
  2. EDM과 LA(학습분석학)의 차이점 _ 28
  3. 데이터 마이닝 연구 동향 _ 30

PART 02 학습분석학의 개념과 모형

CHAPTER 03 학습분석학에 대하여 ··· 36

  1. 학습분석학의 정의 _ 36
  2. 학습분석학의 배경 _ 41
  3. 학습분석학의 특징 _ 43
  4. 학습분석학의 모형 _ 44

CHAPTER 04 학습분석학 수행절차 ··· 54

  1. 학습분석학 프로세스 _ 54
  2. 데이터 수집 및 가공 _ 55
  3. 분석, 평가 및 예측 _ 58
  4. 처방 제시 _ 59

CHAPTER 05 학습분석학의 유형·· 62

1. 처방 대상에 따른 유형 _ 62
2. 콘텐츠 분석 범위에 따른 유형 _ 64
3. 학습자의 사회적 관계에 따른 유형 _ 65

PART
03 학습분석학 연구 사례

CHAPTER 06 학습심리모형 영역의 연구 사례·························· 70

1. 학습심리 영역의 학습분석학 연구 흐름 _ 70
2. 학습자의 동기, 인지전략, 학업성취 간의 구조 _ 71
3. 시간관리 전략과 학업성취도 간 관계 _ 76
4. 온라인 환경에서의 시간 관련 변수 측정 _ 80
5. 시간관리 전략과 온라인행동변수 간 준거 타당성 _ 86
6. 종합 정리 및 생각해볼 문제 _ 92

CHAPTER 07 분석예측모형 영역의 연구 사례·························· 96

1. 분석과 예측 영역에 관한 학습 분석학 연구 흐름 _ 96
2. 학업성취 예측 모형의 개발 _ 97

CHAPTER 08 처방모형 영역의 연구 사례······························· 136

1. 처방 영역에 관한 학습 분석학 연구 흐름 _ 136
2. 대시보드의 정의 및 설계 원리 _ 137
3. 학습분석학의 응용 _ 140
4. 학습 분석학 어플리케이션의 다섯 가지 유형 _ 145

CONTENTS

PART 04 학습분석학의 확장

CHAPTER 09 학습수행분석학과 HRD ·································· 160
  1. 학습수행분석학의 정의와 특징 _ 160
  2. 경험과학으로서의 HRD 측정 평가의 전략적 의의 _ 164
  3. 학습·수행분석학 설계 개발 _ 168
  4. 학습·수행분석학 수행 역량 _ 172

CHAPTER 10 학습분석학과 생리심리 데이터 분석 ···················· 180
  1. 생리심리 반응의 정의와 특징 _ 180
  2. 생리심리 반응 측정법 _ 183
  3. 학습분석학과 생리심리 반응 _ 191
  4. 생리심리 반응 영역의 연구 사례 _ 193

PART 05 학습분석학의 도전과 미래

CHAPTER 11 학습분석학의 윤리적 이슈 및 해결과제 ················· 208
  1. 학습분석학과 관련한 윤리적 이슈 _ 210
  2. 개인정보 보호와 관련한 법적 규정 _ 213
  3. 학습분석학의 윤리적 실천을 위한 가이드라인 _ 214

CHAPTER 12 학습분석학, 그 궁극의 지향점: 교수-학습의 설계 ···· 222
  1. 교육공학의 현안과 학습분석학의 발전 _ 222
  2. 학습분석학과 교수설계 모형의 연계 _ 224
  3. 교육공학 2.0을 위한 학습분석학 연구과제 및 이슈 _ 228

REFERENCE ·· 232
INDEX ·· 246

Understanding Learning Analytics

학습분석학의 이해

01

빅 데이터 시대의 교육환경

Chapter 1   빅 데이터에 대하여

Chapter 2   교육적 데이터 마이닝(EDM)

Chapter

01

빅 데이터에 대하여

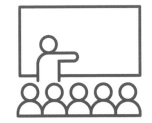

Understanding Learning Analytics

Chapter

01 빅 데이터에 대하여

주요 내용

- 빅 데이터의 정의와 특징
- 빅 데이터의 활용 영역과 추세
- 빅 데이터의 교육적 활용 현황 및 사례

학습 목표

1. 빅 데이터의 특징을 설명할 수 있다.
2. 빅 데이터가 우리 사회와 교육 환경에 어떠한 변화를 가져올 것으로 보이는지 논의할 수 있다.

---

1 빅 데이터란?

　빅 데이터는 4차 산업혁명과 함께 자주 회자되는 현대사회의 대표적 키워드이다. 스마트 기기 및 소셜 네트워크서비스(Social Network Service)의 발달로 비정형 데이터가 기하급수적으로 증가하고 있다. 최근은 웹과 더불어 각종 센서 네트워크들 또한 디지털 데이터를 생성하고 주고받음에 따라 인류의 데이터 사용량은 폭발적인 증가 양상을 보이고 있다.

　인류가 쏟아낸 데이터 양은 2011년 1조 9,000억 기가바이트, 2012년은 그보다 50%가 증가된 2조 7,000억 기가바이트, 2020년은 35조 기가바이트에 도달할 것이라는 전망이다(함유근 & 채승병, 2012). <표 1-1>에서처럼 현재 우리에게 익숙한 기가(Giga) 바이트나 테라(Tera) 바이트 단위들로는 데이터의 양을 충분히 표현할 수 없게 되었다. 이제 <표 1-1>에 정리된 페타(Peta), 엑사(Exa), 제타(Zetta), 요타(Yotta) 단위까지도 알아둬야 할 지경이다.

　그러나 데이터가 이렇게 폭발적으로 증가하고 데이터의 볼륨이 커졌다는 이유만

표 1-1 데이터 양을 포함하는 접두사

1 000 000 000 000 000 000 000 000	Yotta(Y)	10^{24}	1 septillion	요타바이트(YB)
1 000 000 000 000 000 000 000	Zetta(Z)	10^{21}	1 sextillion	제타바이트(ZB)
1 000 000 000 000 000 000	Exa(E)	10^{18}	1 quintillion	엑사바이트(EB)
1 000 000 000 000 000	Peta(P)	10^{15}	1 quadrillion	페타바이트(PB)
1 000 000 000 000	Tera(T)	10^{12}	1 trillion	테라바이트(TB)
1 000 000 000	Giga(G)	10^{9}	1 billion	기가바이트(GB)
1 000 000	Mega(M)	10^{6}	1 million	메가바이트(MB)
1 000	Kilo(K)	10^{3}	1 thousand	킬로바이트(KB)

주: 1991년 '19th General Conference on Weights and Measures'에서 만들어진 데이터 양에 관한 접두사 정의.
출처: Rizzatti(2016) 자료를 수정한 것임.

으로 '빅 데이터'가 주목받는 것은 아니다. 즉, 빅 데이터(Big data)라는 용어가 '사이즈 가 큰(big)' 데이터만을 의미하는 것은 아니라는 것이다. 빅 데이터는 흔히 3Vs로 칭해 지는 특징을 이용하여 정의된다. 데이터의 크기(Volume), 다양성(Variety), 속도(Velocity) 측 면에서, 방대하고, 정제되지 않은 다양한 형태의 데이터가 실시간으로 생성되는 것을 뜻한다(Ward & Barker, 2013). 사실 빅 데이터에 대한 정의는 <표 1-2>에서처럼 발표 한 기관마다 약간의 차이가 있다. 이 정의들을 살펴보면 빅 데이터를 크게 협의의 의 미로 보는 관점과 광의의 의미로 보는 관점으로 나눌 수 있다. 이를 함유근과 채승병 (2012)의 설명을 빌려 정리하면 다음과 같다.

- 협의의 빅데이터: 수십에서 수천 테라 바이트 정도의 거대한 크기를 갖고 여러 가지의 다양한 비정형 데이터를 포함하며, 생성−유통−소비(이용)가 몇 초에서 몇 시간 단위로 일어나 기존 방식으로는 관리와 분석이 매우 어려운 데이터 집 합이다.
- 광의의 빅데이터: 기존의 관리와 분석이 매우 어려운 데이터 집합. 그리고 이를 관리, 분석하기 위해 필요한 인력과 조직 및 관련 기술까지 포괄하는 용어이다.

표 1-2 빅 데이터의 정의

주요 기관 및 저자	정의
McKinsey (Manyika et al., 2011)	일반적인 데이터 베이스 소프트웨어 도구가 수집, 저장, 관리, 분석할 수 있는 정도를 초과하는 데이터 세트
IDC (Gantz & Reinsel, 2012)	다양한(variety of) 종류의 대규모(volume) 데이터로부터 빠른(high-velocity) 수집, 조사, 분석 과정을 통해 경제적으로 가치(value)를 추출하도록 고안된 차세대 기술 및 아키텍처
Gartner (Gartner, 2015)	향상된 통찰력과 의사결정을 위해 비용 효율적(cost-effective)이며 혁신적인(innovative) 정보 처리 형태가 요구되는 정보 자산으로, 대용량(high-volume), 빠른 속도(high-velocity), 다양성(high-variety)이라는 특성을 지님
NIST (NIST, 2018)	• 디지털 데이터의 양(volume), 속도(velocity), 다양성(variety)의 특징을 갖는 데이터 • 전통적 방식으로는 풀지 못했던 최신 문제들에 대한 새로운 접근법을 가능하게 하거나, 기존 시스템의 저장 용량이나 분석 능력을 초과하며, 샘플 사이즈 정도의 차이가 아니라 집단 데이터를 저장하고 분석하는 근본적 차이가 있음 • 휴면(잠자는) 데이터에서 변동성(실시간 바뀌는) 데이터에 이르는 스케일링(scaling)이 존재하고 관계 디자인, 하둡(Hadoop)과 같은 물리적 데이터 저장소, 연결된 자원 이상의 새로운 공학과 모델링 개념 • 효율성을 고려한 데이터 생명주기와는 다른 처리 순서를 요함

출처: 조용상(2013)의 자료를 수정.

2 빅 데이터의 여섯 가지 특징

빅 데이터의 정의들이 공통적으로 강조하는 3V(크기: Volume, 속도: Velocity, 다양성: Varity)가 협의의 의미의 빅데이터를 잘 표현하고 있다면, 빅데이터의 관리와 분석에 필요한 기술과 그 가치는 광의의 의미가 좀더 강조되고 있다. 이에 따라 최근의 보고서(Daniel, 2015, 2016)는 여기에 3V(비정형성: Veracity, 검증과 보안: Verification, 가치 지향성: Value)를 추가하여 [그림 1-1]과 같이 여섯 가지 특징으로 빅 데이터를 설명한다.

빅 데이터의 여섯 가지 특징에 대한 구체적인 사례를 정리하면 <표 1-3>과 같다. 즉, 빅 데이터는 규모가 크다는 점, 형태가 다양하다는 점, 빠른 속도로 생성된다는 점으로 그 특징을 요약할 수 있다. 이러한 특징들 때문에 빅 데이터는 정제되지 않은 데이터를 마이닝하는 기술과 검증·보안에 대한 정책과 처리 과정을 필요로 하며, 궁극적으로는 개인과 조직 및 사회에서 필요로 하는 가치를 형성하기 위한 개념적 틀 안에서 이해되어야 한다.

그림 1-1 빅 데이터의 특성을 표현하는 여섯 가지 Vs

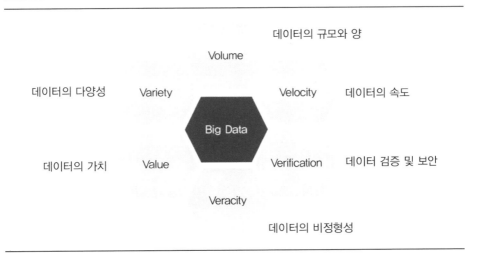

출처: Daniel(2015).

표 1-3 빅 데이터의 여섯 가지 특징, 주요 수집 방법과 목표

구분	특징	"빅(Big)"은	사례 및 설명
협의 의미	Volume	규모와 양이 크다.	국내 초·중등 학생 720만 명의 5년간 디지털 교과서 로그파일 및 성적 데이터
	Variety	다양한 종류의 데이터로 구성된다.	A사 임직원의 모바일 러닝 사용 시점 및 위치 정보, 직급, 직무, 고과, 근무교대 시간, 건강검진 기록, 점심식사 메뉴 등 데이터 형식이 매우 다양함
	Velocity	데이터의 생성 속도가 빠르다.	B대학 20,000명 중 학사 경고 고위험군 학생의 일 단위 명단, 산사태가 났다고 실시간 현황을 퍼트리는 트위터 데이터
광의 의미	Veracity	데이터에 노이즈, 바이어스, 비정상적인 내용이 혼재되어 있다.	대학 사이버캠퍼스 내에 쌓이는 학생들 로그 데이터, 게시판 글, 학생들이 주고받는 SNS 데이터에는 불필요한 내용이 혼재되어 있어, 분석 목적에 따라 적절한 데이터 마이닝이 필요함
	Verification	데이터의 검증과 보안이 동반되어야 한다.	실시간 변화하는 데이터에서 지속 가능한 데이터에 이르기까지, 데이터 간 검증이 필요하고, 빅 데이터 속에 존재하는 개인정보 등 보안 이슈가 있음
	Value	데이터를 통해 근본적으로 개인 및 사회에서 요구하는 가치를 생성하고자 한다.	빅 데이터 분석은 사회적 트렌드와 이슈, 민심 등의 확인, 빅 데이터 분석을 통한 마케팅, 교육, 경영 효율화 등 개인의 삶과 조직의 성과에 기여할 수 있음

출처: Daniel(2015) 및 조일현(2014) 자료를 수정 보완한 것임.

3 빅 데이터의 유형, 분석 기법 및 워크 플로우

데이터의 폭발적 증가는 [그림 1-2]와 같이 비정형 데이터 증가에 기인한다. 이에 따라 기존 정형 데이터 분석 외에 비정형 데이터를 이용한 수집/분석 기술

그림 1-2 비정형 데이터의 기하급수적 증가

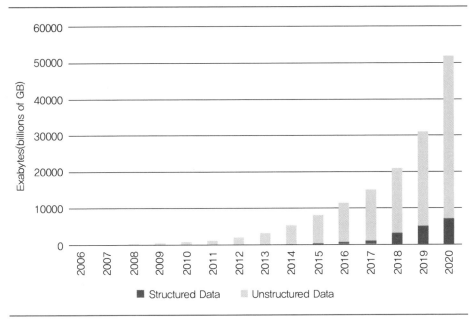

■ Structured Data ⬜ Unstructured Data

출처: https://www.eetimes.com/author.asp?section_id=36&doc_id=1330462

및 대용량 분산 클러스터링 최적화 기술 등에 대한 요구가 증대되는 추세이다. 이러한 빅 데이터의 유형과 분석기법을 살펴보자.

데이터는 '데이터의 정형성' 측면에서 정형, 반정형, 비정형으로 구분되기도 하고, '데이터의 성격'에 따라 도큐먼트 데이터와 비도큐먼트 데이터로 나뉜다. 정형 데이터(structured data)가 데이터베이스나 스프레드시트처럼 필드로 구분된 테이블 형태의 구조적인 데이터라면, 비정형 데이터(unstructured data)는 이미지, 동영상, 소셜네트워크 서비스를 통해 발생하는 데이터, 웹 페이지에 포함된 데이터, 온라인 포럼이나 블로그를 통해 생성되는 데이터 등 매우 다양한 형태를 보인다(조용상, 2013). 반정형 데이터는 이 두 형태의 중간 형태로, 테이블 형태로 완전히 구분되지는 않지만 인스턴스 메시지보다는 데이터 구성 요소를 어느 정도 식별할 수 있는 데이터이다. 사용자 로그, 시스템 로그, 보안 로그 데이터가 여기에 해당된다. <표 1-4>는 이러한 빅 데이터의 유형과 그에 따른 분석기법을 정리한 것이다.

빅 데이터는 크게 ① 데이터 수집, ② 데이터 저장 및 처리, ③ 데이터 분석,

표 1-4 빅 데이터 유형과 분석기법

데이터 구분			분석기법
구분		정의	
데이터 정형화 정도	정형 (Structured)	−고정된 필드에 저장된 데 이터, 관계형 데이터베이스 및 스프레드 시트	−텍스트 마이닝 (Text mining, 자연 처리기술 NLP 기반) −오피니언 마이닝 (Opininon mining, 평판분석) −소셜네트워크 분석 (Social Network Analysis) −클러스터 분석 (Cluster Analysis)
	반정형 (Semi−structured)	−메타데이터나 스키마 등 을 포함하는 데이터로, xml 이나 html 텍스트	
	비정형 (Unstructured)	−텍스트 분석이 가능한 텍 스트 문서 및 이미지/동 영상/음성 데이터 등	
데이터 성격	도큐먼트 데이터 (Document data)	−수량과 데이터 저장 형식 에 초점 −데이터의 의미와 내용에 초점	−자연어 처리(NLP) 기법 −주제어 추출 기법 (Topic Extraction)
	비도큐먼트 데이터 (Non−Document data)	−단일 단위로는 무의미 −군집되었을 때 특정 패턴 이 있는 데이터	−쇼핑 패턴 분석 −생산라인의 센서 정보 분석 −위치정보 분석 −로그정보 분석

출처: 정진명, 김우주 & 구찬동(2016) 자료를 수정 보완한 것임.

④ 시각화 및 응용, 네 가지의 단계로 워크 플로우를 구분할 수 있다. 첫째, 데이터 수집(data collection)은 데이터가 최초 생성되는 곳으로부터 별도의 수집 에이전트나 개 방형 API(Application Programming Interface)와 같은 어댑터를 통해 데이터가 모여 저장되는 단계까지를 의미한다. 정형 데이터의 경우 일정한 형태로 데이터를 추출하거나 스크 랩핑(scrapping) 하는 반면, 비정형 데이터는 에이전트를 통해 긁어 모으게 되는데 이를 크롤링(crawling)이라고 하고 이때 필요한 에이전트를 크롤러(crawler)라고 한다.

둘째, 데이터가 저장되고 처리되는 단계(store and processing)는 말 그대로 빠른 속도 로 생성되는 데이터의 저장과 관리에 관한 것이다. 이 과정에서 고성능의 분산 파일 처리 시스템이 요구되기도 한다. 거대 데이터를 효율적으로 저장하기 위한 구글의 맵리듀스(MapReduce) 알고리즘을 오픈소스 소프트웨어로 만든 아파치 소프트웨어 재단(ASF)의 하둡(Hadoop)이 대표적이다.

셋째, 데이터의 분석에는 <표 1-4>에 정리된 것처럼, 데이터가 정형화된 정도와 데이터의 성격에 따라서 다양한 분석기법이 활용된다. 마지막으로 시각화(visualization) 및 적용(application) 단계는 데이터 분석 결과를 시각적으로 표현하고 활용하는 단계이다. 데이터의 시각화 도구 또한 그동안 괄목할 만큼 성장했는데, SAS Visual Analytics, IBM Watson Analytics, Tableau 등과 같은 소프트웨어 및 무료 데이터 분석 및 시각화 도구가 활발히 사용되는 추세이다. 빅 데이터의 시각화 사례 중 하나로 D3(Data-Driven Documents)를 들 수 있다. 뉴욕 타임스의 대화형 데이터 시각

그림 1-3 D3.js의 시각화 블록 예시(인기 있는 블록들)

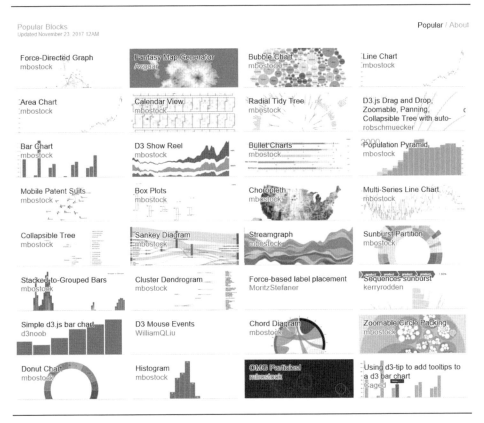

출처: https://bl.ocks.org/mbostock

화 보도를 담당한 마이크 보스톡이 만든 것으로, [그림 1 - 3]과 같이 다양한 시각화 블록들이 공개되어 있다. 뉴욕 타임스 Upshot의 경우, 빅 데이터를 활용한 시각화 기술을 통해 데이터 기반 저널리즘을 실현하고 있다는 평가를 받고 있다.

4 빅 데이터의 활용 영역과 추세

빅 데이터 관련 세계 시장은 연평균 40%로 고속 성장 중이다(Reinsel & Gantz, 2012). 향후 빅 데이터 기반의 지능형 플랫폼 경쟁력이 미래 IT시장의 주도권을 형성할 것임은 이견이 없다. 2012년 발간된 세계경제포럼 리포트에서는 전체 데이터 생태계를 재편하는, 공공자원으로서의 빅 데이터를 강조한 바 있다. 즉, 정부 영역, 민간 영역, 개인 영역에서 데이터의 수집과 분석이 이루어지리라 예견하면서 이에 앞서 개인의 프라이버시 보호 및 보안과 관련한 균형적 제도 개선 추진을 제안했다(조용상, 2013).

빅 데이터는 우리 사회 전 영역에 점차 큰 영향을 끼치고 있다. 가장 큰 기폭제는 앞서 언급했듯이 인터넷, 소셜네트워크, 모바일 및 스마트 기기 등 개인이 매일 쉴 새 없이 쏟아내는 데이터에 있다. 또한 빅 데이터를 분석하기 위한 기술 발전에도 있다. 비정형 데이터의 분석 기술에, 기존의 정형화된 데이터 분석 방법이 비정형 데이터 영역으로 빠르게 확장되면서 고급 분석(Advanced Analytics)을 가능하게 하고 있기 때문이다(이병엽, 임종태, & 유재수, 2013).

빅 데이터 활용과 관련해 알려진 예들은 현재 무궁무진하다. 누구나 한 번쯤 '아마존'과 같은 온라인 쇼핑 사이트에서 자신에게 맞춤화된 콘텐츠와 상품 추천을 경험해봤을 것이다. 맞춤형 콘텐츠 추천을 통해 영화와 드라마 등 동영상 시청 양상을 근본적으로 바꾼 넷플릭스의 사례도 이미 널리 알려져 있다. 카탈리나도 빅 데이터가 마케팅 분석 및 고객관리에 활용된 대표적인 사례로 회자된다. 카탈리나 마케팅은 고객의 과거 3년간 구매 이력 데이터를 분석하는 등, 2.5 Peta Bytes에 달하는 방대한 데이터를 전사 데이터 웨어하우스로 운영했다. 이에 따라 고객이 물건을 계산하는 순간 고객의 구매 패턴(구매 상품, 수량, 방문 빈도, 액수 등)을 분석해 해당 고객에게 필요

표 1-5 해외 기업의 빅 데이터 분석 주요 사례

분류	기업명	빅 데이터 활용 내용
고객 관리	아비바 생명	고객 맞춤형 보험 상품 제공
	사우스웨스트항공	고객 맞춤형 광고
	타겟	고객 맞춤형 상품 프로모션
내부 프로세스 개선	DHL	물류 효율화, 투자 의사 결정에 참고
	자라	효율적인 물류 배송망 운영
	구글	데이터 센터 성능 및 에너지 사용 최적화
신규 Value Proposition 창출	아마존	고객 주문 전 예측 배송
	GE	산업 인터넷으로 Smart Factory 구현
	후지쓰	농업용 빅 데이터 분석 솔루션 제공

출처: 최재경(2016).

한 물건의 쿠폰을 즉석 발행해주었다. 쿠폰을 통한 구매 유도는 기존 10% 재구매율을 25%까지 크게 향상시키고, 카탈리나의 수익 증가로 이어지는 결과를 낳았다. 이와 유사한 해외 기업의 빅 데이터 분석 활용의 주요 사례를 정리하면 <표 1-5>와 같다.

빅 데이터의 활용은 기업 외에 공공 분야에서도 적극 추진되고 있다. 그러나 교육 분야에서의 활용 사례들은 상대적으로 소극적인 경향을 보인다는 평가가 있다. 교육 분야에서의 빅 데이터 활용은 이전부터 지속적으로 연구되던 교육적 데이터 마이닝(Educational Data Mining)에서 그 계보를 찾을 수 있고, 학습분석학(Learning Analytics)을 통해 개념적인 발전과 확산이 이루어지고 있다. 특히, 교수·학습지원 시스템에서 발생하는 로그 데이터를 비롯한 다양한 형태의 정형, 비정형 데이터의 분석 사례가 증가해 왔으며, 구체적인 데이터 마이닝 기법, 이를 통한 교육 성과와 질 관리에 적용된 사례들을 어렵지 않게 찾아볼 수 있게 되었다.

국내의 경우도 거의 모든 대학과 기업들이 학습관리시스템(Learning Management System: LMS)을 도입하거나 활용하고 있고, 이 시스템 내에는 하루에도 수천 억 건의 학습자 행동 데이터가 축적되고 있다. 과거에는 이 데이터들이 교수·학습이나 직업

훈련의 혁신에 기여하지 못한 채 버려졌으나 적절한 데이터 마이닝 기법을 활용해 이를 교수·학습 목적에 맞도록 가공한다면, 개별 학습자에게 맞춤화된 지능적이고 스마트한 교육을 위한 유용한 도구가 될 수 있다는 주장이 일어온 것이다(Elias, 2011). 다음 장에서는 교육영역에서의 데이터 마이닝 연구 배경과 EDM에서 좀 더 발전된 형태의 학습분석학이 왜 주목 받고 있는지, EDM과 학습분석학이 교육분야에 어떠한 기여를 할 수 있는지 그 가능성에 대해 생각해보도록 하자.

memo

교육적 데이터 마이닝(EDM)

Understanding Learning Analytics

02 교육적 데이터 마이닝(EDM)

주요 내용
- 교육적 데이터 마이닝 연구 흐름
- 교육적 데이터 마이닝과 학습분석학의 차이

학습 목표
1. 교육적 데이터 마이닝(EDM) 연구가 어떻게 진행되어왔는지 설명할 수 있다.
2. EDM과 학습분석학의 차이를 설명할 수 있다.

1 EDM의 연구배경

교육 목적으로 빅 데이터 마이닝 기법을 도입하려는 시도는 최근 4~5년 전부터 본격화되었다. 교육적 데이터 마이닝(Educational Data Mining: EDM) 또는 학습분석학(Learning Analytics)으로 알려진 연구 분야는 교육현장에서 수집되는 다양하고 방대한 학습자 행동 데이터를 추출, 통계 분석하며, 학습자 지원 처방을 개발하고 그 결과를 평가하는 체계적 탐구 과정으로서, 교육공학, 컴퓨터공학, 통계학 분야의 협력을 통한 학제적 융합 연구로 진행되고 있다(Elias, 2011).

일찍이 권위 있는 교육공학 단체 NMC(New Media Consortium)는 매년 발간하는 미래 보고서 Horizon Report에서, 교육적 데이터 마이닝을 향후 2~3년 내(대학 기준), 또는 4~5년 내(초중등학교 기준) 가장 크게 활성화될 미래 첨단교육의 3대 키워드 중 하나로 제시한 바 있다(NMC, 2012). 교육적 데이터 마이닝 접근을 통해 학습 성과를 효과적, 효율적으로 예측하고, 문제 상황에 대해 조기에 처방하는 지능형 학습 지원 모형을 개발할 수 있으며(United States Department of Education, 2012), 궁극적으로 교수설계 개선 및 학습 성과 제고가 가능할 것이라는 점에서 교육공학자들의 이론적, 실천적 관심이 집중되고 있다는 것이다.

데이터 마이닝 또는 데이터 베이스 내 지식 발견(knowledge discovery in databases: KDD)은, 거대한 데이터 컬렉션에 내포된 흥미로운 패턴을 자동으로 추출하려는 학문적 시도이다(Klösgen & Zytkow, 2002). 데이터 마이닝은 여러 연산 패러다임을 수렴한다. 의사결정 나무, 규칙 귀납, 인공 신경 회로망, 베이지안 학습, 통계 알고리즘 등을 포함한다는 점에서 융합적이다. 기법 면에서도 시각화, 군집화, 범주화, 연관성 분석, 순차 패턴 분석, 텍스트 분석 등으로 다양하다. 지난 몇 년간, 연구자 및 교수자들은 e-러닝 시스템을 향상시킬 수 있도록 여러 데이터 마이닝 기법을 탐색해왔다(Romero & Ventura, 2006). 데이터 마이닝은 e-러닝 데이터를 탐색하고, 시각화하고, 분석하는 데에 적용할 수 있다(Mazza & Milani, 2004). 유용한 패턴을 찾아내기 위해서이기도 하고(Talavera & Gaudioso, 2004), 웹에서의 활동을 평가해 좀 더 객관적인 피드백을 얻고 학생들이 어떻게 학습하는지를 알아내기 위해서이기도 하다(Mor & Minguillón, 2004). 이러한 기법들은 학생들의 데이터를 바탕으로 새롭고 흥미로우며 유용한 지식들을 찾아낼 수 있도록 하는데, 이미 e-commerce 시스템에 성공적으로 적용되어 널리 사용되고 있는 기법이기도 하다.

두 분야(e-commerce와 e-러닝)에서 사용되는 발견 기법이 서로 비슷하긴 하지만, 그 목적은 관점에 따라 다르다. 시스템의 관점에서, 두 분야의 데이터 마이닝 목적은 사용자(고객, 학생)의 행동을 연구하고 사용자를 돕기 위해 시스템을 향상시키는 것이라는 점에서 다르지 않다. 그러나 사용자의 관점에서 보면 몇 가지 차이점들이 존재한다. E-commerce의 목적은 고객들이 구매를 하도록 유도하는 것인 반면, e-러닝의 목적은 학생들의 학습을 이끌어주는 것이기 때문이다. 그렇기 때문에 각각은 상반된 특징을 가지고 있으며 웹 마이닝에 있어서 서로 다른 처치를 필요로 한다(Romero, Ventura, & García, 2008).

발견된 지식은 제공자(교육자)에게만 사용 가능했던 것이 아니라 사용자 자신(학생)에게도 사용 가능했기 때문에, 각각의 특정한 관점에 따라 지향점이 다르다(Zorrilla, Menasalvas, Marin, Mora, & Segovia, 2005). 이러한 지식은 '학생을 대상으로' 학습자 활동과 자료를 추천하고, 지름길을 제안하거나 과정을 축약하고, 학생들의 학습을 향상시키기 위한 링크를 제안할 수도 있다. 또한, '교육자를 대상으로' 더 객관적인 피드백을 제공하고 수업 콘텐츠의 구성과 학습 과정에서의 효과를 평가하며, 그들의 필요에 맞는 가이드와 모니터링에 따라 학습자들을 그룹으로 나누어주기도 한다. 학습자의 정규적 혹은 비정규적 패턴을 찾고, 가장 자주 일어나는 실수를 찾고, 좀 더 효과적인 활동을 찾는 등의 역할을 할 수 있다. 또는 학계와 관련 행정기관을 지향하여, 웹사이트의 효율성을 향상시키고, 웹사이트를 사용자들의 행동에 맞추어 조정(최적의 서버 크기, 네트워크 트래픽 등)할 수 있게 하고, 기관의 자원(인적, 물적)과 교육적 제공물들을 더 잘 조직하도록 하고, 그들의 교육적 제공 프로그램들을 향상시킬 수 있는 변수들을 얻을 수 있도록 돕는다.

데이터 마이닝은 여러 종류의 교육시스템으로부터 제공된 다양한 데이터에 적용된 바 있다. 한편으로는 특수교육(Tsantis & Castellani, 2001), 고등교육(Luan, 2002) 등 전통적인 면대면 교실 학습 환경에도 일종의 데이터 마이닝이 적용되었으며, 다른 한편으로는 잘 알려진 학습관리시스템(Lei, Pahl, & Donnellan, 2003), 웹기반 적응 하이퍼미디어 시스템(web-based adaptive hypermedia systems), 지적 튜터링 시스템(intelligent tutoring systems)(Mostow & Beck, 2006) 등과 같은 컴퓨터 기반 학습과 웹기반 학습과 교육에 적용되었다. 이들 간의 주요 차이점은, 각각의 시스템에서 제공하는 데이터였다. 전통적인 교실이 지닌 정보는 학생들의 출석, 수업의 정보, 교육과정 목표, 개인의 학습 계획 정보 정도였다. 그러나 컴퓨터 및 웹 기반 교육 시스템은 학생들의 행동과 상호작용에 대한 정보를 로그파일과 데이터베이스에 저장했기 때문에 훨씬 많은 정보를 얻을 수 있었다.

2 EDM과 LA(학습분석학)의 차이점[1]

학습분석학을 이해하려면 데이터 마이닝(data mining)에 관한 개념 이해가 선행되어야 한다. 데이터 마이닝 또는 데이터베이스에서의 지식탐색(knowledge discovery in data-

---

[1] '조일현, 김정현(2013), 학습자 시간관리 전략과 학업성과 간 관계분석: 학습분석학적 접근. 교육공학연구 29(2)'의 내용을 포괄적으로 인용, 수정 보완하였음.

bases)은 규모가 큰 데이터의 집합으로부터 명확하고 흥미로운 패턴을 자동으로 추출하는 것이다(Klösgen & Zytkow, 2002). Piateski와 Frawley(1991)는 데이터 마이닝을, 대량의 실제 데이터로부터 묵시적이고 전에는 알려지지 않았지만 잠재적으로 유용한 정보를 추출하는 것이라 정의했다. 전통적인 데이터분석은 가설 주도형(hypothesis driven)으로 이루어진다. 데이터를 분석하려는 사람은 질문을 던지는 것에서부터 시작하여 직감적으로 만들어낸 질문을 확인하려고 데이터를 탐색한다. 가설 중심의 분석은 적정한 양의 요인으로 구성된 데이터를 이해하는 데는 유용할 수 있지만, 복잡한 양상의 다양한 패턴을 가진 데이터를 다루어야 하는 경우에는 적용하기 어렵다. 이러한 전통적인 데이터분석에 대한 대안은 자동으로 의미 있는 패턴과 경향을 발견하는 귀납적인 접근(inductive approach)이다. 데이터 마이닝은 데이터로부터 흥미로운 패턴을 간추려 분석 모델을 만들어내는 귀납적 접근 방식에 해당한다(Gaudioso & Talavera, 2006).

데이터 마이닝이 현대와 같은 지식정보화 사회에서 주목을 받는 이유는 사용 가능한, 계속적으로 생산되는 방대한 양의 데이터들을 유의미한 정보나 지식으로 활용해야 할 필요성 때문이다. 이러한 지식이나 정보는 사업관리나 생산관리, 연구 프로젝트 또는 시장 분석, 기술설계나 과학탐구 영역 등에까지 두루 적용될 수 있다(Hanna, 2004). 그 중에서도, 교육적 데이터 마이닝은 교육 환경에서 얻어지는 데이터의 고유한 유형을 탐색하기 위한 방법을 개발하고, 이와 같은 방법들을 학습이 일어나는 환경이나 학생들을 보다 심층적으로 이해하기 위한 목적으로 사용하는 것에 관심을 둔다(Romero & Ventura, 2007).

교육적 데이터 마이닝은 학습분석학과 연구 배경이나 연구 영역 면에서 약간의 차이를 보인다. 2012년 미국교육부에서 발간한 보고서 Enhancing teaching and learning through educational data mining and learning analytics에서는, 데이터에서 새로운 패턴을 찾아 새로운 알고리즘이나 새로운 모델을 찾는 분야를 '교육적 데이터 마이닝'으로, '학습분석학'은 교육시스템 내에서 밝혀진 예측모델을 적용하려는 분야로 그 차이를 설명한다. 즉, 학습분석학은 교육적 데이터 마이닝에서 한 걸음 더 나아가, 데이터 마이닝 결과를 활용해 교수 학습적 처방을 가함으로써 학습 성과를 통제하는 단계까지를 포함한다(Elias, 2011).

데이터 마이닝 연구 동향

　앞서 학습분석학에 대한 개념이 형성되기 전 이미 데이터 마이닝이 교육에 활용된 사례연구가 있었다고 이야기했다. 초·중등 교육정보 공시나 학습자의 온라인 상에서의 활동 정보를 분석한 연구들이다. 이혜주와 정의현(2013)은 중학생의 학업성취에 영향을 미치는 요인을 탐색하고 성별에 따라 결정요인과 그 조합과의 관계를 조사하기 위해, 한국청소년패널조사 중학교 2학년 데이터 총 3,449명을 대상으로 데이터 마이닝의 의사결정나무분석을 통해 학업성취를 결정하는 요인을 탐구했다. 김진, 용환승(2014)은 초중등 교육정보 공시를 통해 전국 특성화고등학교의 학교 단위별 자료를 파악해 데이터 마이닝 기법을 활용, 교육 성과에 대한 분석을 실시한 바 있다. 또한 박정배, 임희석(2015)은 SNS를 활용한 학습자들 간 상호 관심도 변화를 통해, 학습활동을 활발히 이어가는 그룹과 그렇지 못한 그룹 간의 차이점을 비교 분석했다.

　국내의 교육적 데이터 마이닝 관련 연구 사례가 많지는 않지만, 선행연구들은 그동안의 데이터 마이닝 관련 연구가 교수학습적 처방을 포함하는 범위까지 포함하지는 못하였음을 명확하게 확인시킨다. 연구자 역시 교육공학 전공자가 아닌 컴퓨터교육 등의 전공자로 교육적 데이터 마이닝을 교육공학 고유의 영역으로 간주하기에는 무리가 있으나, 학습분석학 출현을 위한 기반이 되는 분야라는 점에서 중요한 의미가 있다.

　남은 챕터를 통해 통계적 분석과 예측을 넘어 처방에 초점을 둔 학습분석학 연구의 개념과 모형(2부), 그리고 연구 사례들(3부)을 살펴보도록 하자.

memo

Understanding Learning Analytics

학습분석학의 이해

02

학습분석학의 개념과 모형

Chapter 3   학습분석학에 대하여

Chapter 4   학습분석학 수행절차

Chapter 5   학습분석학의 유형

Chapter
03

학습분석학에 대하여

Understanding Learning Analytics

Chapter

03 학습분석학에 대하여

주요 내용

- 학습분석학의 등장 배경
- 학습분석학의 정의, 특징, 모형

학습 목표

1. 학습분석학의 정의와 특징을 설명할 수 있다.
2. 학습분석학의 실행 프로세스를 설명할 수 있다.
3. 대표적 학습분석학 모형들을 설명할 수 있다.

---

1 학습분석학의 정의[1]

학습분석학(Learning Analytics)은 2011년 호라이즌 리포트(Horizon Report)에서 교수와 학습에서의 판도를 뒤바꿀 주목할 만한 분야로 언급된 이후, 디지털 공유경제 시대의 늘어나는 데이터의 양과 궤적에 발맞추어 연구자, 학계, 비즈니스의 많은 관심을 끌고 있다.

학습분석학은 다수의 학자들에 의해 정의되어 왔다. "학문적 과정(academic progress)을 평가하고, 미래의 성과를 예측하며, 잠재적 이슈를 발견하기 위하여 학생들로부터 생산된 광범위한 데이터를 수집하고 해석하는 것"(Johnson, Smith, Willis, Levine, & Haywood, 2011, p. 28), 또한 "테크놀로지가 매개하는 학습환경에서 일어나는 학습 행동과 맥락에서 발생하는 데이터를 측정, 수집, 분석, 예측하여, 증거에 기반한 교수학습적 의사결정을 지원하는 융합학문"(조일현, 2015) 등 다양한 정의가 내려진 바 있다. 그

---

1 '조일현(2015). 학습분석학과 학습설계, 그 융합 지평의 전개. 한국교육공학회 학술대회발표자료집, 2015(2), 422−434' 및 '박연정, 조일현. (2014), 학습관리시스템에서 학습 분석학관점의 대시보드 설계: 분석과 설계 도구로서 활동 이론의 적용 교육공학연구, 30(2), 221−258.'에서 포괄적으로 인용·수정 보완하였음.

러나 가장 범용적으로 인용되는 학습분석학의 정의는 학습분석학과 관련한 대표적 학술단체인 Society for Learning Analytics Research(SOLAR)에서 발표된 "학습과 학습이 일어나는 환경에 대한 이해와 그 최적화를 위해 학습자와 그들의 맥락에 대한 데이터를 측정, 수집, 분석 및 보고하는 활동"이라는 정의이다(Siemens et al., 2011, p. 4).

이 정의에 나타난 학습분석학의 특성은 크게 세 가지이다. 첫째, 학습자와 학습맥락에 관한 기록으로서 방대한 빅 데이터를 분석의 대상으로 한다. 둘째, 학습 환경의 최적화, 즉 교수설계적 처방을 궁극의 목적으로 삼는다. 셋째, 학습자의 활동과 그 맥락은 학습분석학의 실천 기반이다. 또한, 이 정의에 명시적으로 제시되어 있지는 않지만 학습분석학은 디지털 학습 환경을 그 기반으로 한다는 특징이 추가된다.

일반적으로 분석학(analytics)은 타 학문 영역에서도 오랜 기간 수행되어 왔다. 이미 타 학문 영역을 통해, 분석학 도구(analytics tools)의 사용이 풍부한 데이터 자원에 대한

표 3-1 학습분석학에 대한 다양한 정의

이름(기관)	개념 정의
Siemens & Long(2011)	학습과 학습이 일어난 환경의 이해와 최적화를 목적으로 학습자와 학습자의 맥락에 대한 데이터를 측정, 수집, 분석 보고하는 것
Elias(2011)	데이터 마이닝 결과를 활용하여 교수 학습적 처방을 가함으로써 학습성과를 통제하는 단계까지 포함하는 학문적 접근
EDUCAUSE(2010)	학생의 과정과 성과를 예측하기 위한 모델과 데이터의 활용, 그리고 정보에 따라 적절한 행동을 취할 수 있도록 해주는 것
Johnson et al.(2011)	학문적 과정을 평가하고, 미래의 성과를 예측하며, 잠재적 이슈를 발견하기 위해, 학생들이 생산한 광범위한 데이터들을 그들을 대신하여 수집하고 해석하는 것
Larusson & White(2014)	교육에 관련된 행동을 평가하기 위해 축적된 데이터를 수집, 분석 응용하는 것
Pardo & Teasley(2014)	교육에 관련된 데이터에서 의미가 있으면서도 동시에 실행 가능한 정책을 수립할 수 있도록 돕는 패턴을 발견하는 것

출처: 신종호, 최재원 & 고욱(2015)의 내용을 수정 보완.

통계적 평가 및 데이터 내의 패턴 식별이 가능하다는 사실이 확인되었고, 이러한 패턴은 결과 예측 및 개선을 위한 정보, 즉 보다 나은 의사결정을 위한 근거로 활용되어 왔다(EDUCAUSE, 2010). 학습분석학 역시 근본적으로 이러한 일반적인 분석학의 기술과 알고리즘을 활용하고 있으나, 학습경험(learning experience)을 분석 대상으로 한다는 특수성으로 인하여, 분석학의 일반적인 방법론은 학습분석학 분야에서 그대로 사용되거나 학습분석학 영역에 맞게 조정되어 활용되기도 한다(Larusson & White, 2014). 학습분석학의 정의에 포함되어 있는 이 분야의 속성을 좀 더 구체적으로 설명하면 다음과 같다.

1) 분석 대상 데이터로서 '빅 데이터'

학습분석학은 그 분석 자료로 디지털 데이터를 활용한다. 이 데이터 중 일부는 소위 '빅 데이터'이지만, 때로는 '큰 데이터'인 경우도 있다. 요즘 키워드가 되고 있는 '빅 데이터(big data)'와 과거에도 존재하던 '큰 데이터' 간 유사성은 그 '크기'에 있다. 다른 점은 데이터 수집 단계에서의 비간섭성 및 자동성, 관리 단계에서의 비구조성, 그리고 분석 단계에서의 기계의존성 및 신속성이다. 이러한 특성은 '큰 데이터'의 대표적 특성인 간섭성, 수동성, 구조성, 노동집약성, 그리고 지연성에 각각 대비된다. 예컨대 전국적인 규모의 설문조사를 통해 수집되어 변수별로 체계적으로 관리되고 있는 노동패널 데이터나 수능 성적 데이터는, '큰 데이터'이지만 '빅 데이터'라 하기에는 어색하다. 반면 50명의 학생이 1학기 동안 모바일 디바이스로 동영상 콘텐츠를 학습하는 모든 상호작용 행위 로그데이터, 이 행위 시점과 맞물려 웨어러블 기기를 통해 100분의 1초 단위로 자동 수집된 시공간(spatio-temporal) 및 생리심리(e.g. 심박, 시선, 피부전도성 등) 데이터는, 비록 '큰 데이터'는 아니지만 '빅 데이터'의 특성을 지닌다.

학습분석학은 분석 데이터 및 그 처리 기법으로서 빅 데이터 분야의 연구 성과를 차용하면서, 인구학적 정보, 개인 성적 이력 등 전통적 교수학습 데이터베이스도 활용한다. 데이터 크기도 하나의 수업 단위로부터 전 세계에 걸쳐 접속되고 있는 MOOC에 이르기까지 매우 다양하다. 데이터의 크기는 그 자체로서 작은 데이터와는 질적으로 다른 분석 효과를 주는데, 작은 데이터는 참고 자료에 불과하지만 큰 데이터와 결합하면 때로는 인간의 역량을 넘어서는 매우 탁월한 능력을 보여준다. Jeopardy 게임에서 역대 챔피언들을 누르고 우승을 차지한 IBM의 Watson이 보여준 지적 능력은, 소위 양−질 전환의 법칙이 데이터 크기에서도 적용된다는 사실을 드러낸다.

2) 분석 기법으로서의 '데이터 마이닝'

학습분석학은 교수학습적 의사결정의 질을 높이기 위해 추론(특히 모수 추론) 통계 기법과 함께 데이터 마이닝 기법을 혼용한다. 이 지점에서 데이터 마이닝과 일반적 통계분석의 차이점을 살펴볼 필요가 있다. 요컨대 일반적 통계 분석은 연역적−가설주도적이고, 데이터 마이닝은 귀납적−자료주도적이란 점에서 방법론적으로 다르되, 계량적 자료의 분석을 통해 데이터로부터 유용한 정보를 얻으려 한다는 점에서는 목적론적으로 유사하다.

일반적인 연구방법론 수업이나 논문 작성 과정에서 접하는 분석 방법은 거의 대부분 추론 통계, 그 중에서도 모집단의 특정한 수학적 분포를 가정하는 모수 통계(parametric statistics)이다. 추론의 논리로 볼 때, 통계학은 가설주도적 접근법을 사용한다. 예를 하나 들어보자. 논문을 쓸 때 우리는 선행 연구 분석을 통해 (영)가설을 먼저 수립한다. 이 가설은 변수 선정 및 분석 모형 결정, 통계 분석 기법의 선택, 결론 제시 등 이후에 이루어지는 모든 연구 단계별 의사결정의 기준이 된다. 가설과 무관한 변수가 모형에 포함되거나, 가설에서 다루지 않은 분석 결과가 연구 결과를 논의할 때 부각된다면 그 논문은 저널에 게재되기 어려울 것이다. 학위 취득용 논문이라면 저자의 졸업이 미뤄질 수도 있다. 이 점에서 통계 분석 접근은 가설주도적(hypothesis- driven), 연역적, 결정적(deterministic)이다. ANOVA(Analysis of Variance), 회귀분석, 구조방정식 모델링 등 우리가 익숙한 대다수의 통계분석이 여기에 속한다.

반면 데이터 마이닝은 자료주도적(data-driven)이다. 가설주도적 접근과는 반대로, 사전에 어떤 선험적 판단도 하지 않은 상태에서 단지 데이터를 그 특성에 따라 선별−분류−연관시키는 반복 과정을 수행한다. 즉, 데이터 마이닝은 데이터로부터 흥미로운 패턴을 간추려 분석모델을 만들어내는 귀납적 접근 방식이다. 그 결과, 무질서해 보이던 데이터로부터 그 이면에 놓여 있던 모종의 구조적 관계가 서서히 드러난다고 본다. 이는 데이터 마이닝 접근의 탐색적 특징을 드러낸다. PC에 이어 모바일 디바이스, 웨어러블 컴퓨터, 심지어 사물로부터 데이터가 수집되는 오늘날, 선행연구를 종합하고 가설을 수립하는 절차를 거치고 나서 이 빅 데이터를 분석하는 가설주도적 접근으로는 정보기반 의사결정의 요구에 신속하게, 그리고 창의적으로 부응하기 어렵다.

데이터 마이닝에 의해 드러난 의미 있는 모종의 구조는, 추론 통계적 의미에서 볼 때 비결정적이다. 즉, 검정 통계량(p값)이 계산되지 않거나, 단일 최적해 대신 여러 개의 그럴듯한 해를 제시하는 경우가 많다. 이로 인해 초기 데이터 마이닝 접근은 비과학적−자의적이라는 비판을 받았다. 그러나 빅 데이터의 등장은 데이터 마이닝의 이러한 문제점을 해결하는 데 획기적으로 기여했다. 모집단을 전수 조사한 빅 데이터를 활용하면, 표본으로부터 모집단을 추정해야 할 필요성 자체가 사라져버리기 때문이다. 이에 표집 오차, 알파 및 베타 오류를 걱정할 필요도 없다. 또한 표집과 추론 사이의 시간적 괴리 문제도 상당 부분 해소된다. 로그데이터 등 빅 데이터는 컴퓨터에 의해 자동으로 생성·분석되기 때문이다. 의사결정의 타이밍이 점차 중요해지는 오늘날, 이러한 시간적·추론적 오류 개선 효과는 교수학습적 처방 효과성을 극적으로 개선할 수 있다. 학습분석학은 그 분석 대상으로서 빅 데이터와 큰 데이터를 차별하지 않듯이, 분석 방법으로서 데이터 마이닝과 추론 통계를 절충해 활용한다.

3) 학습을 위한 처방 설계학으로서의 학습분석학

학습분석학의 정체성은 '학습을 위한 처방 설계'라는 목적론적 충분조건에 있다. 이에 비해 데이터 분석 기법은 타 학문 분야로부터 빌려 쓸 수 있는 방법론적 필요조건에 해당한다. 빅 데이터와 데이터 마이닝 없이 학습분석을 수행하기는 어렵지만, 이러한 기법만으로 학습분석학의 본질적 목적이 달성될 수는 없다. ADDIE(Analysis-Design-Development-Implementation-Evaluation) 모형에서는 철저한 분석을 강조하지만, 설계 및 개발을 통해 그 결과가 학습적 인공물로 형상화되고 처방될 수 없다면 교수설계 과정을 통해 아무런 효과를 낼 수 없는 것과 마찬가지이다.

이상의 특징을 기반으로 학습분석학은 "테크놀로지가 매개하는 학습 환경에서 일어나는 학습 행동과 맥락에서 발생하는 데이터를 측정, 수집, 분석, 예측하여, 증거(evidence)에 기반한 교수학습적 의사결정을 지원하는 융합학문"으로 정의할 수 있다(조일현, 2015). 이 정의는 Siemens의 정의에 비해 처방적·융합학문적 성격, 그리고 의사결정자로서 교수설계자의 최종적 역할을 강조하고 있다. 즉, 학습분석학이란 학습자가 컴퓨터를 매개로 또는 컴퓨터를 대상으로 학습하는 과정에서 남긴 발자국(digital footprint)과 주위 환경 조건을 추적함으로써, 그가 어디를 거쳐왔고 앞으로 어디로 갈 것인지를 알아내어, 남은 여정을 보다 안전하고 효과적으로 안내하기 위해 교육공학자가 참조하는 내비게이션 시스템에 비유될 수 있다.

2 학습분석학의 배경

학습분석학 및 교육적 데이터 마이닝이라는 학문 분야를 등장, 발전하게 한 기술적, 교육학적, 정치경제적 동인(drivers)을 Ferguson(2012)은 다음 네 가지로 정리해 설명한다.

첫 번째는 빅 데이터, 즉 계속적으로 생산되는 방대한 학습 관련 데이터들을 어떻게 유의미한 정보나 지식으로 활용할 수 있을 것인가의 문제이다. LMS(learning management systems)로 지칭되는 가상학습공간(virtual learning environments)의 활용이 광범위하게 확산됨에 따라, 교육 기관들은 이러한 시스템을 통해 누적되는 데이터를 가치 있는 정보로 재생산해야 하는 요구와 필요성에 직면하게 되었다. 전통적으로 기존에 행해져 온 학습 과정에 대한 면밀한 관찰은 일반적으로 실제 교수(teaching)와 학습(learning) 과정의 흐름을 저해하는 침습적인(invasive) 방법을 통해 이루어지기 마련이지만, 디지털 기술의 발달과 함께 활용 가능한 방대한 양의 데이터들이 계속적으로 축적됨에 따라, 학습과정에 대한 별도의 개입 없이도 학습환경에서 발생하는 다양한 상호 작용을 관찰할 수 있게 되었다.

두 번째는 온라인 러닝, 즉 온라인 학습을 어떻게 최적화할 것인가의 여부와 관련한다. 증가하는 온라인 학습 환경은 학습에 많은 이점을 제공했으나, 학생이나 교사들의 직접적인 상호작용 기회는 급속히 감소시켰다. 이에 온라인 학습 환경에서 학생들의 동기를 유지시키고, 학습목표를 달성할 수 있도록 개별 학습자에게 적절한 학습지원을 제공하는 일은 교육분야 연구자 및 실천가가 당면한 도전이 되었다. 온라인 학습이라는 비형식적인 시간과 공간에서 수집해야 할 데이터, 데이터 수집 방법, 또한 데이터 분석 및 적용 방법을 명확히 하고 발전시켜 나가야 할 필요가 있었고, 이는 학습분석학 분야를 촉발시킨 동인으로 작용하였다.

세 번째는 정치적 관심(political concerns), 즉 국가 또는 국제 차원에서 교육 결과를 최적화해야 하는 요구와 관련된다. 교육 기관들은 교육 성과를 객관적으로 측정하고 입증함은 물론 지속적으로 향상시켜 나가야 하는 요구와 의무에 직면해 있다. 또한 국가 또는 국제 차원에서 역시 방대한 교육 예산을 집행하기 위한 근거, 리소스 할당이나 제도적 측정의 향상과 관련된 요구가 있어 이러한 요구들이 학습분석학이라는 학문 등장의 동인으로 작용했다.

마지막 네 번째는 수혜 대상자(Who benefits)와 관련한 문제이다. 앞서 언급된 세 가지 동인은 정부나 교육기관, 교사/학생이라는 학습분석학의 대표적 이해집단들 모두의 관심사항이었다. 그러나 정보가 제공되는 집단이 어디인가에 따라 필요한 정보의 규모나 분석 수준은 그 성격이 매우 다르다. 즉, 어느 집단을 대상으로 하는가에 따라 문제정의, 데이터 수집, 결과보고, 실행 등의 과정은 달라지게 마련이다. 따라서 학습분석학 분야는 앞서 언급한 세 가지 요인과 세 분류의 이해 집단 간 균형이 조정되며 변화, 발전해왔다.

근래 들어 학습분석학이 특히 주목받는 이유는 평가방식과 무관하지 않다. 학습자 또는 교수자를 대상으로 하는 평가는 전통적으로 학습과정이 종료된 시점에서 이루어진다. 이에, 이러한 평가는 학습 과정에 대한 개선과 처방, 문제에 대한 해결책 제공으로 활용되기에 지나치게 지연되어 이루어지는 문제점이 있다. 또한, 자기보고식의 회상(retrospective) 방식에 의존하므로, 사회적 바람직성(social desirability, 올바르다는 사회적 통념에 어긋나지 않도록 사실을 왜곡하여 응답하려는 태도)에 의해 오염되거나 평가 자료로서 질이 떨어질 수밖에 없다는 한계가 지적되어 왔다. 그러나 상당 부분의 교육 자료들이 온라인으로 이동함에 따라 학습 관련 활동과 상호작용의 기록들이 디지털 정보로 축적되고 있고, 이러한 거대해진 데이터들이 적절한 처리과정을 거쳐 객관적인 평가 자료로서 학습 중간에 제공될 경우 교수학습 향상에 실질적으로 기여할 수 있다 (Brown, 2011; Elias, 2011). 이에 학습분석학은 학습이 진행되는 과정에서 실질적 수행의 향상, 성과의 개선을 만들어낼 수 있는 방법적 접근으로 관심을 얻고 있으며 관련한 연구가 계속적으로 증가하고 있다.

3 학습분석학의 특징

학습분석학의 정의를 중심으로 몇 가지 특징을 정리하면 다음과 같다.

첫째, 학습분석학은 그 목적 면에서 학습자와 그들의 학습 환경 사이에 이루어지는 상호작용 현상을 이해하고 궁극적으로 처방을 제시함으로써 최적화를 달성하고자 한다. 보통 대학의 전통적인 학습평가는 학기가 종료된 시점에서 이루어진다. 이는 이미 완결된 학습 결과를 평가함으로써 그가 잘했는지 잘못했는지를 확정적으로 판단하기 위한 총괄평가(summative evaluation)에 해당한다. 즉, 학기 동안의 모든 활동을 총괄한 성적표로서, 학기말에 학습자는 평점, 교수는 강의평가 점수를 총괄평가의 결과로 받는다. 이 성적은 대상자를 선발하거나 강제로 서열화할 때 필요하다. 그러나 개선이 필요한 부분에 대한 상세한 정보가 부족하고 무엇보다 학기가 이미 종료된 시점에 이뤄지는 까닭에, 문제점을 알게 된다 하더라도 그 문제점을 개선하기 위한 기회가 주어지지 않는다. 반면 학습분석학은 수업 설계와 학습 방법의 개선을 궁극적인 목표로 한다는 점에서 형성평가(formative evaluation)적이며, 이에 상호작용 행위 발생－데이터 수집－분석－결과보고 시점 간 차이가 최소화되어야 한다. 이러한 형성평가의 목적을 달성하려면, 문제적 상호작용 행위가 관찰된 뒤 가급적 빠른 시간 내에 분석과 리포트를 제공함으로써 문제점 해결을 위한 시간을 충분히 확보해주어야 한다. 방대한 데이터를 빠르게 처리하고, 그 결과를 당사자에게 적시에 보고하기 위한 컴퓨터 활용이 학습분석학에서 필수적인 이유이다.

둘째, 학습분석학은 과학적 활동이다. 여기서 '과학적'이라 함은 관찰 가능한 데이터를 수집하고, 이를 교수학습 이론에 기반한 인과적 예측 모형으로 추상화하고, 그 예측 결과를 바탕으로 모형을 보완, 그 예측력을 점진적으로 높여가는 객관적 평가 단계를 포함한다는 의미이다. 기존 면대면 강의실에서도 교수자는 학생들의 행동을 관찰하고 나름의 경험모형(heuristics)에 따라 문제 행동을 찾아내고 조치를 취했다. 그러나 면대면 관찰이 불가능하고 다수의 학습자가 다수의 콘텐츠와 실시간－비실시간으로 상호작용하는 디지털 학습 환경 속에서는 과학적 접근이 필수적이다.

셋째, 학습분석학은 학습자 특성에 따라 차별화된 처방을 제시하고자 한다. 학습자가 특정한 문제적 행동을 보일 때, 학습분석학은 그 문제점을 지적하는 수준을 넘어 적극적 처방을 가해 해결하고자 시도한다. 현재 대부분의 대학 교실 안에서는 모든 수강생이 동일한 커리큘럼을 제공받고 있고, 특히 대형 강의로 이루어지는 교양 수업에서 이러한 획일성은 극에 달하게 된다. 반면, 학습분석학은 학습자 특성에 부합하는 맞춤형 처방 제공을 목표로 하며, 이 처방은 학습자의 현재 수준의 요구에 기반한 개개인의 요구나 필요에 맞춤화 된 형태가 된다.

넷째, 학습분석학 접근에 기초한 연구 활동은 최신 교수학습 모형과의 이론적 정합성을 유지해야 한다. 데이터 자체에 관심을 갖는 데이터 마이닝이나 정책적 시사점을 얻고자 하는 아카데믹 분석학과 달리, 학습분석학은 수업과 학습의 지속 가능한 개선을 궁극적인 목표로 한다. 따라서 현실 설명력과 처방 제시력이 높은 교수학습 이론을 통해 데이터를 분석하고, 반대로 이 데이터를 통해 이론을 보완하는 이론－분석 간 상호 의존적 시너지를 확보할 수 있으며, 이를 통해 학습분석학은 기존 교수설계 관행을 발전적으로 극복하고자 한다.

4 학습분석학의 모형

학습분석학은 분석 결과에 기반해 학습자의 행동을 예측하고, 예측에 근거한 처방을 제공하며, 이 같은 과정을 통해 얻은 결과를 다시 학습분석학 프로세스 내에 반영함으로써 학습과정에서의 처방을 계속적으로 개선해 나간다(Eckerson, 2010). 여러 학자들이 이 같은 학습분석학 접근을 모형으로 설명해왔는데, 이들 모형 간에는 차이점도 있지만 공통점 또한 발견된다(Elias, 2011). 학습분석학 모형들은 학습분석학이 실제 학습 과정에서 어떠한 방식으로 적용될 수 있는지를 직관적으로 설명한다. 여기에서는 지식 연속체 모형(Knowledge Continuum Model), 웹 분석학 목표 모형(Web Analytics Objectives Model), 5단계 모형(Five Steps of Analytics Model), 집합적 적용 모형(Collective Application Model), 학습분석학 절차 모형(Processes of Learning Analytics Model), LAPA(Learning Analytics for Prediction & Action) 모형을 대표로 소개하겠다.

1) 지식 연속체 모형(Knowledge Continuum Model)

지식 연속체 모형은 기업에서 데이터를 활용해 의사 결정에 필요한 실행 가능한 지식(actionable knowledge)을 생산하기 위해 Baker(2007)가 개발한 절차이다. [그림 3 − 1]을 살펴보면, 가공되지 않은 자료(raw data)는 의미가 부여된 정보(information)로 발전하며 그 정보를 분석하고 통합하는 과정을 통해 지식(knowledge)이 생성된다. 마지막으로 이 지식을 적용하고 사용하면서 지혜(wisdom)가 형성된다.

그림 3 − 1 지식 연속체 모형(Knowledge Continuum)

출처: Baker, 2007.

2) 웹 분석학 목표 모형(Web Analytics Objectives Model)

Rogers, McEwen, 그리고 Pond(2010)는 산업에서 활용되어온 소비자 행동 패턴을 분석하고 관련된 마케팅 노력을 테스트하는 방식처럼 웹 분석학(Web Analytics) 또한 학습자의 행동을 추적하고 향상시키기 위한 원격교육분야에 유용하게 사용될 수 있음을 강조하면서, 교육에서의 웹 분석학을 효과적으로 사용하기 위한 과정을 4단계로 논의하였다. 4단계의 기본 단계는 ① 목표를 정하고(define), ② 결과물을 측정한 후(measure), ③ 결과 데이터를 활용해 교육 과정을 개선하고(use), ④ 이러한 개선사항을 타인과 공유하는(share) 과정으로 구성된다(Hendricks, Plantz, & Pritchard, 2008).

3) 5단계 모형(Five Steps of Analytics Model)

Campbell과 Oblinger(2007)는 아카데믹 분석학(academic analytics)을 의사결정 또는 실행을 유도하는 원동력으로 보았고, 'capture, report, predict, act, refine'으로 구성된 '학습분석학의 5단계 모형'을 제시했다. 이 5단계 모형은 앞서 살펴본 지식 연속체 모형처럼 특정 정보에서 가져온(report) 의미 없는 데이터를 수집(capture)해 지식과 지혜의 실행(act)을 바탕으로 예측(predict)할 수 있도록 한다. 마지막 정제 단계(refine)는 지속적 효과의 영향력을 관찰하고 표준화된 기초가 될 수 있는 통계적 모델링을 통해 개선하려는 시도를 의미한다.

4) 집합적 적용 모형(Collective Application Model)

Dron과 Anderson(2009)은 '집합적 적용 모형(Collective Application Model)'에서 학습분석학의 절차에 대해 유용한 정의를 발표했다. 이 모형은 [그림 3−2]에서 볼 수 있듯이, 크게 순환 가능한 세 단계인 정보 수집(information gathering)과 정보 처리(information processing), 정보 제시(information presentation) 과정으로 나뉘며, 수집(capture), 선별(select), 진행(process), 통합(aggregate), 제시(display)라는 다섯 가지 구성요소를 포함한다. 이를 광의의 관점으로 본다면 데이터를 선별하고 모으는 '수집 과정(gathering)'과 통합된 정보를 바탕으로 예측하는 '처리 과정(processing)', 그리고 체제 개선을 위해 지식을 활용하고, 정제하며 공유하는 '적용 과정(application)'으로 분류할 수 있다.

그림 3 − 2 집합적 적용 모형(Collaborative Application Model)

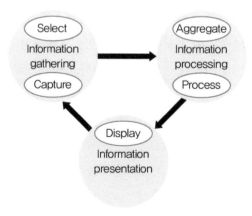

출처: Dron & Anderson(2009).

5) 학습분석학 절차 모형(Processes of Learning Analytics Model)

Elias(2011)는 학습과 교수의 지속적인 향상을 위한 학습분석학 모형을 제시하였다. [그림 3-3]은 양질의 데이터를 처리하는 데 있어, 교육학 이론과 인적 혁신을 통해 학습자와 교육자, 운영자의 요구를 더욱 충족시킬 수 있는 모형이다. 이 모형에는 Dron과 Anderson(2009)의 '집합적 적용 모형'과 7단계로 구성된 '학습분석학 절차 모형'이 통합되어 있다. 나아가 모형의 중심부에 있는 컴퓨터와 인적 자원, 이론, 조직은 학습분석학을 구성하는 네 가지 요인들이 포함된다. 이 네 가지 요인은 학습분석학에서 조정을 실행할 때 '컴퓨터' 사용이 증대되고 있으며, 하드웨어뿐 아니라 LMS나 CMS(Contents Management System)와 같은 소프트웨어, 데이터 수집 등에 활용되는 테크놀로지가 반드시 필요하다는 사실을 나타낸다. 다음으로 '이론(theory)'은 분석학과 관련된 지식, 다른 분야에서 축적된 실행 가능한 지식이 포함되며, 학습이론, 지식 커뮤니티 건설, 동기이론, 음성 교육학의 실제, 학습 지속 등의 주제 등도 여기에 속한다. 또한 교육체제 속에서 효과적으로 기술 등이 작용하려면 인간의 지

그림 3-3 | 지속적 향상을 위한 학습분석학 모형

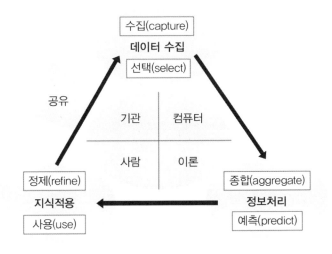

출처: Elias(2011).

식과 기술, 능력이 요구되기에 '사람(people)' 역시 중요하다 볼 수 있다(Ahasan & Imbeau, 2003). 마지막 요인은 분석학 분야에서 자주 언급되는 용어인 사회적 자본으로서의 '조직(organization)'이다. 즉, Elias는 네 가지 요인(컴퓨터 기술, 인적자원, 이론, 그리고 조직)을 자원 및 도구로 하여, 교육 데이터를 수집－분석하고 예측하는 과정을 통해 교육과 학습의 향상이 성취될 수 있다고 보았다.

6) LAPA 모형

스마트 러닝 환경에서 교육 처방은 학습자 개인에 대한 성찰적 피드백, 교수자 및 교육 관리자에 대한 의사결정 지원 피드백, 나아가 콘텐츠 추천 및 시퀀싱 패턴의 지능형 제시 등으로 나타난다. LAPA(Learning Analytics for Prediction & Action) 모형은 데이터 마이닝이 추구하는 분석 및 추정 모형을 넘어, 학습자 행동의 교육심리학적 해석을 가능하게 하고, 다양한 형태의 교수·학습적 처방 제시를 최종 목표로 하는 지능형 교육적 데이터 마이닝 또는 학습분석학의 개념적 모형의 필요성을 제안한다. 이 모형은 학습 심리모형, 분석·예측모형, 교수·학습 처방 모형 등의 세 가지 하위 모형

그림 3-4 LAPA 모형

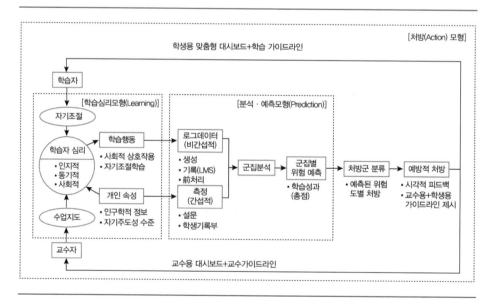

으로 구성되며 [그림 3−4]와 같이 모형화된다.

(1) 학습 · 심리 모형−Learning

빅 데이터로 기록되는 학습 행동은 실제 데이터로 기록될 수 없는 학습자의 내적 심리 상태의 결과이다. 즉, 관찰 가능한 행동 데이터는 관찰 불가능한 학습자 심리 상태의 지표(indicator)로 간주된다. 기존 상업적 데이터 마이닝과는 달리, 최종 성과 변수가 주로 인지적 변수인 교육적 데이터 마이닝 또는 학습분석학에서는 적절한 학습 심리모형이 없을 경우 과학적이고 체계적인 처방을 제시할 수 없다. 단, 학습심리모형 규명을 위해서는 심도 있는 질적 연구가 필요하므로, 심리−행동 간 관계를 밝혀 낸 이후인 본격적인 빅 데이터 마이닝 단계에서는 행동 데이터만으로 예측과 처방이 자동적으로 이루어질 수 있어야 한다.

(2) 분석 · 예측모형−Prediction

학습자 심리 지표인 학습자 행동이 일어날 때마다 스마트 디바이스와 PC를 통해 LMS에 로그 데이터가 축적되기 시작한다. 이 데이터를 분석 가능한 형태로 정리하고, 학습자의 속성과 상태의 특성에 따라 맞춤형 처방을 가하기 위해 군집 분석을 실시한다. 각 군집별로 성과 예측 모형을 검증하는 역할을 이 분석−예측 모형이 담당하는데, 이때 분석할 행동 데이터의 구조는 시스템 기능−학습자 행위 등 두 차원으로 구성된 행동 매트릭스의 각 셀(cell)에 초 단위 시간과 위치 정보가 담기는 형태가 된다. 구체적으로 예를 들면, 행동 데이터를 독립변수라 보았을 때, 종속 변수는 기말 성적, 강의 만족도 등이 될 것이다. 학습 과정에서 발생하는 이러한 행동 변수(behavioral variable) 외에 이전 학기 성적, 연령, 전공 등 쉽게 변화하지 않는 속성 변수(attribute variable)의 주효과 및 상호작용 효과를 통계적으로 분석해 보다 예측력 높은 모형을 개발할 수 있다.

(3) 교수 · 학습 처방모형−Action

분석−예측 모형의 결과는 학습자 군집별로 차별화된 교수 · 학습적 처방으로 연결되어야 한다. 대표적인 처방 전략은 분석−예측 결과를 학생과 교수가 직관적으로 이해함으로써 스스로 학습 전략과 교수 전략을 바꿀 수 있도록 돕는 자기성찰의 기회를 효과적인 제언 팁(예 분석 결과와 학습자 군집 특성을 고려하여 만든 맞춤형 교수·학습 가이드 등)과 함께 온라인으로 제공하는 형태가 될 수 있겠다.

memo

학습분석학 수행절차

Understanding Learning Analytics

주요 내용

• 학습분석학 수행 절차

학습 목표

1. 학습분석학의 수행 절차를 설명할 수 있다.
2. 학습분석학 절차별 세부 활동들을 설명할 수 있다.

1 학습분석학 프로세스

학습분석학의 프로세스는 데이터에 기반한 분석과 예측, 이에 기반한 처방 및 개선이 반복 순환하는 과정을 거친다. 그러나 설명 방식에 있어 학자에 따라 다소 차이를 보인다.

예를 들어, Clow(2012)는 4개의 순환 프로세스로 학습분석학의 단계를 설명한다. 첫 번째는 대상이 되는 학습자 집단에 대한 명확한 규정이며, 두 번째는 이들 학습자로부터 데이터를 수집하는 단계이다. 세 번째는 매트릭스(metrics)나 분석(analytics), 시각화(visualizations) 자료의 형태로 수집된 데이터를 분석하는 단계, 마지막 단계는 학습자들에게 하나 또는 여러 처방(intervention)을 제공함으로써 순환 과정을 종료(closing the loop)하는 것이다.

한편 Chatti, Dyckhoff, Schroeder 그리고 Thüs(2012)는 세 가지 단계로 학습분석학 프로세스를 설명한다. 첫 번째는 데이터 수집과 전 처리(data collection and pre-processing) 단계로, 다양한 교육환경 및 시스템으로부터 데이터를 수집하고 유용한 패턴을 발견하는 과정으로 설명된다. 두 번째는 분석과 실행(analytics and action) 단계로, 전처리된 데이터와 학습분석학의 목표를 바탕으로 예측·평가·추천 등 적절한 실행(action)을 수행하는 것이다. 마지막 단계는 후처리(post-processing)로, 새로운 데이터 자원을 통합하거나 새로운 지표나 분석방법을 탐색하는 등 분석 활동을 계속적으로 발전시키는 것과 관련된다.

Elias(2011)는 앞서 언급되었던 지식 연속체 모형, 웹 분석학 목표 모형 등의 모델을 비교 통합하는 과정을 통해 학습분석학 프로세스가 선택(select), 캡쳐(capture), 집계(aggregate), 보고(report), 예측(predict), 사용(use), 수정(refine) 및 공유(share)의 7단계로 구분된다고 설명한다.

이상과 같이 학자에 따라 차이는 존재하지만, 학습분석학의 프로세스는 '데이터 수집 및 가공', '분석·평가 및 예측', '처방 제시'라는 흐름에 근간한다. 또한 이러한 단계들은 상호 독립적이거나 단절된 형태이기보다 상호 의존적이고 순환적인 성격을 지닌다. 이에 대해 보다 자세히 살펴보도록 하겠다.

2 데이터 수집 및 가공

학습분석학 프로세스의 첫 번째 단계인 '데이터 수집 및 가공'을 상세히 설명하려면 학습분석학에서 활용하는 데이터에 대한 이해가 선행되어야 한다. 학습분석학에서 분석의 대상이 되는 기초 데이터는 학습이 시작되기에 앞서 이미 결정되어 있거나 단기간 내에 잘 변하지 않는 정태적(static) 데이터와 학습 진행 과정에서 발생하는 동태적(dynamic) 데이터로 구분 가능하다.

정태적 데이터로는 학습자의 심리적 기질(trait), 인구학적 정보, 선행 학습 결과 등이 있는데, 이 유형의 데이터는 주로 학생정보시스템(Student Information System: SIS)에서 관리된다. 동태적 데이터는 학습 과정에서 발생하며, 학습자의 상호작용 로그데이터(예 학습자와 콘텐츠 또는 시스템 기능, 학습자와 학습자, 그리고 학습자와 교수자 간 상호작용 결과로 자동 기록), 학습 성과 데이터(예 학습 중 퀴즈 결과 기록), 학습자 상호작용의 맥락데이터(예 시간, 위치, 온도, 이동 속도 등에 관한 정보의 자동 기록) 및 생체데이터(예 아이트래킹, 심박, 혈압, 동공 크기, 피부전도성, 경악반사 등 센서로 자동 기록) 등을 포함한다.

정태적 데이터는 대개 정련된, 일반적인 데이터베이스 구조를 지닌다. 즉, 명확하게 구분된 변수(예 전공, 학년)별로 척도에 맞게 체계적으로 정리되며, 관계형 데이터베이스 설계를 통해 이종 데이터베이스 간의 결합도 비교적 손쉽게 이루어진다. 예를 들어, LMS 데이터베이스 내에 존재하는 학습자의 성적 데이터와 학적 데이터베이스 내에 존재하는 학습자의 입학시험 점수를 통합해 정리하는 일은 기술적 측면에서 그리 어려운 일이 아니다.

동태적 데이터의 원 상태(raw data)는 일정한 형태가 없거나 연산이 가능하지 않은 비정형의 '빅 데이터'로서 전처리(pre-processing)와 필터링 과정을 거치고, 새로운 프록시 변수(proxy variable)로 가공한 뒤에야 실질 분석이 가능하다. 학습자의 '총 학습시간'을 학업성취도의 예측 변수로 활용하는 경우를 예로 들어보자. 만약 이를 자기보고식 설문 데이터로 수집한다면, 학습자는 해당 과목 학습에 얼마나 많은 시간을 투입하고 있는지(예 일주일에 3시간)에 관한 설문에 답하게 되고, 학습자의 답은 약간의 산술 과정을 거친 뒤 '총 학습시간'을 나타내는 정형화된 지표로 환산될 수 있다. 반면 로그데이터라는 동태적 데이터에 기반해 총 학습 시간을 계산한다고 가정해보자. 로그데이터에는 '총 학습 시간'이라는 정형화된 데이터가 존재하지 않으며, 이에 대한 산출은 해당 변수를 어떻게 조작적으로 정의할 것인가에 따라 달라질 수 있다. 만약 학습자가 온라인 학습창에 접속하여 온라인 강의를 수강한 시간을 '총 학습시간'으로 정의했다면, 이에 대한 산출은 개별 학습자별 온라인 학습창에의 접속 정보를 수집한 뒤 매회 학습자가 온라인 학습창에 접속해 로그아웃 하기까지의 지속 시간 데이터를 개별적으로 산출하고 이를 다시 합산하는 방식으로 계산할 수 있을 것이다. 이 과정에서 개별 학습자별로 누적된, 방대한 로그데이터의 대부분은 걸러지고 학습자의 접속 정보만이 분석 대상이 된다. 즉, 동태적 데이터는 의미 있는 분석을 위해 필요한 극소수의 신호(signal) 또는 유의미한 데이터가 대다수에 해당하는 소음(noise) 또는 잡석들과 섞인 원 데이터(raw data) 상태로 수집되기 때문에, 이 과정에서 원광석에서 귀금속을 찾아내는 채광업(mining) 과정이 필수적으로 요구된다. 그러나 이러한 수고로움에도 불구하고, 동태적 데이터는 그 다양성, 방대함, 정확성, 자동성, 상시성 덕분에 기존의 정형화된 데이터의 한계를 뛰어넘는 잠재력을 가진 것으로 주목받고 있다. 교수학습적으로 실행 가능한, 의미 있는 처방을 제공하려면 학습자가 위치한 해당 상황에서의 어려움, 학습 참여 정도를 시시각각 파악하고 관련된 처방을 제공할 수 있어야 하는데, 동태적 데이터야말로 학습 맥락을 고려해 실시간으로, 동기 및 인지 측면에서 예방적 처방을 설계할 수 있도록 해주는, 가공되지 않았으나 귀중한 천연

자원이기 때문이다.

앞서 언급된 데이터의 특성에서 짐작할 수 있는 바와 같이, 전처리 단계는 분석 과정에 필요한 주요 데이터만을 걸러내는 작업이자 원 데이터를 분석 가능한 형태로 변환하는 과정이다. 데이터 마이닝에서 전처리 과정은 다음과 같은 데이터 클리닝, 데이터 축소, 데이터 변환, 데이터 통합 작업을 포함한다(Han, Pei, & Kamber, 2011).

① 데이터 클리닝(data cleaning): 결측치를 채우거나 노이즈 데이터를 조정하고 이상치를 식별, 제거해 데이터 일관성 문제를 해결하는 과정임.

② 데이터 축소(data reduction): 차원 축소, 숫자 축소, 데이터 압축 방법이 있음. 원 데이터보다 적은 양의 데이터 표현 결과를 얻더라도 원 데이터의 완결성을 유지하기 위함.

③ 데이터 변환(data transformation): 데이터를 데이터 마이닝에 적합한 형태로 변환하거나 통합하는 것으로 smoothing, aggregation, normalization 등의 변환 전략이 있음.

④ 데이터 통합(data integration): 다양한 데이터 저장소에서 데이터를 통합하는 것으로, 데이터 양을 줄이고 중복과 비일치성을 방지하기 위함.

데이터 전처리 과정은 연구자의 경험과 이론적 성향에 따라 이후 진행되는 분석 및 처방 단계에 직접적인 영향을 미친다. 예를 들어, 본래는 컴퓨터 운용을 위해 기록된 로그데이터로부터 학습 처방에 필요한 자료를 선별하는 경우를 생각해보자. 이 경우에도 분석가의 개인적 조건이 작용하게 되는데, 분석가가 상호작용이나 장기적 성장에 관심이 있다면, 그가 선택할 데이터는 개인 학습이나 단기적 성과에 관심 있는 분석가가 선택할 데이터와는 성격을 달리할 것이다. 또 많은 학습분석학 투입 데이터들은 로그데이터 그 자체가 아니라 이로부터 합성된 대리 변수(proxy variable)인 경우가 많다. 예컨대 로그파일 어디에도 학습 시간, 상호작용 수준이라는 데이터는 없다. 학습시간이라는 의미 있는 데이터는 로그아웃 시간−로그인 시간의 연산을 통해 계산된 것이다. 상호작용 수준도 두 개 이상의 학습자 ID 간 게시판에서의 트랜스액션 빈도를 하나하나 찾아 행렬자료를 만든 뒤 이를 SNA(Social Network Analysis) 분석 소프트웨어로 중심도(centrality)를 계산해 활용한다. 즉, 원 데이터(raw data)는 중립적이지만 분석가의 이론 관점(예 환원주의 또는 구성주의), 연구 범위(예 개인 또는 집단, 단기 또는 장기) 등에 따라 분석에 투입될 분석데이터의 선별, 조합이 달라진다.

이 같은 이유로 전체 분석 시간 중 절반 이상의 시간이 이 전처리 단계에 투입되게 된다. 필요 데이터를 걸러내고 결측치나 이상치를 처리하는 과정, 또한 대리 변수(proxy variable)를 탐색하고 산출하는 과정에서는, 데이터를 이리저리 살펴보고, 넣고 빼고, 계산해 보고 산포도를 그려보는 등 반복적으로 탐색하는 작업은 필수적이다. 따라서 이 같은 탐색 작업에 적합한 강력하고도 유연한 통계분석 패키지에 익숙해질 필요가 있다.

3 분석, 평가 및 예측

가공된 데이터는 이제야 본격적인 분석 대상이 된다. 분석 단계는 요약, 설명, 예측으로 구분된다. 요약은 대개 직관적인 그래프 등 시각화 자료를 만드는 과정이다. 별도의 전문분야로, 정보시각화(information visualization) 단계라 한다.

데이터의 기술통계적 요약은 후속 분석의 전 단계이기도 하지만, 그 자체로서 이미 강력한 교수학습적 처방으로 활용되기도 한다. 학습자의 상태를 요약해 보여줌으로써 성찰적 및 자기주도적 학습을 촉진하는 학습분석학 대시보드(Learning analytics dashboard: LAD)가 그 예이다. 초기 학습분석학의 대표적 연구 성과로 잘 알려진 퍼듀 대학교의 처방 모델인 Signals 대시보드가 그 대표적 사례이다(Arnold & Pistilli, 2012).

요약을 거친 뒤 데이터 간 관련성을 밝히는 연관 분석(association analysis)이 시행된다. 그 목적은 2개 이상의 변수를 상관 관계 또는 인과 관계로 모델링함으로써, 교수학습적 처방을 내리기 위한 정량적 논거를 만들어내는 데 있다. 예컨대 e-러닝 학습자의 로그인 빈도(예측변수: X)로 학업성취도(준거변수: Y)를 예측하는 회귀분석 모형의 설명력이 통계적으로 유의해졌다면, 이는 로그인 빈도를 높이는 처방을 제공함으로써 학업성취도를 높이는 교수학습적 효과를 기대할 수 있는 정량적 증거가 된다. 연관 분석을 보완해 집단 특성별 맞춤형 처방을 제공하려면 군집분석을 활용한다.

학습자의 로그데이터와 같은 학습자 행동을 기초로 한 예측은 그 자체로 적용 가능하지만, 학습 과정에서 의미 있는 처방이 이루어지려면 학습자 행동에 대한 심리적 해석

과정이 수반되어야 한다. 학습자 행동이 어떤 심리적 구인의 지표인지를 밝히기 위한 정성적 논거는 준거 측정도구와 행동 데이터 간의 준거타당도 분석이나 인터뷰 등 별도의 해석적 작업이 필요하다. 즉, 준거타당도 분석은 기존 교육공학에 친숙한 이론에 데이터를 연결하려는 보수적 접근 방법이다. 이는 데이터 주도적 접근과 가설 주도적 접근 간 절충 시도로서, 기존에 축적된 연구 결과를 즉시 활용할 수 있다는 점, 결과 해석 및 처방 제공 시 이론적 뒷받침을 받을 수 있다는 점에서 유용하다.

4 처방 제시

학습이 운영되는 환경에 따라 처방 내용 및 대상이 달라진다. 교사가 주도하는 정규 수업 환경에서 학습분석학의 결과는 주로 교사에게 제공된다. 예컨대 디지털 교과서를 활용하는 수업에서는 고위험군 학생을 발견하고 개인 면담 또는 방과 후 지도 등 예방적 맞춤형 조치를 취하기 위한 정보가 교사에게 제공된다. 반면 학습자가 주도하는 비형식 학습 환경에서는 학습자의 자기주도적 학습 행동을 성찰할 수 있도록 지원하는 시각화 정보가 학습자 본인에게 제공된다. 플립드러닝 환경에서는 디지털 사전학습 콘텐츠를 공부하는 학생들의 행동 패턴을 분류해 교사에게 제공함으로써, 면대면 본시 수업을 각 군집별로 다양하게 준비할 수 있도록 지원할 수 있다.

처방 제시는 학습이 진행되는 과정에서 학습 성과를 개선하기 위한 운영 상의 처방으로 제공될 수도 있으나, 콘텐츠 수정─보완을 위한 설계적 처방 역시 교수설계자에게 제공 가능하다. 내용전문가가 강의 경험을 바탕으로 만든 학습 콘텐츠는 물론, 교수설계 과정을 거쳐 만들어진 콘텐츠 역시 다양한 환경 변수의 영향을 받는 실제 학습 조건을 정확히 예측할 수는 없다. 특히, 설계와 운영 간의 시간적 간격이 큰 경우, 이러한 설계 오차는 증폭되기 마련이다. 학습분석학과 학습설계(learning design)의 결합은 학습이 진행되는 시점과 장소에서 분석과 평가, 이 정보를 기초로 한 설계 및 재설계를 가능하게 한다는 점에서 실질적 성과 향상에 기여하는 상황 맥락적 처방의 방법론이 될 수 있다.

Chapter
05

학습분석학의 유형

Understanding Learning Analytics

Chapter

05 학습분석학의 유형

주요 내용

• 학습분석학의 유형

학습 목표

1. 학습분석학의 유형을 처방 대상에 따라 구분해 설명할 수 있다.
2. 학습분석학의 유형을 콘텐츠 분석 범위에 따라 구분해 설명할 수 있다.
3. 학습분석학의 유형을 사회적 관계에 따라 구분해 설명할 수 있다.

학습분석학은 여러 학문 분야가 융합된 신흥학문 분야로, 다양한 학문적 방법론과 이론, 과학적 가정을 토대로 한다. 그러나 태생적으로 분석학(analytics)과 데이터 마이닝(data mining)을 출발점으로 하고 있어, 교육적 데이터 마이닝(educational data mining)이나 교육관리분석학(academic analytics)과 혼용되어 사용되기도 한다. 최근에는 이 3개 영역이 비교적 명확히 구분되어 설명되고 있으며, 각각에 대한 명확한 구분과 개념 이해가 필요하다.

1 처방 대상에 따른 유형

학습분석학을 처방 대상을 기준으로 유형화 할 수 있다. 학습분석학은 누구를 대상으로 처방을 제공하는가에 따라 학습자용, 교수(설계)자용으로 구분가능하다.

학습자용 학습분석학은 개인의 특징(예 정태적 데이터로 얻은 성취도 수준, 자기조절학습 능력, 경력 목표 등)을 기초로 학습 과정 상에 나타난 행동 특성과 학습 맥락 조건을 분석해 학습 목표 달성 정도를 예측하고, 이를 바탕으로 예방적 처치를 제공하는 것을 주요 목적으로 한다. 교수(설계)자용 학습분석학은 정규교육의 경우 클래스에 따라, 비형식

학습의 경우 유사 학습자 그룹에 따라 집단별 학습 행동을 요약·집계하고 평균적 성과를 예측한 뒤, 각각의 집단에 맞는 수업 전략을 수립하는 데 필요한 의사결정 정보를 제공한다. 교육기관 경영자용 학습분석학은 개별 수업 또는 콘텐츠의 성과를 분석하여 개폐를 결정하고, 이들 간의 최적 또는 최단 이수 경로를 예측함으로써 자원의 효율적 배분에 필요한 의사결정 자료를 제공한다. 이 세 번째 유형을 특정해 학습분석학과 구분하고 교육관리분석학(academic analytics)으로 별칭하기도 한다. Ferguson (2012)은 교육관리분석학을 정치적·경제적 변화 관점에서의 분석학으로, 국가 또는 국제 수준에서 교육 기회를 지속적으로 발전시켜 나가는 방법과 관련된다고 설명했다. 이러한 교육관리분석학은 학습자·교육자·기관 데이터를 바탕으로 보다 거시적인 관점에서 조직 과정, 작업의 흐름, 자원 할당, 기관의 평가를 향상시키고, 조직의 효율성을 높이고자 하는 명확한 목표가 있어 경영분석학(business analytics)과 유사한 맥락으로 이해되기도 한다(Siemens & Long, 2011).

용도와 대상은 다르지만, 각각에 사용되는 기본 원료는 앞서 기술한 동태적 및 정태적 데이터로서 모두 같다. 같은 규격의 벽돌을 원료로, 사용 목적에 따라 개인용 침실, 집단용 아파트, 공동체용 단지를 지을 수 있는 것과 같은 원리이다. 이러한, 소위 OSMU(One Source Multi Use) 접근은 학습분석학의 분석 효율성을 높이는 데 크게 기여한다. 사실 학습분석학의 최대 장점은 투자 대비 이익이 매우 크다는 점이다. 기존 데이터베이스 기반 자료 관리를 위해서는 많은 사람들이 시간과 노력을 들여 측정하고 데이터로 가지런히 정리한 뒤 입력 화면을 열고 하나씩 기입하는 작업이 필요했다. 그러다 보니 데이터 관리를 통해 얻는 이익보다 비용이 더 커지는 경우가 다수 발생했다. 비간섭적 측정과 분석의 자동적 분석이 가능한 데이터를 주로 활용하는 학습분석학은 이러한 비용을 획기적으로 절감할 뿐만 아니라, 동일한 데이터를 활용해 다양한 활용 요구와 수요에 대응할 수 있다는 점에서 그 실용 가치가 크다.

2 콘텐츠 분석 범위에 따른 유형

학습분석학은 콘텐츠 분석 범위를 기준으로 '콘텐츠 단위의 학습분석학'과 '콘텐츠 간(間) 관계를 분석 단위로 하는 학습분석학'으로 구분 가능하다.

기존 교수설계 관련 분석 대상은 단일 수업 또는 콘텐츠 단위로 이루어진다. 학습목표를 분석해 이에 맞도록 설계 – 운영 – 평가하는 ADDIE 모델의 주요 적용 대상은 이러한 개별 단위 수업이었다. 따라서 학습분석학의 관심은 개별 콘텐츠별 학습 활동에 국한되는 경우가 많았고, 다른 콘텐츠와의 관계성에 대한 분석과 처방 사례는 비교적 적은 편이었다. 콘텐츠 단위 처방의 목적은 사전 설계 시점에 정의된 학습 목표 달성에 집중되고, 분석 대상도 해당 콘텐츠에서 이루어지는 학습활동에 국한된다. 따라서 학습자의 개인별 중장기 역량 개발 목표보다는, 개별 수업의 목표 달성 여부가 관심 대상이다. 이러한 유형의 학습분석학은 기존 교수설계 프레임으로 상당 부분 설명이 가능하고, 요구되는 기술적 요소도 교육공학도의 추가 학습을 통해 습득 가능한 수준이다. 이에 교육공학 분야 연구자들이 수행한 학습분석학 연구의 대다수가 이러한 단일 수업을 분석 단위로 삼고 있다.

두 번째는 콘텐츠 간(間) 관계를 분석 단위로 하는 학습분석학이다. 오늘날과 같은 디지털 공유경제 시대에서 학습자의 요구는 나날이 다양해지고 있으며, 이러한 학습자의 요구는 현실 문제 해결에 직결되는 경향이 있다. 이러한 개인의 독특하고 다양한 요구를 기존의 체제적 교수설계 접근에 의해 콘텐츠 단위로 하나하나 충족시키려는 시도는, 논리적이기는 하나 실용적일 수 없다. 전문가 집단에 의한 교수설계 접근은 시간적, 재정적 비용을 수반하며, 이 비용을 상쇄할 정도의 학습자 규모를 확보하기 어려울 경우 개발 프로젝트가 수행될 가능성은 거의 없기 때문이다. 이러한 개별 학습자의 다양한 요구는 YouTube, MOOC, OCW/OER, TED 등 공유 콘텐츠를 활용하는 비형식 학습에 의해 상당 부분 충족되고 있다.

3 학습자의 사회적 관계에 따른 유형

학습분석학은 학습 참여자 간 사회적 상호작용 관계에 따라 사회적 학습분석학 (social learning analytics)과 개인별 학습분석학(individual learning analytics)으로 나뉜다.

초기 학습분석학은 개인별 학습분석학으로부터 시작되었다. 즉, 초기에는 개인과 콘텐츠 간 상호작용을 분석해 학습자 내적 조건의 변화 과정을 추적하는 데 연구 관심이 집중되었다. 한편, 최근에는 사회적 학습분석학의 비중이 늘고 있다. 사회적 학습분석학은 구성주의적 학습 환경에서 발생하는 학습자-학습자, 학습자-교수자 간 사회적 상호작용 과정을 분석한다. 사회연결망 분석, 텍스트 분석 등 상호작용 분석을 가능하게 하는 데이터 분석 기법이 도입되면서, 지식 수용을 넘어 새로운 지식이 생성되고 공유되는 과정을 분석할 수 있게 되었다. 학습자들의 창조적 역량 개발은 이 시대 교육의 주된 목표이며, 스티브 잡스가 언급한 바와 같이 창조성이란 이질성을 연결하는 능력이다. 이에 개인이 지니고 있는 이질적이고 다양한 지식과 경험, 그리고 관점이 교호(交互)하고 융합되는 사회적 상호작용을 이해하고 촉진하기 위해 사회적 학습분석학이 확대되고 있다. 이러한 사회적 학습분석학의 확산에는 지식 창조 사회적 구성주의 이론(예 CSCL, Activity Theory 등)과 SNS 사용자의 확산, 그리고 네트워크 분석 도구 보급이 큰 역할을 수행했다.

한편, 개인 학습분석학은 생리심리학의 도입과 함께 그 분석의 심도를 높여가고 있다. 학습 과정은 매우 통합적이고 복잡 다단하므로, 학습자가 진정 학습에 참여하고(engage) 있음을 포착하는 데이터 확보가 무엇보다 중요하다(Siemens, 2013). 최근에는 학습자-컴퓨터 상호작용, 작성된 문서 내용 등 외부로 드러난 학습자의 행동 데이터를 보완할 수 있는 생리심리 반응을 측정, 기존에는 파악하기 어려웠던 학습자의 인지·정서 상태를 진단하려는 시도가 확대되고 있다. 과거에 고가 장비를 갖춘 실험실 조건에서 소수 피험자를 대상으로 광고나 게임 등 미디어 연구를 중심으로 이뤄졌던 생리심리학 연구는, 고성능 모바일 디바이스와 웨어러블 기기 보급, 뇌인지 과학과의 접목을 계기로 대규모 학습자를 대상으로 하는 학습분석학 연구에 도입되고 있다.

Understanding Learning Analytics

학습분석학의 이해

03

학습분석학 연구 사례

Chapter 6   학습심리모형 영역의 연구 사례

Chapter 7   분석예측모형 영역의 연구 사례

Chapter 8   처방모형 영역의 연구 사례

학습심리모형 영역의 연구 사례

Understanding Learning Analytics

06 학습심리모형 영역의 연구 사례

주요 내용

- 학업성취에 영향을 미치는 심리적 요인들
- 시간 관련 온라인 행동 변인
- 시간 관련 인식과 온라인 행동 간 준거 타당성

학습 목표

1. 학업성취에 영향을 미치는 내적 요인들을 설명할 수 있다.
2. 시간관리와 관련된 온라인 행동 변인들을 도출할 수 있다.
3. 온라인 행동 변인을 통한 심리적 상태의 측정 가능성에 대해 논의할 수 있다.

1 학습심리 영역의 학습분석학 연구 흐름

학습분석학 모형에서 '학습심리' 부분은 학습자의 심리와 관련된 인지적, 사회적, 동기적 특성이 학습자의 행동으로 어떻게 발현되는지에 대한 내용이다. 여기서는 [그림 6-1]과 같이 ① 기존에 수행된 학습관련 심리적 구인들과 학업성취 간 구조적 관계 밝히기를 출발점으로 하여, ② 학업성취와 밀접한 연관이 있는 자기조절 학습능력과 그 중 한 요인인 시간관리전략에 대한 이론 개념을 고찰하고, ③ 시간관리전략을 학습분석학의 관점에서 보다 객관적으로 측정하기 위한 방향을 탐구하며, ④ 시간관리전략에 대한 사용인식(perception)과 온라인 학습과정의 실제 발자취(로그데이터)를 데이터 마이닝 한 행동 대리변수(proxy variable) 간 준거 타당성을 확인하는 연구에 이르는 여정을 따라가보겠다.

그림 6-1 학습심리 영역에서의 연구 흐름

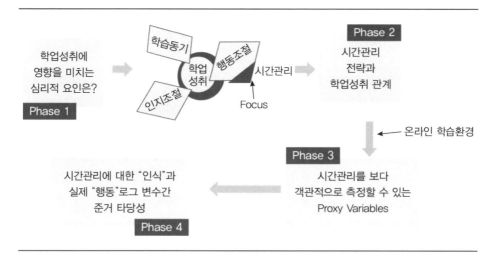

2 학습자의 동기, 인지전략, 학업성취 간의 구조[1]

　학습분석학은 궁극적으로 학습자가 남기는 각종 학습 발자취들을 추출해 유의미한 방향으로 분석하고, 이를 다시 학습자에게 피드백 하는 일련의 선순환 구조에 기반한다. 이 부분에서 소개할 연구 사례는 학습자가 남기는 발자취(로그데이터)를 다루고 있지는 않으나, 기본적으로 학습자의 특성변인에 해당하는 내적 요인에 대한 이해를 위한 것이다. 정교한 피드백을 위해서는 단순히 학습자의 행동 데이터만으로는 충분치 않고, 학습자의 내적인 심리상태에 대한 데이터야말로 학습분석학에서 주목하는 중요한 분석 대상이 되기 때문이다. 내적 심리상태를 생체 데이터로 측정하는 내용은 『5부 학습분석학의 도전과 미래』에서 보다 자세히 접할 수 있을 것이다. 이번에는 그동안 교육학 분야의 주 관심사였던 '학업성취'에 영향을 미치는 인간의 내적 심

---

1 본 장에서는 '조일현과 김연희(2014). 대학생의 학습동기, 인지전략 및 학업성취 간의 구조적 관계 분석. 교육과학연구, 제 45집 2호, pp. 77~98.'의 내용을 참고해 기술했음.

리 요인들을 살펴보고, 그들의 관계를 알아보도록 하겠다.

1) 학업성취와 동기

학업성취란 무엇일까? 흔히 성적으로 칭해지는 학업성취는 학교교육을 통해 학습한 지식, 지적 능력, 태도, 가치관 등 학습 결과를 뜻한다(곽수란, 2003). 이에 영향을 미치는 요인들은 매우 광범위하다. 우선 부모의 학업 관여나 교사와의 관계, 학교나 학습 풍토 등과 같은 환경 요인이 있다. 개인적 요인으로 지능이나 건강상태, 스트레스 정도, 성격 등이 해당된다. 그러나 교육적으로 해결하기 어려운 요인들과 달리 '학습 동기'는 학업성취에 미치는 영향력도 클 뿐만 아니라, 학생에 대한 관심과 적절한 가이드를 통해 긍정적인 방향의 형성이 가능하므로 교육자들이 주목해서 봐야 할 가치가 있다.

그렇다면 동기란 무엇일까? 동기는 인간 행동의 근원이고, 행동을 활성화하며 행동 방향을 정해주는 심리 요인이다(정종진, 1996). 학습동기는 학습을 가치 있는 것으로 여기고 열심히 하려는 경향이자 학습 목표를 성취하려는 경향이다. 가르치는 것을 의미하는 교수(teaching)는 기본적으로 의도적이고 목표지향적인 특성이 있기 때문에, 교수를 통해 이루어지는 학습(learning)이 효과를 거두려면 학습자의 '학습에 대한 동기'가 선행되어야 한다. 따라서 많은 학자들은 학습 효과를 극대화하기 위해 가장 영향력 있는 요인으로 '학습동기'를 꼽는다(김은영 & 박승호, 2006; 안도희, 김지아, & 황숙영, 2005).

학습동기는 몇 가지 유형으로 나누어볼 수 있다. 우선 개인이 설정하는 학습목표에 의해 최초 발생되는 것 외에 지속적으로 유지되는 과정을 포함한다(Schunk, Meece, & Pintrich, 2012). 또한 호기심이나 흥미, 욕구 등 학습자가 학습활동에 대해 느끼는 즐거움 그 자체가 목적으로 형성되어 학습에 대한 만족감이나 성취감, 자부심 등에 따라 보상을 느끼는 '내재적 동기'와 학습 결과에 따라 발생하는 물질적 보상에 따라 행동 변화가 일어나는 '외재적 동기'로 나뉜다. 내재적 동기가 외재적 동기보다 지속력이 높다는 사실은 굳이 부연 설명하지 않아도 될 듯하다. 그러나 내재적 동기 조절을 많이 사용하는 학생들은 뒤에 설명할 인지전략과 노력 조절, 초인지 조절을 더 많이 사용하는 것으로 알려졌고, 외재적 동기조절 전략을 많이 사용하는 학생들은 다른 학생들에 비해 한 가지 인지전략만을 주로 사용하는 점(Wolters, 1998)을 주목해볼 필요가 있다. 즉, 내재적 동기조절 전략이 외재적 동기조절 전략보다 인지 전략과 보다 깊은 관련성이 있고, 다양한 인지조절 전략은 학업성취를 견인한다.

2) 학업성취와 인지전략

학업성취에 중요한 영향을 미치는 또 하나의 요인은 '학습전략'의 활용이다. 학습전략은 학습자 스스로 자신의 학습을 촉진시키기 위해 동원하는 각종 기술들을 뜻하며, 인지전략, 초인지 전략, 자원관리 전략으로 구성된다. 이 가운데 정보 처리 및 기억을 돕는 인지전략은 학업성취에 직접적인 영향을 미치는 것으로 알려져 있다(조현철, 2003; 한순미, 2004; 한영숙, 현성용, 이종구, & 조현철, 2007). 인지전략은 또한 리허설 전략, 정교화 전략, 조직화 전략, 비판적 사고로 구성되는데(Pintrich, 1988), 리허설은 수업 내용을 반복하고 암기하는 전략, 정교화는 학습자들의 배경지식과 새로운 정보를 연결하고 통합시키는 전략, 조직화는 서로 다른 개념들과 사실적 정보를 연결하는 전략, 비판적 사고는 응용력, 문제해결능력, 분석력, 추론 능력, 종합력, 평가력에 관련된 전략이다(김현진, 2011).

이러한 인지전략은 앞서 설명한 바와 같이 '학습동기'의 영향을 받으며, '학업성취'에 긍정적 영향을 미친다. 선행 연구들은 학업성취 수준에 따라 시연, 조직화, 정교화, 비판적 사고 등 인지전략의 사용에 차이가 있음을 밝히고 있다. 이러한 인지전략은 연습과 훈련에 의해 향상될 수도 있으며, 학업성취, 의사소통, 문제해결 활동, 자기효능, 기타 사회적 인지활동에 기여하고(Flavell, 1979), 창의적 비판적 문제해결활동에도 긍정적 영향을 미친다(Feldhusen, 1995; Pesut, 1990).

3) 동기, 인지전략, 학업성취 간의 구조 모형

이렇듯 학습자의 동기와 인지전략은 학업성취에 영향을 미친다. 나아가, 학습자의 내재적 동기가 외재적 동기보다 인지전략의 활용을 보다 다각적으로 촉진하고, 인지전략 활용이 학업성취에 영향을 미친다. 동기와 학업성취, 인지전략과 학업성취의 직접적 관련성 외에도, 인지전략이 동기와 학업성취를 매개하는 효과가 있음을 보여주는 연구들도 있다(류지헌 & 임지현, 2008; 조현철, 2003).

이에 따라, 조일현과 김연희(2014)는 서울 소재 A대학교 학생 3,385명을 대상으로 학습동기, 인지전략, 학업성취 간 관계를 분석했다. 측정도구는 MSLQ 검사(Motivated Strategies for Learning Questionnaire)의 학습동기(22문항)와 학습전략(19문항)을 중심으로 구성되었고, 학업성취는 설문조사 시점의 직전학기 평점(GPA) 점수가 분석에 활용되었다. 동기가 인지전략을 통해 학업성취에 영향을 미치는 경로를 구조방정식모형(Structural Equation Modeling: SEM)으로 분석한 결과 [그림 6-2]의 구조모형이 적합한 것으로 나타났다(x^2=70.338(df=23), TLI=.909, GFI=.956, CFI=.942, NFI=.917, RMSEA=.078).

좀 더 자세히 살펴보면 첫째, 이 사례연구에서 동기는 학업성취에 직접적 영향을 끼치지 않았다(β=.091, p=.290). 그러나 동기가 인지전략에 영향을 미치는 경로(β=.621,

그림 6-2 인지전략을 통해 동기가 학업성취에 미치는 경로

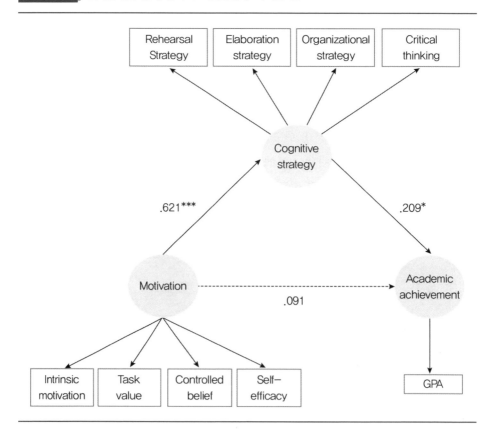

$p<.001$)와 인지전략이 학업성취에 영향을 미치는 경로($\beta=.209$, $p<.05$)는 유의한 것으로 나타났다. 둘째, 동기 및 인지전략이 학업성취에 미치는 직접효과와 간접효과 및 총 효과를 살펴본 결과, 학업성취에 가장 커다란 영향을 미치는 변인은 동기($\beta=.221$, $p<.01$)였다. 즉, 동기가 학업성취에 미치는 직접효과는 유의하지 않았으나, 동기가 인지전략을 거쳐 학업성취에 미치는 간접효과를 함께 고려하면 결과적으로 동기가 학업성취에 미치는 총 효과는 인지전략보다 더 큰 것으로 나타났다. 셋째, 동기가 학업성취에 간접적 효과를 끼치는 것 또한 유의하게 나타났다($\beta=.130$, $p<.05$). 마지막으로 동기와 인지전략은 학업성취에 대해 7.5%의 설명력을, 동기는 인지전략에 대해 38.6%의 설명력을 가지는 것으로 나타났다.

4) 정리 및 생각해볼 문제

학업성취에 미치는 심리 요인들로 학습에 대한 '동기', 학습전략의 중요한 부분을 차지하는 '인지전략'의 효과를 살펴본 결과, 흥미로운 부분이 있었다. '동기' 자체만으로 높은 학업성취를 얻을 수는 없다는 점이다. 즉, 우리가 살펴본 사례 연구(조일현과 김연희, 2014)에 따르면, 동기는 '인지전략'을 통해 학업성취에 영향을 미쳤다. 동기수준이 높을수록 인지전략을 더 많이 사용하고 인지전략을 많이 사용할수록 학업성취가 높아졌다는 것이다. 그렇다면 '학습분석학'의 관점에서, 지금까지 살펴본 '학업성취와 관련된 학습자의 심리적 측면'의 변인들을 생각해보자.

첫째, 학습동기, 즉 학습을 시작하고 지속하는 학습자의 마음가짐을 교수자나 학습관리시스템이 측정할 수 있는 방법은 없을까? 조금 더 발전시켜서, 학습자가 학습 과정에서 충분히 '몰입'한 상태인지 확인할 수는 없을까? 본 책의 연구진은 학습분석학의 관점에서 이 질문의 답에 접근하고자, 학습자의 학습 과정에서 발생하는 생체 심리 데이터를 분석해 활용하려고 한다. 이는 10장에서 소개되는 연구 사례들로 부족하나마 그간의 진척을 확인할 수 있을 것이다. 앞으로도 발전 과제가 즐비한 학습분석학 연구에 관심과 노력을 기울일 필요가 있겠다.

둘째, 학습동기는 학업성취에 중요한 요인이긴 하나 직접적 영향을 주지는 않았다. 즉, 학업성취에 대한 열의나 의지, 관심만으로는 좋은 결과를 기대하긴 어렵다. 그러나 동기는 학습전략, 이중 '인지전략'에 영향을 미치며, 인지전략이 학업성취에 영향을 끼친다는 점을 확인했다. 그렇다면 학습자가 '인지전략(리허설, 정교화, 조직화 전략, 비판적 사고)'을 얼마나 잘 사용하는지를 알 수 있는 구체적 학습 행동은 무엇일까? 이를 보다 객관적으로 측정할 수 있는 방법은 없을까? 학습동기는 높으나 효과적인 학습 방법을 알지 못하는 학생들을 데이터 분석을 통해 교수자나 학교 차원에서 손쉽게 찾을 수 있다면, 이들을 대상으로 한 학습법 관련 워크숍 참여를 안내하고, 맞춤화된 프로그램을 기획·운영하는 것은 매우 유익할 것이다.

셋째, 지금까지는 학습전략 중 '인지조절'을 중심으로 학업성취와의 관계를 살펴보았다. 그러나 학습전략에는 인지조절 외에도 '행동조절'로 구분되는 하위 변인(행동 통제, 학업 시간 관리, 도움 구하기)들이 있다. 학습자의 심리적인 부분과 맞닿아 있으면서도 보다 가시적으로 측정할 수 있는 행동과 관련된 부분으로, 이러한 변인들은 학습과정에서 발생하는 로그데이터로 추적하여 얻는 데이터들과 비교해볼 만하다. 따라서 다음으로는 학습자의 '시간관리 전략'에 대한 인식을 넘어 시간관리와 관련된 행동 로그 변수들의 개발 사례, 그리고 학습 시간 관련 행동 변인과 학업성취 간의 관계에 대해 살펴보겠다.

3 시간관리 전략과 학업성취도 간 관계[2]

1) 자기조절 학습과 시간관리 전략의 개념

교육 분야에서 '시간관리' 개념은 '자기조절 학습전략'의 하위 개념으로 논의되어 왔다. 학습자가 '시간관리 전략'을 얼마나 잘 사용하는가가 실제 학업성취에 긍정적인 영향을 주는지를 확인하는 연구가 주를 이룬다. 온라인 학습 환경이 확대되면서, 학습자와 교수자의 면대면 접촉 없이 학습과정 전반을 '자기 주도적'으로 수행해야

---

2 본 장에서는 '조일현과 김정현(2013). 학습분석학을 활용한 e-러닝 학업성과 추정 모형의 통계적 유의성 확보 시점 규명. 교육공학연구, 29(2), 285-306'과 'Jo, Kim and Yoon(2015). Constructing Proxy Variables to Measure Adult Learners' Time Management Strategies in LMS *Educational Technology and Soceity, 18*(3), 214-225'의 내용을 참고하여 기술했음.

하는 학습 상황이 잦아지고, 이에 따라 학습자들에게 고도의 자기조절 학습능력이 요구되기 때문이다(이수경 & 권성연, 2007; 이인숙, 1999; 이재경, 1999).

시간관리 전략은 자기조절학습의 '행동조절' 영역의 하위전략에 해당한다. 자기조절 학습은 학습자가 주어진 정보나 기술을 자신의 인지 수준과 학습 성향에 맞게 적절히 변환해 재구성하고, 학습자가 주도적으로 성취 수준의 향상을 기대하는 학습을 뜻한다(장봉석 & 신인수, 2011). 자기조절학습 측정 도구를 국내에서 처음 번안한 양명희(2002)는, 자기조절학습을 구성하는 핵심 변인을 인지조절, 동기조절, 행동조절이라는 세 영역으로 요약·정리했다. 다시 간략히 설명하면, 인지조절 영역은 학습자가 자료를 기억하고 이해하는 데 사용하는 인지전략 및 자신의 인지에 대한 지식과 조정을 의미하는 메타인지전략에 관한 것이다. 동기조절 영역은 여러 동기적 특성 중 숙달 목적 지향성, 자아 효능감, 성취가치 등 자기조절학습과 관련된다. 행동조절 영역은 행동통제, 도움 구하기, 학습시간관리에 관한 것이다.

행동조절에 해당하는 시간관리 전략은 자원관리전략의 일부(Zimmerman & Pons, 1986), 자기관리전략의 일부(Pintrich & De Groot, 1990; Pintrich, Smith, García, & McKeachie, 1993), 적응전략의 하나로 간주되어 왔다. 즉, 시간은 학습자가 학습하는 과정에서 동원하는 여러 자원 중 하나로, 과제의 우선순위를 매기는 능력(Blaxter & Tight, 1994; Jex & Elacqua, 1999; Kaufman-Scarborough & Lindquist, 1999)과 요구되는 과제를 수행하는 데 충분한 시간을 쓸 수 있는 능력(Slaven & Totterdell, 1993; Woolfolk & Woolfolk, 1986)과 관련된다. 선행연구들은 충분한 시간 투자와 시간의 효율적인 활용(Hofer & Pintrich, 1997; Pintrich & De Groot, 1990; Pintrich et al., 1993; Zimmerman, 2002), 그리고 과제에 대한 적극적인 참여(Blaxter & Tight, 1994; Orpen, 1994; Woolfolk & Woolfolk, 1986)를 시간관리의 하위개념으로 고려해왔다. 한편, 장기적인 계획 또한 중요 요인으로 보고 있는데(Britton & Tesser, 1991; Eastmond, 1998), 잘 계획된 일정관리에 기반한 지속적인 노력 유지가 기대한 학업성취에 필수적이라고 강조해왔다. 정리하면, 시간관리 전략과 관련된 개념은 ① 과제 우선순위 매기기, ② 충분한 학습 시간 투자하기, ③ 적극적으로 학습에 참여하기, ④ 해당 과제에 대해 지속적으로 노력하기, ⑤ 시간을 계획적으로 활용하기를 의미한다.

2) 시간관리와 학습성과 관련 연구들

시간관리 전략과 학습성과의 관련성을 입증하는 연구들은 다양한 각도에서 이루어져 왔다. 우선 신명희, 박승호, 서은희(2005)는 대학생의 학업성취도에 따른 지연행동과 시간관리 행동 경향에 관해 연구했다. 대학생 526명의 지연행동 및 시간관리 행동을 측정한 뒤 학업성취도가 낮은 집단과 높은 집단으로 구분해 비교 분석했다. 연구 결과 학업성취도가 낮은 학생들은 높은 학생들에 비해 목표 설정 및 우선순위를 정하지 않았으며, 시간관리 기술이 부족한 것으로 나타났다.

강순화, 이은경, 양난미(2000)는 학사경고생과 성적우수생이 사회/환경·학업·성격 변인마다 어떻게 다른지 비교 분석하고, 이를 토대로 대학에서의 학업지원 모형과 학업지원을 위한 집단 프로그램 개발을 시도했다. 두 집단의 특성을 비교 분석한 결과를 통해, 시간관리 전략 활용에 있어 학업 우수 집단이 부진 집단에 비해 뛰어난 것으로 나타났다.

Macan, Shahani, Dipboye 그리고 Phillips(1990)의 연구에 따르면 시간을 잘 통제한다고 인식하는 대학생일수록 역할 모호성, 역할 부담 및 업무 우울증과 신체적 긴장을 적게 느꼈다. 자신의 삶이나 직업 역할에 더욱 만족할 뿐 아니라 학업성취 점수도 높았다. Britton과 Tesser(1991)의 연구 또한 시간 자원을 효과적으로 관리하는 능력이 학업성취에 중요하다는 사실을 보여준다. 이들은 90명의 남녀 대학생을 대상으로 시간관리 검사를 실시한 뒤 이후 4년간 누적된 학점과 비교했다. 이 연구 결과, 시간관리 효과는 SAT 점수와 독립적일 뿐 아니라 SAT보다 대학에서의 성적을 더 많이 예측하는 것으로 나타났다. 또한 시간관리의 하위 요인인 '단기계획'과 '시간에 대한 태도'는 지능보다 학업성취를 더 많이 예측하는 것으로 나타났다.

이상의 연구들에서 시간관리는 '시간을 관리하는 전략들을 어느 정도 사용하는지', '본인이 시간을 잘 통제하고 있다고 인식하는지'에 따라 측정되고 있다. 또한 피험자가 인식한 시간관리 전략은 학업성취도가 높은 학습자들, 낮은 학습자들 사이에 분명한 차이가 있음을 일관되게 드러내고 있다.

3) 이러닝 환경에서의 시간관리 전략 활용

그렇다면 학습과정에서 학습자는 시간관리 전략을 어떠한 형태로 적용하고 있는 가? 앞서 언급했듯이 시간관리 전략은 학습자와 교수자가 서로 떨어져 있는 환경에서 더 중요하며 더 많이 요구된다. 교수자와 학습자가 면대면으로 만나는 학습 환경에서는 대부분 교수자가 시간을 통제하지만, 교수자가 멀리 떨어져 있는 상황인 이러닝 환경은 학습자 자신의 페이스에 따라(self-paced) 학습할 수밖에 없다. 학습자의 학습 자율성과 함께 학습 시간에 대한 효율적 관리를 요구하는 것이다. 따라서 연구자들은 이러한 이러닝 학습환경을 배경으로 학습에서의 시간관리 전략 형태나 시간 관리 전략과 학업성취의 관계를 탐색했다.

우선, 이인숙(2002)은 시간관리 전략을 대표할 요인으로 규칙적인(온라인) 수업 참여, 수업 참여 일정 관리, 기일 관리를 제시했다. 일반적으로 학습시간을 보다 많이 할애할 경우 좋은 학점(학업성취)을 얻는 것으로 예상해, 학습 시간이나 접속 횟수와 같은 학습 참여와 관련 변인을 학업 성과의 예측 변인으로 연구했다. 그 결과 학습전략 하위 요인 중 성적에 가장 많은 영향을 미치는 요인은 시간관리 전략이며 전체 학업성취도의 10%를 설명하는 것으로 나타났다. 이러닝 학습환경에서 규칙적인 수업 참여, 수업 참여에 따른 일정관리 능력, 그리고 각종 학습활동 제출 기일 능력이 학업성취도를 높이는 데 매우 중요한 역할을 하는 것으로 나타났다.

성기선과 신나민(2003)은 한국의 방송통신대학교 재학생들의 학업성취 과정과 학습성과에 영향을 미치는 변인을 분석했다. 그 결과, 계획학습 요인과 학습부적응 요인이 학업성취 수준 결정에 의미 있는 영향을 미치는 것으로 나타났다. 여기서 계획학습 요인은 학습계획을 수립하고 매일 공부하며 예·복습을 철저히 한다는 의미이다. 기존의 선행연구(권성연, 2009)가 제시한 바와 같이, 규칙적인 학습시간관리 전략을 사용할 경우 학업성취가 높아진다는 결론이 도출되었다.

김시태(2003)는 기업 이러닝 환경에서 학습자의 학습형태에 따른 학업성취도를 분석했는데, 정해진 시간에 규칙적으로 학습하는 학습자의 학업성취도가 가장 높았다. 학습자의 학습소요 시간에 따라서도 학업성취도에 차이가 있는 것으로 나타났다.

조일현과 임규연(2002)은 GBS 설계 모델을 적용한 기업 이러닝 학습 환경에서 학습성과에 영향을 미치는 요인에 관한 연구를 통해, 시간관리 전략이 학습성과에 영향을 미치는 변수임을 확인했다. 그러나 해당 연구에서는 시간관리 요인의 값이 음수로 나타나, GBS 학습 환경 하에서는 매일 일정 시간을 투자해 규칙적으로 학습한 학습자보다 과제에 집중해 학습을 진행한 학습자의 성취도가 더 높다는 결과를 보여주었다.

권성연(2009)은 학습자 시간관리 전략을 학습 참여도와의 관계에서 살펴본 연구에서, 학습자들이 작성한 학습시간 계획표를 근거로 학습시간 계획과 실천 내용을 확인하고 이러닝 환경에서의 다양한 학습관련 변인간 관계 및 학습시간 계획 실천 수준에 따른 학습참여도, 학습지연, 학습시간, 학업성취의 차이를 분석했다. 연구 결과 학습참여도에 해당하는 토론과 답변 수, 접속 수, 출석점수, 주당 학습일수도 학업성취도와 정적 상관이 있는 것으로 나타났다.

4) 정리 및 생각해볼 문제

이상의 연구들은 학습에서의 시간 관련 변인에 해당하는 학습시간 및 학습참여 빈도, 계획적인 학습이나 규칙적 학습 활동 등이 어떠한 방식으로든 학업성취에 영향을 끼치고 있음을 잘 보여준다. 그러나 학습 과정에서 학습자들이 자신의 '시간'을 어떻게 쓰고 있는지를 설문조사에 의존해 측정하고 있다는 공통적인 한계가 있다. 그렇다면 학습자들이 사용하는 시간관리 전략이라는 심리적 구인을 보다 객관적으로 측정할 수 있는 방법은 무엇일까?

4 　온라인 환경에서의 시간 관련 변수 측정[3]

앞서 소개한 시간관리 전략의 하위개념들을, 설문조사에 기반한 자기리포트(Self-reported) 방식이 아닌 다른 방식으로 측정하는 접근법을 소개한다.

---

3 본 장에서는 '조일현과 김윤미(2013). 이러닝에서 학습자의 시간관리 전략이 학업성취도에 미치는 영향: 학습분석학적 접근. 교육정보미디어연구, 19(1), pp. 83~107'과 'Jo et al. (2015). Constructing Proxy Variables to Measure Adult Learners' Time Management Strategies in LMS *Educational Technology and Soceity*, 18(3), 214-225'의 내용을 참고해 기술되었음.

1) 대리변인 설정을 위한 기본 가정

본 책의 연구진은 온라인 학습환경에서 학습 관련 '시간' 변수를 학습자가 온라인 학습관리시스템(LMS)에 남긴 웹 로그데이터를 통해 측정하고자 하였다. 그러나 이러한 접근은 '학습이 온라인 상태에서만 이루어졌다'는 가정(assumption)하에서 보다 의미가 있다. 학습은 여전히, 온라인 상태가 아닌 경우에도 다양하게 이루어지고 있다. 오히려 학습은 독서, 대화, 필기 등 다양한 오프라인 상황에서 꽤 많이 일어난다. 그러나 우리가 의식하느냐의 여부에 상관없이, 그 모든 상황이 네트워크로 연결되어 우리의 모든 일거수일투족이 기록되는 시기가 가까운 미래에 온다고 가정해보자. 개인의 모든 시간이 디지털로 기록·관리되고 그 기록이 분석되어 다시 피드백 되고, 개인의 행동 변화를 유도하는 날이 올 수도 있다.

즉, 연구진은 대리변인(proxy variable)을 활용해 학습자의 행동을 견인하는 내적 구인을 보다 객관적으로 측정해보고자 하였다. 다소 생소하게 느껴질 수 있겠지만, '대리변인'은 사회과학 분야에서 폭넓게 활용되는 개념으로(Durden & Ellis, 2003), 시간관리와 같이 특정 변인이 측정 가능하지 않을 경우 대안으로 사용하는 변인을 뜻한다 (Wickens, 1972). 여기서는 총 학습시간, 학습빈도, 학습 규칙성을 대리변인으로 측정한 사례들(Jo et al., 2015; 조일현 & 김윤미, 2013)을 살펴보겠다.

2) 대리변인의 측정

완벽하지는 않지만, 온라인 학습 상황에서 학습과 관련된 시간들은 웹 로그에 남고 이를 기반으로 학습이 이루어진 총 시간(≒학습자가 학습관리시스템에 로그인한 총 시간: Total Login Time), 학습활동에 참여한 빈도(≒학습자가 로그인 한 횟수: Login Frequency), 그리고 학습자가 얼마나 규칙적으로 학습했는지(≒웹 로그인 시간의 간격들이 평균으로부터 덜 벗어난 정도: Login Regularity)가 측정 가능하다. 각 항목을 좀 더 자세히 설명하면 다음과 같다.

(1) 총 접속 시간

조일현과 김윤미(2013)는 로그인 시간을 "학습자가 학습 창에 접속해 '학습시작' 버튼을 누른 시점부터 학습 창을 종료한 시점 사이의 간격"으로 산출했다. 즉, 이 로그인 시간들을 합한 시간이 우리가 궁금해하는 특정 교과 또는 특정 학습내용과 연관된 '총 학습 시간'의 대리 변수(proxy variable)라 할 수 있다. 이에 대한 설명은 Cotton과 Savard(1981)가 정리한 세 가지 학습 시간 관련 개념과 관련된다. 즉, 학습 시간은 할당된 시간(Allocated Time: AT), 과제집중시간(Time-on-Task: ToT), 학구적 학습시간(Academic Learning Time: ALT)으로 구성된다. [그림 6-3]과 같이, 할당된 시간은 학생이 특정 목적을 달성하기 위해 학교나 교수자가 계획해 놓은 시간(AT)으로, 학생들은 이 시간 중에도 능동적으로 과제에 집중한 시간을 포함할 것이며(ToT), 그 과제 집중 시간에도 학습이 진정으로 일어난 시간(ALT)은 더 작은 부분을 차지할 것이다.

실제로 ALT 측정은 쉽지 않으나, ToT나 AT를 웹 로그 파일로 측정하는 것은 가능하다. 사실 우리는 연구 과정에서 이 '학습시간'의 측정과정을 정교화했는데, 선행연구들이 로그인 지속시간(Login duration)을 손쉽게 산출하는 것과 달리, [그림 6-4]에 도시한 바와 같이 단위 활동(강의듣기, 게시판 활동하기, 자료다운/업로드 하기 등)별로 학습 지속시간(최초 로그인 시점에서 다음 활동을 위해 해당 페이지에서 다른 페이지로 옮겨가는 시점까지의 기간)을 합산해 산출했다. 그러나 웹 기반 학습 환경의 특성상 로그인 시점은 명확하지만 로그아웃 시점은 정확히 파악하기 어렵기 때문에(통상 학습자들은 로그아웃 버튼을 누른 뒤 학습 플랫폼을 떠나는 게 아니라 즉각 웹 브라우저를 닫거나 아예 다른 웹 사이트로 이동하는 경우가 많다), 마지막 활동에 대한 학습지속 시간은 해당 활동들의 평균 학습지속 시간으로 대체해 합산했다.

그림 6-3 할당된 시간, 과제집중 시간, 학구적 학습시간의 관계

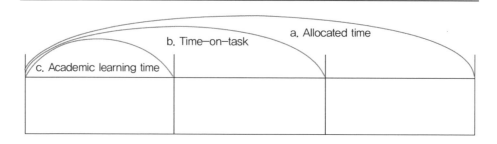

그림 6-4 총 접속 시간의 산출 예시

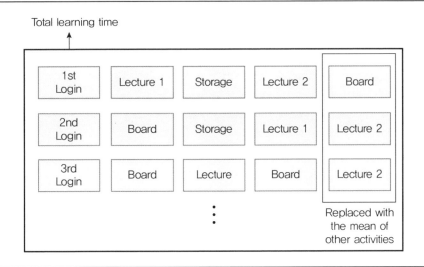

(2) 총 로그인 횟수

웹 로그데이터를 바탕으로, 학습자가 정해진 학습 기간 내 학습 창에 접속한 횟수의 총합으로 산출한다. 이는 다른 변인들에 비해 비교적 쉽게 산출이 가능하다. 학습자가 해당 교과목에 대해 얼마나 관심을 기울이고 있는가와 관련 있는 변인으로, 면대면 교실수업 환경에서 칭하는 '출석 횟수(attendance frequency)'의 대리변인이라 할 수 있다. 몇몇 연구들(Davies & Graff, 2005; Piccoli, Ahmad, & Ives, 2001)을 통해 로그인 횟수가 해당 온라인 과정에 대한 만족도 및 학업성취와 관련있다고 보고된 바 있다.

(3) 접속 간격의 규칙성

마지막으로 접속 간격의 규칙성은 세 가지 변수 중 가장 복잡하지만 중요한 개념을 담고 있다. 앞서 언급한 바대로, 규칙적인 수업참여는 학업성취를 예측하는 변인(Blaxter & Tight, 1994)이기 때문이며, 규칙적으로 접속한다는 것은 '학습에 대한 지속적인 노력과 참여'의 대리 변인이라고 할 수 있다.

이러한 접속 간격의 규칙성은 개별 학습자가 학습 창에 접속한 시점 기록들을 바탕으로 접속 간격(login interval) 값을 구하고, 이 값들의 표준편차(standard deviation)로 산출

그림 6-5 접속 간격의 개념

그림 6-6 접속 간격의 평균값 및 표준편차 값 산출 공식

Mean of learning interval: $\dfrac{\sum\limits_{i=1}^{n-1} \Delta t_i}{\overline{\Delta t_i}\,n}$

Standard deviation of learning interval: $S_t = \sqrt{\dfrac{\sum\limits_{i=1}^{n-1}(t_i - \overline{\Delta t_i})^2}{n-1}}$

된다. 이 통계량은 사실 접속 간격의 비규칙성(평균 접속 간격으로부터 각각의 간격이 벌어진 정도)을 의미하기 때문에, 결과 값의 해석은 부적(negative)으로 변환해야 하는 특징이 있다. 이를 정리하면 [그림 6-5]와 같다. 어떤 학생이 해당 교과목의 과정(course)이 진행된 개강시점 A와 종강시점 B 사이에, 해당 교과목을 위해 처음 접속한 시점(t_1)과 두 번째 접속한 시점(t_2) 사이의 간격($\triangle t_{1,2}$)을 '접속 간격(login interval)'이라고 할 때, n과 그 직전 번째에 일어난 접속 간격은 Δt_{n-1}, n으로 표현할 수 있을 것이다. 이렇게 해서 학습자의 접속 간격 값들을 중심으로 '접속 간격의 평균' 값을 구할 수 있고, 나아가 이 접속 간격 값들과 평균 값 사이의 편차(variance)를 바탕으로 접속 간격의 표준편차 값을 산출할 수 있다. [그림 6-6]은 이를 공식으로 정리한 것이다.

　몇 가지 접속 간격의 규칙성 값 산출에 대한 예를 [그림 6-7]을 바탕으로 살펴보자. 어떤 학습자(Learner A)가 2시간 접속하고 동일하게 2시간 지난 뒤 다시 접속하고, 이를 정확히 반복했다고 하자. 또 다른 학습자(Learner B)는 3시간 접속해 공부하고 3시간을 쉰 뒤 다시 접속했다. 학습자 A와 B 둘 다 접속 간격은 2시간과 3시간으로 차이가 있지만, 접속 간격의 표준편차 값은 모두 '0'으로 동일하다. 즉, 접속 기간(login

84　Part 3 _ 학습분석학 연구 사례

duration)과 접속 간격(login interval)이 동일하다면, 접속 간격의 규칙성 값은 동일하다. 이는 이 접속 간격의 규칙성 통계 값이 접속 시간이나 접속 빈도와는 달리 '얼마나 해당 코스에 관심을 가지고 정기 접속하고 참여했는지 여부'를 알 수 있는 독특한 변수임을 보여준다. [그림 6−7]에서처럼, 접속을 규칙적으로 할수록 '접속 간격의 규칙성' 값은 작아지고 비규칙적으로 접속할수록 값이 커지게 된다.

그림 6−7 접속 간격의 규칙성 산출

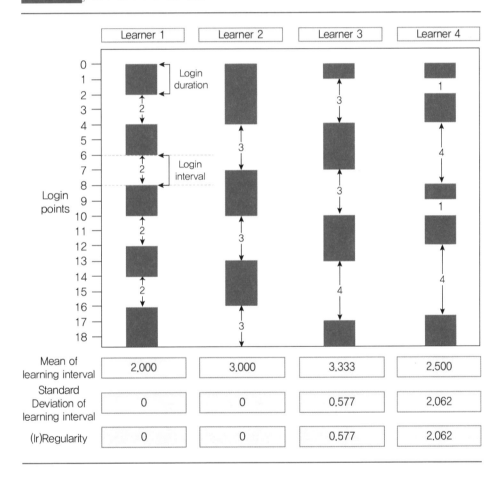

3) 정리 및 생각해볼 문제

지금까지 특정 기간 동안 온라인 학습환경에서 이루어진 '총 학습 시간, 학습 빈도, 학습 간격의 규칙성'을 '총 접속 시간, 접속 빈도, 접속 간격의 규칙성'이라는 대리변인(proxy variable)을 통해 측정한 사례를 살펴보았다. 그러나 이렇게 학습관리 시스템에 남겨진 로그데이터로 측정된 대리 변인들이 학습자의 심리·인지적 상태로서의 '시간관리 전략'에 대한 인식 변인과 상관이 있을까? 즉, 온라인 행동로그 변인이 학습자의 시간관리 전략을 얼마나 제대로 예측할까?

5 시간관리 전략과 온라인행동변수 간 준거 타당성[4]

시간관리 전략에 대한 인식을 자기 리포트(Self-reported)에 기반해 설문조사를 통해 측정하는 접근법이 있음을 기억할 것이다. 이러한 접근이 개인의 기억이나 사회적 바람직성(social desirability)에 의해 왜곡될 수 있다는 단점 때문에, 객관적인 방식의 측정 접근으로 온라인 학습관리시스템에 남겨진 로그데이터에 기반한 측정 사례를 소개하였다. 그렇게 해서 도출한 세 가지 주요 변인(총 접속 시간, 접속 빈도, 접속 간격의 규칙성)이 진정 학습자의 심리, 인지, 정서적 특성으로서 '시간관리 전략의 활용'에 대한 인식을 잘 설명하는지 궁금해질 수밖에 없다.

따라서 여기서는 서로 다른 접근(로그데이터 마이닝 VS. 설문을 통한 심리 측정)으로 측정된 변인들 간 준거 타당성을 짚어본 연구 사례(Jo et al., 2016)를 살펴보고자 한다.

1) 온라인 로그 변수와 심리측정 변수의 맵핑

앞서 살펴본 바와 같이 세 가지 대리 변인(총 접속 시간, 접속 빈도, 접속 간격의 규칙성)들은

---

4 본 장에서는 'Jo, Park, Yoon, and Sung(2016). Evaluation of Online Log Variables that Estimate Learners' Time Management in a Korean Online Learning Context. *The International Review of Research in Open and Distributed Learning*, 17(1). 195 – 213'의 내용을 주로 참고하여 기술했음.

사실 시간관리 전략에 관한 이론적 배경에 근거해 도출되었다. 즉, [그림 6-8]과 같이, '1) 학습자가 얼마나 자신에게 주어진 과제를 조직화하고 우선순위를 매기는가' 여부는 접속 빈도와 접속 간격의 규칙성과 관련 있다. '2) 또한 그 과제를 위해 충분한 시간을 투자하는가' 및 '3) 얼마나 적극적으로 학습에 참여하는가'는 접속 시간과 접속 빈도와 개념적으로 연관된다. '4) 해당 과제에 끈기를 가지고 지속하는가'와 '5) 시간의 사용을 잘 계획하는가'는 접속 간격의 규칙성과 연결된다.

한편 Pintrich와 DeGroot(1990)가 개발한 MSLQ(Motivated Strategies for Learning Questionnaire) 검사도구 중 '시간 및 학습환경 관리(Time and Study Environment Management: TSEM)라는 하위 변인은 <표 6-1>과 같이 여덟 가지 문항으로 구성되어, 시간관리에 대한 학습자의 인식을 측정할 수 있다. Jo 등(2016)은 국문으로 번역된 도구를 활용해 국내의 E대학 온라인 강좌 '경영통계' 수강생 188명을 대상으로 연구를 수행하

그림 6-8 세 가지 온라인 로그변수와 시간관리심리 측정변수의 맵핑

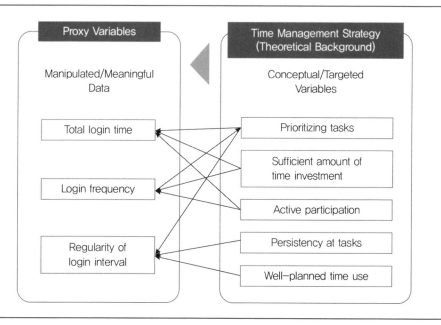

출처: Jo, Kim, & Yoon(2015). constructing proxy variable to measure adult learners time management strategies in LMS, Journal of Educational Technology & Society, 18(3). 214-225.

표 6-1 MSLQ의 하위변인 TSEM에 해당하는 설문 문항

Survey Structure		Contents of Questions
Part 1	Demographic Info	Name, ID, Grade, Affiliated College and Major
Part 2	MSLQ _TS_01	I usually study in a place where I can concentrate on my course work.
	MSLQ _TS_02	I make good use of my study time for this course.
	MSLQ _TS_03	I find it hard to stick to a study schedule. (REVERSED)
	MSLQ _TS_04	I have a regular place set aside for studying.
	MSLQ _TS_05	I attend class regularly.
	MSLQ _TS_06	I often find that I don't spend very much time on this course because of other activities. (REVERSED)
	MSLQ _TS_07	I rarely find time to review my notes or reading before an exam. (REVERSED)
	MSLQ _TS_08	I make sure I keep up with the weekly reading and assignments for this course.

였다.

MSLQ의 시간관리 관련 설문 문항의 경우, 기존 선행연구(Chung, Kim, & Kang, 2010)에서 TSEM 부분에 대한 신뢰도 지수가 .65로 나타났고, 이 사례연구에서는 .68로 나타나 도구 신뢰성은 양호하다고 하겠다. 수강생 188명 중 138명이 설문조사에 응했고 총 124명이 분석(설문 응답률: 65.9%)에 활용되었다. 이 연구에서는 이 설문을 통한 측정값과 이 학생들이 온라인 학습과정에서 남긴 로그데이터를 바탕으로 추출한 총 접속시간, 접속 빈도, 접속 간격의 규칙성 변수를 분석했다.

2) 온라인 학습환경 및 행동 변수의 추출

이 사례 연구에서 학습자들은 [그림 6-9]와 같이, 가상캠퍼스를 통해 주차별로 제시되는 학습 동영상을 통해 학습했다. 학생들은 동영상 학습 외에 온라인 퀴즈를 보고, 개별적인 학습과제를 제출했다. 다만 중간고사와 기말고사는 평가의 엄정성 때

그림 6-9 E대학에서 개설된 '경영통계' 온라인 강좌

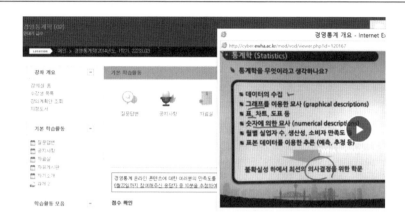

문에 온라인에서 이루어지지 않고 교실환경에서 진행되었다. 최종 성적을 위한 점수는 가상교실 출석(5%), 개별과제(10%), 퀴즈(10%), 중간고사(30%), 기말고사(45%)로 매겨졌고 모든 수업이 온라인에서 진행되었지만, 교수와의 직접적인 질의 응답을 위해 한 달에 한 번 오프라인 미팅이 있었다.

대부분의 주차별 학습이 온라인에서 이루어졌기 때문에, 학생들의 접속활동 과정에서 수만 건의 로그데이터가 발생했고, 앞서 소개한 과정에 따라 이 데이터에서 접속 시간, 접속 빈도, 접속 간격의 규칙성 값이 산출되었다. 이 값들과 함께 학기 시작 오리엔테이션에 이루어진 TSME에 대한 설문조사 결과는 <표 6-2>와 같다. 즉, 연구 참여자들은 한 학기 동안 가상 교실에 평균 총 42.30시간(표준편차: 13.02)에 머물렀고, 평균 108.94(표준편차: 44.53)회 접속했다. 평균 접속 간격의 규칙성은 43.52(표준편차: 18.28)였다. 연구 참여자들의 TSEM 값은 5점 척도 기준으로 평균 3.26점이었다.

표 6-2 TSEM 및 온라인 행동 변수의 기술통계 결과(124명)

Latent Variable	Observed Variables		Mean	SD	Skewness	Kurtosis
TSEM	MSLQ scale By self-reported measurement	MSLQ _TS_01	3.94	.88	−.59	−.23
		MSLQ _TS_02	3.25	.93	−.02	.04
		MSLQ _TS_03	3.14	.97	.20	−.48
		MSLQ_TS_04	3.29	1.08	−.33	−.63
		MSLQ _TS_05	3.79	.75	.01	−.55
		MSLQ _TS_06	2.25	.84	.55	.27
		MSLQ _TS_07	3.75	.88	−.51	.02
		MSLQ _TS_08	2.69	.97	.07	−.42
	Online behavior by log data in LMS	Total Login Time	42.30	13.02	1.01	1.68
		Login Frequency	108.94	44.53	1.66	4.52
		Login Regularity	43.52	18.28	1.19	1.84

3) 온라인 행동 변수와 심리 측정 변수 간 준거 타당성

온라인 행동 변수(접속 시간, 접속 빈도, 접속 간격 규칙성)와 심리 측정 변수(TSEM), 그리고 최종학업성취 점수 간의 구조적인 관계를 살펴보았다. 구조방정식모형(SEM) 분석을 통해 변인들 간 직, 간접적 효과를 살펴본 결과, <표 6-3>과 같이 학습자의 TSEM 점수가 시간과 관련된 온라인 행동 변수에 유의한 영향을 미치고(β = .29, p < .05), 온라인 행동 변수는 최종 학업성취에 유의한 영향을 끼침을 알 수 있다(β = .48, p < .05). 그러나 TSEM 점수는 학업성취에 직접적인 영향을 주지 않았다(β = .15, p = .16). 따라서 온라인 행동 변수가 TSEM과 학업성취를 매개하는지 확인하고자 실시한 Sobel Test 결과, TSEM이 최종 학업성취에 간접적 효과를 미치고 학습자의 시간 관련 온라인 행동 변수에 의해 매개됨을 알 수 있었다(Z = 112.18, p = .00). 즉, 온라인 행동 로그 변수는 TSEM과 최종 학업성취를 매개하는 역할을 함을 알 수 있는 대목이다.

표 6-3 가설 검증 결과

Type of Effects	Correlation	Standardized Regression Weights	Sobel value
Direct effect	TSEM - Online Behavior	$\beta = .29^*$	–
	Online Behavior-Final Score	$\beta = .48^*$	–
	TSEM- Final score	$\beta = .15$	–
Indirect effect	TSEM- Final score	–	$Z = .112.18^{***}$

그림 6-10 TSEM과 온라인 행동 변수, 최종 학업성취와의 구조 모델

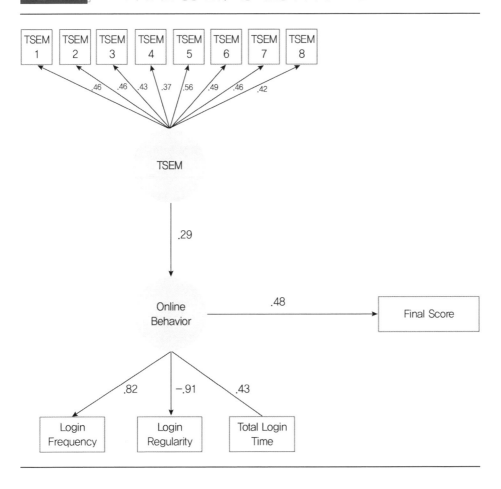

[그림 6-10]을 통해 전반적인 구조 모델을 알 수 있는데, TSEM의 각 문항들에 의해 측정된 '학습자 시간관리 전략에 대한 활용 인식'이라는 잠재변인은 접속 시간, 접속 빈도, 접속 간격의 규칙성 세 개에 의한 온라인 행동 변인을 통해 학업성취에 영향을 준다고 정리할 수 있겠다. TSEM과 최종 학업성취의 유의하지 않은 연결을 제거한 최종 구조모델은 적합한 것으로 나타났다($x^2 = 81.623$(df=55), CMIN/df=1.484, p = .011, CFI = .915, TLI = .898, RMSEA = .063).

6 종합 정리 및 생각해볼 문제

이 사례 연구를 통해, 시간관리 전략에 대한 활용 인식(MSLQ의 TSEM 측정 변인)은 학업성취에 직접적 영향을 미치지 않지만 온라인 행동 변수에 영향을 미치고, 이 온라인 행동 변수들이 학업성취에 유의한 영향을 미침을 알 수 있었다. 또한 온라인 행동 변수들이 학습자의 심리, 인지, 정서적 특징을 알 수 있는 중요한 증거이기도 하고, 다음 장에서 살펴볼 학업성취를 예측하는 중요 변인임을 알 수 있었다.

그렇다면 몇 가지 생각해볼 만한 확장 문제가 있다. 지금까지 '시간관리'에 초점을 맞추어 심리적 상태 변인과 실제 행동 변인과의 관계를 살펴보았는데, 다른 심리적 구인들을 보다 '객관적', '비간섭적'으로 측정하고 행동변인과의 관계성을 탐구해볼 수는 없을까?

memo ✦

분석예측모형 영역의 연구 사례

Understanding Learning Analytics

07 분석예측모형 영역의 연구 사례

주요 내용

• 학업성취 및 실패(학업중단)의 예측 변인
• 예측력 향상을 위한 다양한 접근
• 군집 분석에 기반한 예측 모델

학습 목표

1. 교수-학습환경에서 분석과 예측의 유용성을 설명할 수 있다.
2. 예측력을 보다 향상시키기 위해 다양한 접근들을 적용할 수 있다.
3. 학습자의 특성에 따른 군집별 예측 모델의 효과에 대해서 논의할 수 있다.

1 분석과 예측 영역에 관한 학습분석학 연구 흐름

LAPA 모형에서 '분석과 예측' 부분은 실제 학습환경에서 축적한 다양한 데이터를 바탕으로 학습과정상의 행동패턴을 분석하고, 학업성취와 실패 등을 사전에 예측하려는 내용이다. 예측 모형은 결국 예측의 결과에 수반되는 적절한 조치를 취하기 위한 '처방 모형'과 관련이 있다. 즉, 개별 학습자에게 맞춤화된 학습 처방을 하려면 보다 정교하고 적절한 시점의 '예측'이 필요하며, 이 예측력을 향상시키기 위한 다양한 분석 방법에 대한 연구가 학습분석학 영역에서 활발히 이루어져 왔다.

분석과 예측 부문의 연구 흐름을 간단히 정리하면, 초기에는 학습자의 로그데이터를 바탕으로 학업성취 예측력 및 예측 시점에 대해 연구했다. 그 뒤 심리 변인과 온라인 행동 데이터와의 관계, 온라인 토론 활동과 소셜 네트워크 분석(SNA) 연구 등으로 범위가 확장된다. 최근에는 예측력을 보다 높이고, 개인화된 처방을 지향해 학습자 중 유사한 학습 행동을 하는 그룹끼리 묶는 군집 분석이 시도되었고, 수집 데이터 범위를 신체 데이터로 확장해 예측 모델의 정교화를 꾀하고 있다.

이제 ① 왜 학습자의 행동을 분석하고 예측하려고 하는지, 학업성취 예측은 무엇

그림 7-1 학습 분석영역에서의 연구 흐름

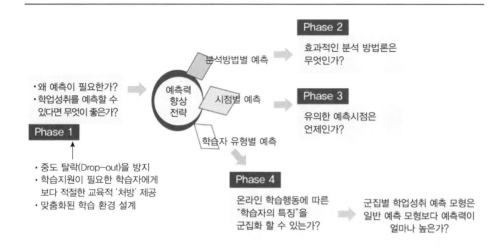

을 위한 것인지에 대한 논의를 시작으로, ② 예측력을 향상시키기 위한 다양한 통계적 기법과 ③ 학업성취의 유의한 예측 시점에 대한 연구, ④ 온라인 행동에 따른 학습자의 군집화에 대한 연구를 살펴보고, ⑤ 군집 분석에 기반한 예측 모형과 일반 예측 모형을 비교해보도록 하자.

2 학업성취 예측 모형의 개발

앞서 학습분석학은 학습자가 남기는 각종 학습 발자취들을 추출해 유의미한 방향으로 분석하고, 이를 다시 학습자에게 피드백 하는 일련의 선순환적 구조에 기반한다고 했다. 학습분석학의 전 영역에서 '분석과 예측' 부분은 학습자의 발자취 데이터들을 적절히 분석 가능한 형태로 변환한 뒤, 이 행동 데이터를 독립변수로 놓고 학습자의 최종 학업성취를 종속변수로 삼아, 학업성취 예측 모델을 개발하는 과정과 연결된다.

이렇게 '온라인 학습환경에서 축적된 학습자의 행동 데이터에 기반해 만들어진 변인들이 최종 학업성취를 얼마나 잘 예측하는가?'라는 질문에 대해 탐구한 사례들을 살펴볼 것이다. 먼저 그간의 연구들이 왜 이렇게 '학업성취 예측'에 집착하는지, 그 이유도 잠시 짚어볼 필요가 있다.

1) 왜 예측을 하려는 것인가?

기상 예보나 주가 예측, 선거 결과 예측 등 우리는 미래를 미리 짐작해보고 대비하고 싶어한다. 사실 잘못된 예측은 큰 손실로 이어지거나 역효과를 낳기도 한다. 그런데도 생산성이나 수요 예측, 그에 따른 관리와 의사결정은 기업을 비롯해 사회 곳곳에서 필수적인 부분이 되고 있다. 그렇다면 교육 부분에서는 어떠한 사항을 예측하고자 할까?

교육기관의 의사결정자들은 기관 운영을 위해 매년 또는 매 학기 재학률을 중요한 지표로 관리한다. 재학률은 입학한 학생이 중도 탈락 없이 계속 학업을 지속할 것인가에 관한 것이다. 등록금과 연결된 재정과도 맞물려 있기에 기관 운영과 존속에 중요한 사안이다. 그렇다면 학생들의 중도 탈락을 최소화 하고픈 기관장의 관점에서 생각해보자. 만약 중도탈락을 예측하는 변인들을 파악하고, 중도탈락 가능성이 있는 학생이 누구인지 사전에 판별할 수 있다면 어떨까? 그 학생들을 대상으로 별도 상담을 진행하거나, 학교가 해당 학생의 자기계발을 지원할 수 있는 방향으로 무엇이 있을지 보다 맞춤화된 지원을 함으로써, 학업을 지속할 수 있도록 도울 것이다.

교수자 입장에서 생각해보자. '학생들이 내 수업을 잘 따라올까? 즉, 내가 의도한 학습 목표는 달성되고 있을까? 어떻게 하면 효과적으로 수업을 할까?' 등의 여부가 궁금할 것이다. 학생들의 이해 정도를 중간에 알 수 있다면 어떨까? 교수자는 그에 맞게 수업 방향을 변경하고 학생들의 요구를 좀 더 충족시켜주면서 학습 활동에 대해 적절히 피드백 할 것이다. 일정 교육 시간이 종료되기 전, 학업성취에 어려움을 겪고 있는 학생들이 누구인지 어떻게 어려운지 알 수 있다면 그에 따른 적절한 조치를 취할 수 있다. 결국 학습을 포기하는 학생들 수도 줄일 수 있을 것이다.

이렇게 교육에서의 예측은, 결국 학생이 얼마나 수업에 만족할 것인가?(반응), 학업성취를 얼마나 달성할 것인가?(학습), 학업을 얼마나 현장과 현실세계에 적용할 수 있을 것인가?(행동), 그리고 그로 인해 얼마나 바람직한 결과가 일어났는가?(성과)와 관련된다. 그러나 이 유명한 Kirkpatrick(2006)의 4수준에서 반응(1수준)은 학생의 주관성 때문에 신뢰하기 어렵고, 교육이 일어난 한참 뒤에야 행동(3수준)과 결과(4수준) 측정이 가능하다는 점에서 제약이 있다. 따라서 비교적 객관적이며 측정이 용이한 학업성취(2수준)에 기대어 예측하려 하고 학생들의 학업성취를 높이기 위한 수업 전략을 강구하고 실행한다.

그런데 만약 면대면 교실 수업의 교수자라면 중간중간 학생들의 학업성취를 점검하고, 수업 시간 도중 학생들의 태도와 행동 등을 통해 대략적인 파악을 할 수 있을 것이다. 따라서 예측이 그리 절실하지 않을지도 모른다. 그러나 학습자와 교수자가 떨어져 있는 온라인 학습 환경이라면 어떨까? 면대면 교실수업에서 교수자가 감지하는 '경험에 기반한 측(signal)'을, 학습자가 온라인 학습 시스템에 남기는 로그데이터를 분석함으로써 이들의 학업성취를 보다 정확히 예측하고 늦기 전에 적절한 피드백을 제공해, 앞서 기술한 적절한 조치를 취하도록 도울 수 있겠다.

2) 온라인/블렌디드 학습환경에서의 학습 패턴 분석과 학업성취 예측

현대사회에서 정보통신기술은 급속도로 발달하고 있다. 따라서 컴퓨터와 인터넷, 모바일 및 스마트 기기를 활용한 학습이 촉진되고 널리 보급되었다. 100% 온라인으로 이루어지는 교육시스템에서부터, 오프라인 기반 교육과 온라인 학습이 섞인 블렌디드 학습 환경에 이르기까지 말이다. EDUCAUS 리포트에 따르면 미국 대학생의 80%가 대학에서 블렌디드 러닝 코스를 수강한 경험이 있다고 하며(Dahlstrom, Walker, & Dziuban, 2013), 우리나라 대학들도 블렌디드 러닝의 한 유형에 해당하는 플립드 러닝 수업을 대대적으로 적용해 나가고 있는 상황이다.

이러한 온라인 학습 및 블렌디드 러닝 환경에서 학습관리시스템(Learning Management System: 이하 LMS)은 가히 필수적이다. LMS는 강의 자료 공개, 과제 제출, 토론, 퀴즈 및 평가 등 학습활동을 효율적으로 지원한다. LMS가 수업에 적극적으로 활용될수록 학생들이 LMS에 남기는 데이터가 더 많이 쌓이고, 이들의 온라인 학습 행동 패턴을 관찰, 보다 의미 있는 분석을 할 수 있게 된다. 무엇보다 LMS 로그 변인(예 총 접속 시간, 접속 빈도, 접속 간격 규칙성)들을 중심으로 학업성취를 어느 정도 예측하는지에 대한 연

그림 7-2 온라인 학습 행동을 통한 학업성취 예측

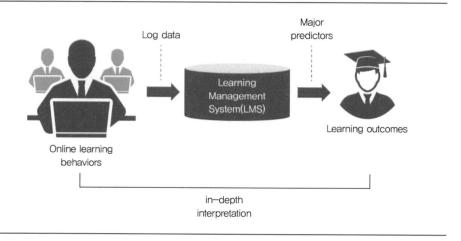

구가 가능하게 된다.

결과부터 말하자면, 학습자가 LMS를 활용해야만 하는 학습 환경에서 LMS의 접속 시간, 접속 횟수, 그리고 접속 시점 간격의 규칙성, 그리고 기타 게시판이나 자료실 등에 참여한 정도들로 대략 8.6%에서 70%까지도 학업성취를 예측한다. 그러나 이런 예측 설명력은 연구 사례가 가진 배경에 따라 예측 폭이 크기 때문에, 예측력에 대해 단정지어 말할 수 없다. 몇 가지 사례 연구의 결과들일 뿐이며, 예측력은 이 모델들에서 고려되지 않은 수많은 변수들에 따라 달라질 것임을 다시 한 번 강조하고 싶다.

<표 7-1>은 이러한 사례들을 정리한 표로, 연구 배경이 기업이냐 VS. 대학 환경이냐, 100% 온라인으로 이루어진 수업이냐 또는 오프라인 수업에서 온라인 학습을 섞은 블렌디드 러닝 수업이냐 등에 따라 결과가 매우 다르게 나타나고 있다. 다양한 학습 환경에서 LMS가 학습에 활용된 방법과 정도가 모두 다르다는 점을 인식해야 한다.

흥미로운 점은 몇 가지 투입 변수 중 '접속시점 간격 규칙성'이 학업성취를 예측하는 유의한 변인으로 지속적으로 나타나고 있다는 점이다. 이는 본 장에서 더 구체적으로 살펴볼 내용이다. 또 한 가지 주목할 사안은 이 표에서 수업운영 시 '온라인 학습 활동에 대한 의존'이 클수록 예측 모델에 대한 신뢰도가 높을 것이라는 점이다. 이 의존도를 'LMS 활용 지수'라고 칭할 때 각 수업에 대한 LMS 활용지수에 대한

표 7-1 온라인 로그 변인을 사용한 학업성취 예측 연구 결과

	연구 사례	맥락	투입 변수	예측 설명력(R^2)
1	조일현, 김윤미 (2013)	기업 온라인 강좌 N= 632명	접속 시간, 접속횟수, 접속시점간격규 칙성*	8.6%
2	조일현, 김정현 (2013)	E대학 원격강의 N=23명	접속횟수, 접속 시간, 접속시점간격규 칙성*	26%
3	Jo & Yu (2014)	E대학 Blended learning 수업 N= 84명	접속 빈도, 접속 시간, 접속시점간격 규칙성*, 자료다운로드, 동료상호작 용, 교수자상호작용	33.5%
4	Jo, Kim, & Yoon (2014)	기업 온라인 강좌 N= 200명	접속 시간, 접속횟수, 접속시점간격규 칙성*	20.8%
5	Kim, Park, Song, & Jo (2014)	E대학 '행정법정치'과목/ 토론 기반 Blended learning N=43명	접속 시간, 접속횟수, 접속시점간격규 칙성, 게시판방문, 자료실 방문, 게시판 글 개수*	70%

* 통계적으로 유의한 변인.

조사를 별도로 하지 않기 때문에, LMS 활용도와 예측모델의 설명력을 비교해볼 수 없다. 그러나 일련의 연구과정을 통해 얻은 한 가지 교훈은 각 과목별 LMS의 활용 패턴과 정도에 대한 측정이 필요하다는 점이다. 우선 서로 다른 수업 설계(예를 들면, 온라인 토론 기반 BL 수업 VS. 면대면 강의와 온라인으로 학습 자료가 공유되는 형태의 BL 수업)에 따른 학생들의 온라인 행동 양상과 학업성취 예측력 등의 비교가 가능하다.

3) 토론 기반의 블렌디드 러닝 과정 VS. 강의 중심 과정[1]

블렌디드 러닝(BL) 수업은 온라인과 면대면 수업이 섞인 수업이다. 그러나 사실 '온라인 학습활동과 면대면 학습활동을 어떻게 나누어 진행하는가' 여부는 교수자가 정한 수업의 운영 모델에 따라 다르다. 그리고 온라인 학습환경을 어떻게 설계하고 학생들이 이 수업을 위해 온라인 학습에 얼마나 열심히 참여해야 하는지에 따라, LMS에 남긴 자취들에 대한 학업성취 예측이 달라질 것이다. 따라서 매우 질적으로 다른 두 형태의 수업을 사례로 예측 모델을 비교해보자.

두 사례 모두 2013년 E대학에서 개설 운영된 강좌이다. 수업 A는 '행정, 법, 정치' 라는 교과목으로 43명의 학생이 수강했고, 이 수업은 LMS에서 제공하는 토론/포럼 기능을 적극 활용해 학생들의 온라인 토론 활동이 최종 학업성취 점수에 반영되도록 했다. 수업 B는 '기업교육'이라는 교과목으로 29명의 학생이 수강했다. 수업 B도 LMS를 활용했으나 온라인을 통한 강의 노트 및 학습 자료 공유, 과제 제출 등 기본 기능을 학생들이 활용할 수 있는 환경이었고 수업은 주로 교실에서 진행되었다.

표 7-2 두 수업의 학업성취(최종평가점수) 산출 근거

Items	Class A	Class B
Offline attendance	5%	–
Group presentation	–	10%
Individual tasks	20%	–
Team tasks	–	30%
Mid–term exam	30%	30%
Final exam	30%	30%
Online discussion	15%	
Total	100%	100%

1 이 부분은 'Jo, I., Park, Y., Kim, J., & Song, J. (2014). Analysis of online behavior and prediction of learning performance in blended learning environment. *Educational Technology International*, 15(2), 137–153.'의 내용을 참고하여 기술했음.

이 두 사례에서 발생한 온라인 행동 변인들을 비교한 결과는 [그림 7 − 3]과 같다. 아무래도 온라인 활동이 많이 요구되었던 수업 A 학생들의 접속 시간과 빈도가 높게 나타났다. 접속 간격 규칙성의 경우 앞 장에서도 언급했듯이 접속 간격의 표준편차 값을 산출했기 때문에, 점수가 낮을수록 규칙적인 간격으로 꾸준히 접속했음을 의미한다. 따라서 수업 A의 학생들이 수업 B보다 온라인 활동에 꾸준히 참여했음을 알 수 있다. 즉, 수업 A의 학생들은 토론 활동을 위해 게시판에 방문한 건수 또한 월등히 높았다. 반면 수업 B 학생들의 경우 자료실 방문 횟수가 A보다 높음을 알 수 있다.

그림 7 − 3 수업 A(토론 중심)와 수업 B(강의 중심)의 온라인 행동 분석 비교

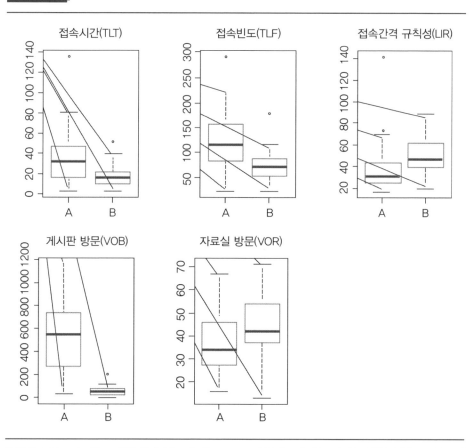

TLT: Total Log-in Time, TLF: Total Log-in Frequency, LIR: Log-in Regularity, VOB: Visits on Board
VOR: Visits on Repository

그림 7-4 온라인 학습활동 양상이 상이한 두 수업에서의 학업성취예측모델 비교

수업 A

Model	Unstandardized		Standardized	t	Sig.
	B	Std. Error	Beta		
(constant)	49.107	5.888		8.34	0
Total Log-in Time	-0.03	0.056	-0.074	-0.529	0.6
Total Log-in Frequency	-0.026	0.03	-0.145	-0.881	0.385
Log-in Regulauity	-0.231	0.066	-0.504	-3.511	0.001
Visits on Board	0.009	0.008	0.287	0.214	0.234
Visits on Repository	-0.029	0.09	-0.04	-0.324	0.748
Number of postings	0.15	0.07	0.389	2.156	0.039

a. N=43
b. Dependent Variable: Total Score
c. R^2(adj.R^2)=.702(.646), F=2,551,p=.000

수업 B

Model	Unstandardized		Standardized	t	Sig.
	B	Std. Error	Beta		
(constant)	67.064	12.985		5.165	.000
Total Log-in Time	-.100	.192	-.182	-.522	.607
Total Log-in Frequency	.151	.065	.791	2.334	.029
Log-in Regulauity	.143	.142	.365	1.006	.325
Visits on Board	-.042	.045	-.318	-.933	.360
Visits on Repository	.002	.083	.006	.030	.976

a. N=43
b. Dependent Variable: Total Score
c. R^2(adj.R^2)=.274(.116), F=1.735, p=.167

이렇게 온라인 학습활동에 참여한 양상이 서로 다른 두 수업에서의 학업성취예측 모델을 다중회귀분석을 통해 살펴보면 [그림 7-4]와 같다. 두 모형 모두 동일한 5개 변인을 예측 변인으로 투입했고, 학업성취를 종속변인으로 설정했다. 그 결과 수업 A는 통계적으로 유의한 결과(F=12,551, $p < .001$)가 나오면서 접속 간격의 규칙성(LIR) 변인과 게시판 접속수(VOB)가 유의한 변인으로 나온 반면, 수업 B는 유의한 결과가 나오지 않았다(F=1,735, $p > .05$).

예측모델에 투입된 변수들 간 중요도를 확인하기 위해 Random Forest 분석(이하 RF)을 활용했다. 머신 러닝의 한 방법인 RF 분석은 비선형 모델로, 기존 의사결정트리의 단점(예 과적합, 불한정성)을 보완해 다수의 의사결정나무를 결합한 뒤 하나의 모형을 생성하는 방법이다. [그림 7-5]와 같이 RF 분석은 두 수업 사례별로 서로 다른 변인의 기여도(중요도)를 제시해준다. 즉, 수업 A에서의 학업성취 예측은 1) 게시판 접속, 2) 총 로그인 시간, 3) 포럼에 글을 쓴 횟수, 4) 접속 간격 규칙성에 의해 91%가 설명되고, 수업 B의 경우 1) 접속 간격의 규칙성, 2) 접속횟수, 3) 게시판 방문수, 4) 접속 시간에 의해 70%가 설명된다.[2]

---

2 여기서 예측의 설명력에 해당하는 Pseudo R^2 값의 산출 공식은 다음과 같다. Pseudo $R^2 = 1 -$ RSS/SST, RSS=Residual sum of squares, SST=Sum of squares of total

그림 7-5 수업 A와 수업 B 학업성취 예측 모형의 투입 변수 간 중요도 비교

Important Variable	Case 1 (Discussion−Based BL) N=43, Pseudo R^2=0.91	Case2 (Lecture−Based BL) N=29, Pseudo R^2=0.70
1	Visits on Board	Log−in Regularity
2	Total log−in time	Total log−in frequency
3	Number of Posting in forum	Visits on Board
4	Log−in Regularity	Total log−in time

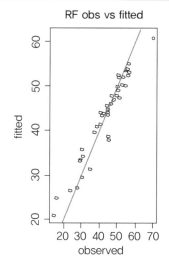

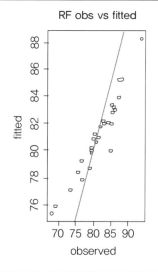

4) 다양한 통계적 방법론[3]

앞서 대학에서 개설된 서로 다른 두 강좌에서 온라인 행동 변인들을 통한 학업성취 예측모델을 살펴보았다. 또한 강좌의 성격, 특히 온라인에서 요구되는 학습활동의 질적인 특성에 따라 예측력이 달라질 수 있음을 강조했다. 나아가 수업 A처럼 면대면 수업이 주를 이루는 대학의 수업 환경에서는, 온라인 토론 활동을 결합한 형태의

---

3 이 부분은 'Jo, I., Park, Y., & Lee, H. (2017). Three interaction patterns on asynchronous online discussion behaviors: A methodological comparison. *Journal of Computer Assisted Learning*, 33(2), 106−122.'의 내용을 참고하여 기술했음.

블렌디드 러닝이 기존 강의 중심 수업에 비해 학업성취 예측력이 높아짐을 확인했다.

이번에는 온라인을 통해 단순히 동영상 강의를 듣는 수업 형태가 아니라 토론이 수업의 중심을 이루는 강좌에서 학습자의 행동 패턴과 학업성취 예측력은 어떠한지 살펴보겠다. 특히 이 과정에서 다양한 형태의 분석 방법론이 등장하고, 각 분석 방법에 따라 생성된 예측 모델들을 비교해볼 수 있다.

우선 용어부터 간단히 정리하자. 앞서 살펴본 수업 B와 같이 온라인을 통한 토론 활동이 주를 이루는 학습을 줄여서 AOD(Asynchronous Online Discussion)라고 한다. AOD 는 온라인 학습에서 가장 빈번하게 활용되는 학습 방법으로, 기존의 수많은 연구들이 AOD의 장점과 효과성, 효과적인 토론을 위한 가이드 등을 제시해왔다. 오프라인 환경에서 이루어지는 토론에 비해 토론 과정이 기록된다는 점, 학생들이 실시간 토론에서는 하지 못한 말들을 원하는 시간과 장소에 온라인 토론방에서 할 수 있다는 점은 AOD의 큰 장점이다. 무엇보다 AOD 학습 환경에서는 학생들의 토론 참여와 상호작용 패턴을 다각적으로 분석해볼 수 있다. 이를 Jo, Park, 그리고 Lee(2016)의 연구에서 정리한 세 가지 상호작용 모드 및 분석 방법으로 유목화 할 수 있다.

① P2C(Person to Content): 토론 참여자와 토론 내용 간 상호작용
② P2P(Person to Person): 토론 참여자 간 상호작용
③ P2S(Person to System): 토론 참여자와 시스템의 상호작용

(1) 내용분석과 P2C

P2C의 경우는 가장 고전적 형태로, 내용분석(content analysis)이라고 알려져 있다. 즉, 어떤 종류이든 텍스트 형식으로 된 자료를 질적, 양적으로 분석해 내용을 파악하는 방법론이다. AOD 학습 환경이라면 학생들이 토론방에 남긴 글(텍스트)의 내용을 일일이 읽고 각 내용이 의미하는 바를 바탕으로 내용을 묶거나, 각 그룹별 내용의 핵심 사항을 중심으로 항목별 언급 빈도를 산출 비교하는 분석이 가능하다. 온라인 학습환경을 연구한 기존 연구자들(Gunawardena, Lowe, & Anderson, 1997; Henri, 1992; Zhu, 2006)은 토론 내용을 중심으로, 인지적 발전 과정과 토론을 촉진하는 사회 맥락적 메시지들의 유형에 대해 분석해왔다. 이 가운데 인지적 실재감(cognitive presence)에 대한 개념틀은 토론 참여자의 비판적 사고와 고차 수준의 사고에 대한 성찰(reflection)을 분석하

는 데 유용하다. 특히, Garrison, Anderson, 그리고 Archer(2001)이 개발한 인지적 존재감에 대한 개념 틀은 개별 참여자의 인지 수준과 과정까지도 분석할 수 있다는 장점이 있다. <표 7-3>과 같이 인지적 존재감은 토론 시작 단계에서 주로 보이는 동기유발(triggering), 탐색(exploration), 통합(integration), 해결책으로의 발전(resolution) 내의 세부 단계들을 포함해 총 17개 지표로 구성된다.

Jo 외 (2017)의 연구에서는 이러한 틀에 따라 토론방에 올라온 글을 1~17 수준으로 코딩하여, 각 단계와 수준별 빈도를 분석했다. <표 7-3>은 E대학의 '행정, 법, 정치' 교과에서 이루어진 학습자 43명의 한 학기 동안의 토론 내용을 CP의 프레임워크에 따라 분석한 결과이다. 이 사례의 경우 전체 4단계 수준 중 탐색(exploration) 단계가 전체의 59.94%를 차지하고, 마지막 해결책인 모색(resolution)의 단계는 매우 미미함을 알 수 있다. 이렇게 P2C 분석은 AOD에서 이루어진 토론의 깊이와 패턴을 파악할 수 있다는 장점이 있고, 개별 학습자별로 인지적 존재감 발휘 수준을 점수로 환산해 분석에 활용할 수 있다는 장점도 있다. 그러나 P2C 분석의 경우 일일이 토론 내용을 읽고 17개 수준 중 어디에 해당하는지를 레이팅(rating)하는 과정에서 연구자

표 7-3 인지적 실재감의 하위 지표와 각 지표별 빈도(사례)

Cognitive presence level	Level frequency	Sub-category indicator	Indicator frequency
Triggering	95(7.47%)	Recognizing the problem	37(2.91%)
		Sense of puzzlement	6(0.47%)
		Take discussion in new direction	52(0.48%)
Exploration	763(59.94%)	Divergence-within the online community	45(3.53%)
		Divergence-within a single message	112(8.80%)
		Information exchange	133(10.45%)
		Suggestions for consideration	107(8.41%)
		Brainstorming	293(23.02%)
		Leaps to conclusions	73(5.73%)
Integration	412(32.36%)	Convergence-among group members	73(5.73%)
		Add more idea	94(7.38%)
		Convergence-within a single message	101(7.93%)
		Connecting ideas or Synthesis	44(3.46%)
		Creatin, Solutions	100(7.86%)
Resolution	3(0.24%)	Vicarious application to real world	3(0.24%)
		Testing solutions	0(0%)
		Defending solutions	0(0%)
Total	1273(100%)		1273(100%)

의 주관적 판단이 개입된다. 따라서 여러 연구자가 따로 코딩을 하고 내적 신뢰성(inter-rater reliability)을 확인 후, 연구자들 간에 서로 달라지는 점수 부여를 별도 협의 과정을 통해 수정하는 과정을 거쳤다. 이러한 과정에서 코딩과 분석에 상당한 시간이 소요되는 것이 P2C 분석의 단점이다. 무엇보다 토론의 내용적인 측면에서의 분석이 가능하다는 큰 장점에도 불구하고, 어떠한 토론 내용이 다른 토론자들의 주목을 받아 조회가 많아지고, 그래서 누가 전체 토론의 주도자인지, 아니면 토론에 참여하지 않는 주변인인지를 파악하는 데는 한계가 있다.

(2) SNA(Social Network Analysis)과 P2P

두 번째 분석 방법인 P2P(Person to Person)는 온라인 학습 참여자 사이의 역동적인 의사소통 양상을 찾는 데 집중한다. 사회네트워크 분석(Social Network Analysis: 이하 SNA)으로 알려진 이 분석은 사람과 사람 사이의 상호작용과 관계를 매크로 관점에서 양적으로 분석하는 기법이다. SNA에서 분석 단위는 두 사람 사이에 발생한 상호작용 링크(link)라는 데 주목할 필요가 있다. AOD의 환경을 예로 들자면, 학생들이 온라인 토론에 참여할 때 새로운 토론을 시작하는 글을 쓰기도 하지만, 그 학생의 글에 다른 학생이 답하는 글을 달거나(reply), 짧은 한 줄 댓글(short reply)을 달기도 한다. 이때 '누가 누구의 글에 회신을 했는가?'라는 정보가 발생하는데, 이들이 남기는 글 사이에 연결고리가 생기고 이 링크 데이터들이 수집되어 네트워크 분석이 가능해진다.

아울러 이 데이터는 단순한 링크뿐 아니라 화살표로 표시되는 방향성을 지닌다. 예를 들면, 누가 많은 사람들로부터 화살표를 받았는지(회신이나 댓글을 누가 가장 많이 받았는지), 누가 다른 사람의 글에 많은 화살표를 발생시켜 토론을 이어갔는지(누군가의 글에 회신이나 댓글을 많이 달았는지)에 대해 알아낼 수 있다. 이 지점에서 몇 가지 살펴볼 개념이 발생한다. 우선, 네트워크 중심도(degree centrality)란 네트워크 내에서 개인이 차지하는 위치와 역할을 보여주는 변인으로, 네트워크 참여자와 직접적으로 연결된 타 참여자의 숫자를 세어 산출된다. 이러한 네트워크 중심도는 누가 수신자이고 발신자인지 상관없이 형성된 '관계'에 의해 산출되지만, 화살표를 받은 숫자를 산출한 값인 내향 중심도(in-degree centrality)와 보낸 숫자만을 산출하는 외향 중심도(out-degree centrality)로 구분된다.

그림 7-6 내향 중심도와 외향 중심도 산출 공식

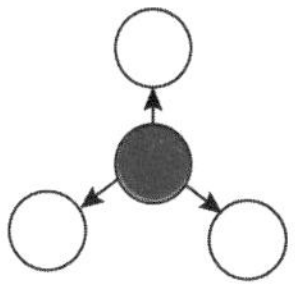

$$Out-degree\ centrality = \frac{Number\ of\ out-links}{n-1}$$

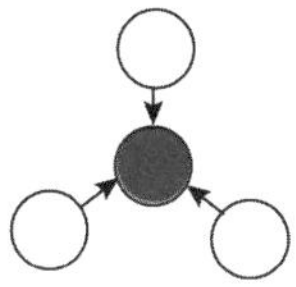

$$in-degree\ centrality = \frac{Number\ of\ in-link}{n-1}$$

무엇보다 SNA는 전반적인 토론 참여 양상을 소시오그램(sociogram)이라는 그래프 형태로도 확인할 수 있다는 장점이 있다. 전반적인 네트워크의 양상을 살펴볼 때 주요하게 보는 개념으로는 네트워크의 밀도(density)와 중심성(centralization)이 있다. 응집성은 하나의 네트워크에 참여 중인 전체 참여 인원에 따라 발생 가능한 모든 링크 수 중 실제 발생한 링크 수를 계산해 산출되며, 네트워크 응집성이나 상호작용성을 가늠하는 지표가 된다. 중심성은 핵심이 되는 사람을 중심으로 전체적인 연결고리들이 얼마나 집중되어 있는지를 살펴보는 지표로, 중심성이 클수록 한 사람에 대한 밀도가 높다는 뜻이다. 이는 네트워크의 중심(core)과 주변(periphery) 사이 구분이 크다는 사실을 의미하기도 한다(Prell, 2011).

그렇다면 어떠한 토론이 바람직한 토론일까? 참여 구성원의 총 참여 정도를 상징하는 밀도가 높을수록 토론이 활발했음을 의미하므로, 밀도가 높을수록 좋다. 중심성은 어떨까? 만약 토론 네트워크에서 중심성이 매우 높게 나타났다면 토론이 몇몇 소수에 의해 진행되었음을 의미한다. 따라서 정보 교환 면에서 효율성이 높은 구조이기는 하지만, 토론 참여자가 고른 참여라는 관점에서는 좋은 지표가 되지 못한다. 앞서 살펴본 Jo, Park 그리고 Lee(2017)의 연구 사례에서는 [그림 7-7]과 같이 네트워크 밀도와 중심성을 토론의 초·중·후반까지 3단계로 나누어 살펴보았다. 이 그림에서 알 수 있듯 토론의 전반적 참여도를 밀도 증가를 통해 확인할 수 있고, 토론의 전반적 중심성이 줄어들었음을 알 수 있다. 여기서 외향 중심성은 초·중·후반으로 갈수록 줄었는데, 초반에 몇몇 학생들이 토론을 주도했다가 점차 많은 학생들이 토

그림 7-7 토론의 진행과정(초기, 중기, 후기)별 소시오그램, 밀도, 중심성 변화

Stage	Early(1-4weeks)	Middle(5-8weeks)	Late(9-12weeks)	Total(All 12weeks)
Socio-gram				
Density	0.034	0.116	0.334	0.401

Network centralization	Early(1-4weeks)	Middle(5-8weeks)	Late(9-12weeks)	Total(All 12weeks)
Degree	22.67%	12.33%	8.53%	13.57%
Out-degree	20.88%	14.73%	8.26%	16.53%
In-degree	5.81%	12.35%	11.60%	14.39%

론에 전반적으로 참여했다고 해석할 수 있다. 반면 내향 중심성은 초반 5.81%에서 중반(12.35%)과 후반(11.60%)으로 증가되었다. 초반에 학생들이 한 번씩 올리는 글에 대해 평균 한 번 정도 댓글과 같은 반응을 받았다가, 점차 몇몇 소수의 토론 참여자들이 여러 참여자들로부터 많은 댓글을 집중적으로 받게 되었음을 알 수 있다.

한편 이렇게 전반적인 토론 양상을 살펴볼 수도 있지만, 개인 차원에서 누가 토론의 중심에 위치하는지 주변에 있는지를 내향 및 외향 중심도(centrality)를 통해 알 수 있다. 나아가 이 중심도 값이 학업성취를 어느 정도 예측하는지 살펴보는 주요 변수로 넣어 분석하는 것도 가능하다.

(3) 로그 분석과 P2S

P2S(Person to System)는 학습자와 학습관리시스템 간 상호작용에 대한 것이다. 학습자가 시스템에 남기는 로그데이터가 주요 분석 대상이 된다. 학생들이 시스템 접속 활동에 기반해 몇 가지 주요 변수들을 도출하고, 각 도출된 변수를 통해 학생의 토론학습 참여를 객관적으로 분석할 수 있다. 예를 들면, 총 접속 시간(total log-in time)과 학생들이 토론 게시판에서 보낸 시간(time spent on board) 등으로 학생의 학습시간 투자를 가늠하려는 시도이다. 또한 총 시스템 접속 횟수(total log-in frequency) 및 게시판 접속 횟수(visits on board)를 통해 학생들이 얼마나 학습에 관심을 가지고 접속을 자주 했는지

여부를 측정한다. 한편 앞서도 소개한 바 있는데, 학습 간격의 규칙성(log-in regularity)과 토론방에 접속한 간격의 규칙성(regularity in discussion)을 통해서는 학생들이 얼마나 규칙적으로 토론에 참여했는지를 본다. 이 외에도 일반 온라인 강좌와 달리 토론 학습의 특수성을 고려해 게시판에 글을 남긴 건수(number of postings), 글의 양(average word count) 등 실질적인 토론 참여와 기여도를 양적으로 측정한다.

Jo, Park 그리고 Lee(2017)의 연구 사례에서는 ① 게시판 접속, ② 게시판에서 보낸 시간, ③ 게시판 접속 규칙성을 학업성취를 예측하기 위한 주요 변인으로 투입했고, 그 결과 이 세 변인에 의해 학업성취도를 60.3%로 설명할 수 있다고 보고하고 있다(F = 22,258, p = .000). 아울러 P2S 분석에서는 내향 중심성(in-degree centrality)과 외향 중심성(out-degree centrality) 변인을 투입한 학업성취 예측 모델과, P2C에 해당하는 인지적 존재감(cognitive presence)에 의한 학업성취 예측 모델을 함께 비교해보았다. 그 결과 [그림 7-8]과 같이 P2C, P2P, P2S 분석법을 각각 도출한 회귀 모델의 설명력은 P2P 68.9%, P2S 60.3%, P2C 33.3%의 순으로 나타났다. 또한 이렇게 단일 방법론별

그림 7-8 P2P, P2S, P2C 접근별 회귀모델과 통합적 접근에 의한 회귀모델

*Comparison among P2S, P2P, and P2C

P2P		t	Sig
	(constant)	16.15	.000
	In−degree Centrality	4.84***	.000
	Out−degree centrality	6.38***	.000
	R^2(adj.R^2) = .704(.689), F=47.631, p=.000		

P2S		t	Sig
	(constant)	8.56	.000
	Visits on Board	3.94***	.000
	Time Spent on Board	.41	.684
	Regularity in Discussion	−1.25	.219
	c.R^2(adj.R^2) = .631(.603), F=22.258, p=.000		

P2C		t	Sig
	(constant)	5.16	.000
	Cognitive Presence	4.69***	.000
	R^2(adj.R^2) = .349(.333), F=21.957, p=.000		

*Comparison between separate regression and integrated regression

		t	Sig
	(constant)	8.76	0.00
P2S	Regularity in Discussion	−2.67*	0.011
P2P	In−degree Centrality	2.86**	0.007
	Out−degree centrality	5.32***	0.000
P2C	Cognitive Presence	2.41*	0.022
R^2(adj.R^2) = .776(.753), F=32.935, p=.000			

로 예측 모델을 만드는 것보다 세 접근법을 통합해 중요한 변인들만을 투입했을 때 75.3%로 설명력이 향상됨을 알 수 있었다.

(4) 정리

<표 7-4>는 지금까지 살펴본 세 가지 분석방법의 특징과 장단점 등을 한눈에 정리한 표이다. P2S와 P2P가 양적 데이터를 분석한다면, P2C는 기본적으로 질적 분석을 수행한 뒤 이를 양적 데이터로 변환해 분석하는 과정을 요한다. 각각의 분석이 초점을 두고 있는 바가 조금씩 다르고, 분석 단위 또한 다르다. 각 분석에 따라 도출된 지표들이 서로 다른 사항을 측정하고 있기 때문에, 각 분석법들의 장점과 약점에 기반해 세 가지 접근을 통합 분석해야 바람직하다는 결론이다.

표 7-4 P2P, P2S, P2C별 특징 및 장단점

분석 방법	Person to System (P2S) Analysis	Person to Person (P2P) Analysis	Person to Content (P2C) Analysis
데이터 수집 특징 (양적/질적)	양적	질적	양적/질적 둘다
초점	• 학생의 현재 상태 • 온라인 행동	• 상호작용 패턴 • 상호작용 빈도 • 상호작용 시각화	• 학생의 심리적 상태 • 커뮤니케이션 패턴 파악 • 토론의 내용적 특징 파악
분석의 단위	로그	링크	문장, 메시지, 주제
주요 지표	• 게시판 방문빈도 • 게시판에 머문 시간 • 게시판 방문 간격의 규칙성 등	• 중심성(centrality) • 집중도(centralization) • 밀도(density)	• 인지적 실재감 (cognitive presence) 단계
제한점	상호작용의 질 및 토론 내용을 파악할 수 없음		토론참여자간의 관계 파악이 어려움
분석 영역	개인과 그룹모두의 패턴		그룹 패턴
요구되는 수작업 양	낮음	보통	높음

4) 학업성취 예측 시점에 대한 연구

지금까지 예측 모델의 개발에 있어 통계적 방법론의 선택과 다양한 방법론의 통합 접근이 중요하다는 사실을 배웠다. 그러면 학업성취에 대한 예측은 언제부터 가능할까? 무엇보다 학기가 끝난 뒤에 이루어진 예측모델은 의미가 없을 것이다. 비가 이미 한창 오고 있는데 '오늘 비가 내릴 것으로 예상됩니다'라는 기상예보를 보는 것과 마찬가지다. 현명한 교수자라면 학기초, 중간에 학생들의 학업성취를 미리 예측하고 부진한 학습자의 학업을 촉진할 방안을 마련할 것이다. 이러한 맥락에서 유의한 예측 시점이 언제인지에 대한 탐구, 저(抵) 성취자를 조기 탐지(early detection)하기 위한 경험 연구들을 살펴보려고 한다.

(1) 행동 변인을 통한 유의한 예측 시점의 발견[4]

학습 분석학 초기 연구의 주 관심사는 '온라인 학습환경에서 학습자의 행동 변인(예 접속 시간, 접속횟수, 접속 간격 규칙성 등)이 학업성취를 얼마나 예측할 수 있는가'였다고 앞서 언급한 바 있다. 그러나 이 예측 모델이 수업이 시작된 다음 언제부터 '유의한 결과'를 만들 수 있을까? 주지한 바와 같이 온라인에 남는 로그데이터들은 시간이 흐를수록 엄청나게 쌓여간다. 데이터가 축적될수록 예측력은 향상될 것이다. 즉, 정해진 교육기간이 끝나갈수록 그리고 끝난 뒤 만들어진 예측 모델이 가장 신뢰로운 결과를 줄 수밖에 없다. 하지만 그때는 이미 무용지물이 된다.

따라서 유의한 예측을 만들어내는 시점을 살펴볼 필요가 있다. 관련해 조일현과 김정현(2013)은 A대학교 원격강의 '교육심리학' 수업의 학생 23명, 100% 온라인에서 운영되는 강좌를 대상으로 로그데이터를 추출해 분석한 바 있다. 모든 강의는 동영상 콘텐츠를 통해 전달되었고 학생들은 주차별 퀴즈, 토론, 중간고사 및 기말고사를 통해 최종 학업성취도 점수를 받았다. 종속변수는 학업성취도이고, 독립변수는 우리가 앞에서 자세히 소개한 바 있는 ① 접속횟수, ② 접속 시간, ③ 접속 간격의 규칙성이다.

---

4 이 부분은 '조일현과 김정현(2013). 학습분석학을 활용한 e-러닝 학업성과 추정 모형의 통계적 유의성 확보 시점 규명. 교육공학연구, 29(2), pp. 285~306'의 내용을 참고하여 기술했음.

회귀분석에 들어가기 전 기술 통계와 상관분석을 살펴보았다. <표 7-5>와 같이 23명 학생들의 접속 횟수는 최소 14에서 최대 384회까지 편차가 큰 편으로(표준편차=91.67), 평균 103.91회였다. 학습시간은 최소 2,046분(약 34시간)에서 최대 52,722분(약 878시간)으로 역시 편차가 큰 가운데 평균 10,806.74분(약 180시간)이었다. 이 연구에서 제공한 교육과정이 총 16주에 걸쳐 진행되었음을 감안할 때 학생들은 한 주에 평균 약 11시간 정도 시스템에 접속했음을 알 수 있다. 학업성취도는 평균 77.14(표준편차=7.48)로 정규분포를 따르고, <표 7-6>과 같이 독립 변수들 간 유의한 상관관계가 성립하지 않아 회귀분석을 위한 다중 공선성 문제는 없었다.

<표 7-7>에 제시된 회귀모형은 F=3.59, 유의확률 .033으로 유의수준 .05에서 통계적으로 유의하게 나타났고, adj. R^2 값은 .26으로 독립변수 세 가지에 의한 학업성취도 설명이 26%라고 해석할 수 있다. 투입한 세 변수 가운데 접속시점 간격의 규칙성만 통계적으로 유의한 결과($\beta = -.87$, p < .05)를 보였다. 이는 앞서 소개한 선행연구들 및 후속 연구들과도 일관된 결과로, 학습에 규칙적으로 참여한 학습자가

표 7-5 측정변수들의 기술통계 분석 결과(n=23)

측정변수	최소값	최대값	평균	표준편차
학습 접속 횟수	14	384	103.91	91.67
총 학습시간(분)	2,046.00	52,722.00	10,806.74	10,349.38
학습시점 간격의 규칙성	191,421.69	49,491,568.41	7,799,494.07	10,179,67400
학업성취도	59.89	9.74	77.14	7.48

표 7-6 측정변수들 간의 상관분석 결과(n=23)

	1	2	3	4
1. 학업성취도	1			
2. 학습 접속 횟수	.35	1		
3. 학습시간(분)	−.16	−.06	1	
4. 학습시점 간격의 규칙성	−.51*	−.44*	.74**	1

* p <.05, ** p <.01

표 7-7 접속 간격의 규칙성, 접속 시간, 접속횟수에 의한 학업성취 예측모델

종속변수	독립변수	비표준화 계수		β	t	p
		B	표준오차			
학업 성취도	총 접속 횟수	−.00	.02	−.01	−.04	.97
	총 접속 시간	.00	.00	.48	1.59	.13
	접속 시점 간격의 규칙성	−6.36	.00	−.87	−2.58	.02
		R^2(adj. R^2) = .36(.26), F = 3.59, p = .033				

높은 학업성취를 나타내고 있음을 확인할 수 있다.

이러한 회귀모형은 해당 학기가 끝난 뒤에 이루어진 최종 학업성취 점수와 한 학기가 모인 로그데이터를 바탕으로 만들어진 것이다. 그러나 연구자들은 이 예측 모형이 언제부터 유의할지 궁금하기 때문에, 한 학기(약 16주)를 4기간(쿼터)으로 나누었다. 이에 따라 1쿼터 동안 생성된 로그데이터를 바탕으로 산출한 3개의 독립변인을 투입, 학기말에 산출된 학업성취도를 종속변수로 투입해 1쿼터 회귀모형을 만들었다. 같은 방식으로 2, 3, 4쿼터에 해당하는 회귀모형을 만들어 총 4개의 회귀모형에서 나온 통계 값을 비교했다.

[그림 7−9]의 왼쪽 그림에서 알 수 있듯이 모형의 R^2값, 즉 설명력이 1쿼터에서 2쿼터 사이에 급격히 증가하고, 2쿼터에서 3쿼터 사이에서도 일정하게 증가하다가 3쿼터를 지나면서 감소함을 보여준다. 모형의 설명력은 3쿼터까지의 데이터를 활용했을 때 가장 높았고(R^2 = 0.41, p < .05), 2쿼터까지의 데이터만 활용해도 이미 4쿼터까지의 데이터를 활용한 것과 유사한 높은 설명력을 지녔다(R^2 = 0.36, p < .05). 하지만 1쿼터의 데이터만으로 모형을 적용하는 데에는 무리가 있었다(R^2 = 0.20, p > .05). 학습진행 시점에 따른 회귀모형의 구체적인 통계값 변화는 <표 7−8>과 같다.

[그림 7−9]의 오른쪽 그림은 접속 간격의 규칙성과 총 접속 시간, 접속횟수가 학업성취에 미친 영향력이 학습진행 시점의 경과에 따라 어떻게 변해가는지 보여준다. 분석 결과, 접속 간격의 규칙성은 2쿼터 이후부터 학습자의 학업성취도를 유의하게 예측하는 것으로 나타났다(p < .05). 즉, 2쿼터까지의 학습에서 규칙적으로 참여하는 모

습을 보이는 학습자는 학업성취도가 높으리라 예상할 수 있다. 또한 학습진행 시점이 경과하면서 3쿼터가 종료되기 전까지는, 학습시점 간격의 규칙성을 설명하는 값의 설명력이 점점 커지는 것을 확인할 수 있었다. 그러나 <표 7-8>에서 알 수 있듯이, 총 학습시간과 학습 접속 횟수는 학업성취도 예측 요인으로 활용하기에는 통계적으로 유의하지 않았다.

지금까지 살펴본 사례연구를 통해 학업성과의 예측은 전체의 2쿼터 시점(16주 과정에서 8주차 정도)부터 유의한 결과가 나온다는 사실을 확인했다. 즉, 학습 시작의 절반

그림 7-9 학습진행 시점에 따른 R^2(왼쪽) 및 β값 변화(오른쪽)

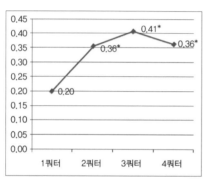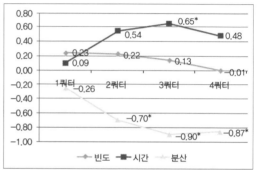

*$p<.05$

표 7-8 학습진행시점에 따른 회귀모형의 통계값 변화

	1쿼터	2쿼터	3쿼터	4쿼터
R	0.45	0.60	0.64	0.60
R^2	0.20	0.36	0.41	0.36
Adjusted R^2	0.07	0.25	0.32	0.26
추정값의 표준오차	7.19	6.46	6.19	6.43
F	1.59	3.48	4.37	3.59
유의확률	0.23	0.04*	0.02*	0.03*

*$p<.05$

이상이 지나면 학생들이 LMS에 남기는 온라인 행동 변수들(접속 시간, 접속횟수, 접속 간격의 규칙성)로 이들의 최종 학업성취를 유의하게 예측할 수 있다. 교육과정의 중반 정도까지 발생한 로그데이터들로 학생들의 성과를 미리 예측해보고, 보다 선제적으로 지도하고 관리해 나갈 수 있음을 뜻한다.

(2) 중도탈락을 조기에 탐지하기 위한 접근[5]

이제 한 가지 연구를 좀 더 살펴보도록 하겠다. 이 연구는 온라인 100% 강좌가 아닌 AOD를 활용한 혼합 학습(Blended learning) 환경에서의 두 가지 사례를 비교한 연구이다. Kim, Park, Yoon, 그리고 Jo(2016)는 온라인 토론을 주된 학습활동으로 선정한 BL 과정 2개(편의상 Course X와 Course Y로 표현)의 학습자 총 105명을 대상으로 연구를 진행했다. Course X는 앞서도 살펴본 바 있는 『행정, 법, 정치』 강좌의 토론 기반 BL 수업이고, Course Y는 『여성 정책학』 수업으로 두 수업 모두 온라인 학습에서는 토론을 중심으로 진행되었으나 각각 다른 특징이 있다.

Course X는 수강생 43명이 매주 올라오는 토론 포럼에 모두 참여하는 반면 Course Y는 62명의 수강생이 11개 그룹으로 나뉘어 팀별 토론을 진행했다. Course X의 경우 토론 주제는 학생들의 개별 에세이 가운데 토론 여지가 있는 이슈를 교수자가 선정해 주차별 토론이 이루어지도록 포럼을 개설했다. 학생들이 300～600단어로 포스팅을 올릴 경우 1포인트를 제공해 누적 포인트가 전체 총점에 15% 반영되도록 했다. Course Y는 TV 드라마로 방영된 바 있는 "우리 결혼할 수 있을까?"에서 일어나는 갈등을 주차별로 선정해 토론이 이루어지도록 했다. 포스팅에 대한 길이 조건은 없었으나 팀별 토론에서 선정된 팀 리더들과 토론을 처음 시작한 학생, 50번째, 100번째, 150번째 포스팅 등에 대해 교수자의 특별 선물이 주어져 토론을 독려했다. 이러한 토론 참여가 역시 총점의 15% 반영되었을 뿐 아니라 토론 결과로서 팀별로 제출해야 하는 레포트가 20% 총점에 반영되었다. 서로 다른 두 토론 활동은 SNA 분석의 결과물인 소시오그램(sociogram)을 통해 한눈에 확인할 수 있다. Course

---

5 이 부분은 'Kim, D., Park, Y., Yoon, M., & Jo, I. H. (2016). Toward evidence−based learning analytics: Using proxy variables to improve asynchronous online discussion environments. *The Internet and Higher Education*, 30, 30−43.'의 내용을 참고하여 기술했음.

그림 7-10 두 가지 AOD학습 환경의 특징 요약

	Course X	Course Y
강좌명	행정, 법, 정치	여성 정책학
학생수	43	62
평가기준	출석 5% 토론 참여15% 개별 에세이 20% 중간 및 기말고사 60%	출석 5% 토론 참여 15% 팀 리포트 20% 개별 에세이 5% 중간 및 기말고사 55%
토론 주제 선정 방법	학생들의 개별 에세이에서 주마다 선정	TV 드라마 "우리 결혼할까?"에서 주마다 선정
교수자 역할	학생들의 에세이 검토 후 개별 피드백 제공, 토론 주제 선정	팀별 토론관찰 및 피드백 제공
팀 개수	1개	11개
온라인 토론 방법	포럼 게시판	팀별 토론 게시판
토론 빈도 및 토론 기간	1학기(16주) 동안 12주 진행 총 92회 토론이 진행됨	1학기(16주) 동안 10주 진행 (팀별 리포트 제출)
AOD 구조	3층위: 게시판 글쓰기(posting), 회신(reply), 댓글(short reply)	
글 개수	총 1,298개 메시지 (1명당 평균 30.89개)	총 2,018개 메시지 (1명당 평균 32.54개)
소시오그램	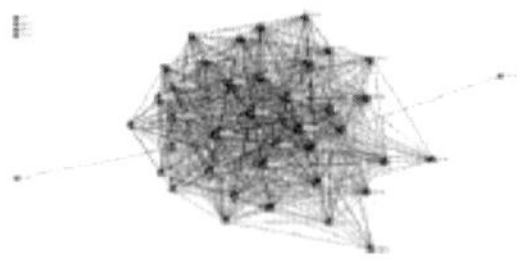	

X의 경우 참여자 전체가 동일 포럼에 모두 참여했으므로 하나의 커다란 네트워크의 형태로 소시오그램이 그려진 반면, Course Y의 경우 팀별로 만들어진 포럼에서 토론이 이루어졌고 모든 팀의 포럼에 접근할 수 있는 사람이 교수자 1명이었기 때문에 교수자 1명을 중심으로 12개 네트워크가 연결된 별 모양 네트워크(star-shared network)가 소시오그램으로 그려졌음을 알 수 있다.

이 연구에서는 앞서 소개한 사례에서 활용한 세 가지 행동 변수에서 나아가 성공적인 토론학습에 필수적인 핵심 요인들을 문헌을 통해 도출하고, 각각을 측정할 수 있는 행동 변수들을 맵핑했다. 이 과정에 대한 설명이 [그림 7-11]이다. 즉, 온라인 토론 학습(AOD)에 필요한 핵심 요소인 적극적 참여(Active Participation), 토론 주제에 대한 몰입(Engagement with Discussion topics), 지속적인 노력과 관심(Consistent effort and awareness), 그리고 상호작용(Interaction)에 대한 행동적, 심리적 특징을 구체화했다.

예를 들면, 적극적 참여는 학생들이 실제 투자하는 시간(time investment), 빈번하게

그림 7-11 온라인 행동 변수(대리변수)의 추출 과정

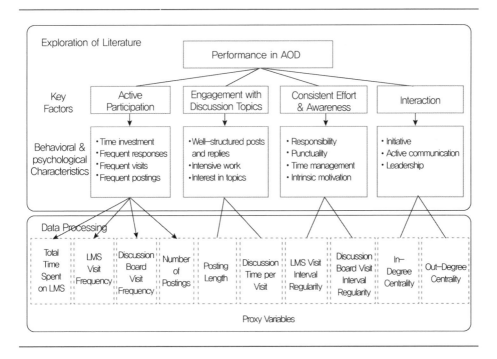

반응하는 행동(frequent responses), 빈번한 방문(frequent visits), 그리고 빈번한 포스팅(frequent postings)으로 발현될 것이다. 이러한 특징은 실제 LMS에 축적된 로그데이터들을 변수로 만든 ① 총 접속 시간, ② 총 접속횟수, 토론게시판 방문 횟수, ③ 포스팅 개수로 측정 가능하다.

두 번째 요인인 토론 주제에 대한 몰입은, 잘 구조화된 토론 글이나 회신(well-structured posts), 밀도 있게 작성된 글(intensive work), 해당 주제에 대한 관심 표현(interest in topics)으로 나타날 것이다. 이를 측정할 수 있는 로그 변인에는 ① 글의 길이(posting length), ② 토론 게시판에서의 접속 시간이 있다. 세 번째 요인은 지속적인 노력과 관심으로, 책임감(responsibility), 시간엄수(punctuality), 시간관리(time management), 내적 동기유발(intrinsic motivation)과 관련된다. 이를 측정할 수 있는 온라인 행동 변수는 ① LMS 접속 간격의 규칙성, ② 토론방 접속 간격 규칙이 있다. 네 번째 요인은 상호작용인데, 이는 토론을 주도하는 성격(initiative), 적극적인 의사소통(active communication), 리더십에 해당한다. 이들은 앞서 소개한 P2P 분석(social network analysis)으로 도출되는 내향 중심성(in-degree centrality), 외향 중심성(out-degree centrality)으로 측정할 수 있다.

이렇게 총 4개 영역에 따라 10개의 대리 변수(proxy variable)를 바탕으로, 학습자들 중 저 성취자(low achievers)와 고 성취자(high achievers)를 얼마나 정확하게 예측할 수 있는지를 살펴보았다. 여기서 정확성이란 10개의 대리변수를 투입해 예측한 학업성취 분류 결과(저 성취 VS. 고 성취)가 실제 학생들의 최종 학업성취와 비교했을 때 얼마나 정확한가를 의미한다. 저 성취의 기준은 최종 학점 C를 의미한다. 이는 상대평가의 결과로 전체 수강생의 하위 33%에 해당한다. 반대로 고 성취는 A나 B학점을 획득한 학생들이다. 예측은 1주차 시점에서 축적된 데이터, 2주차 시점에서 축적된 데이터, 3주차 시점에서 축적된 데이터 등 매 주차에 누적된 데이터들을 바탕으로 생성된 대리변수들에 의해 반복적으로 이루어졌다. 주 단위의 시점에서, 누가 고 성취자가 될 것이고 누가 저 성취자가 될지를 분류해내는 기술은 앞서도 소개된 바 있는 랜덤 포레스트(Random Forest)를 통한 분류 기법(classification technique)을 활용했다.

<표 7-9>는 8주차 시점에서 두 개 강좌의 예측과 실제 간의 비교를 보여주는 표이다. 즉, Course X에서 8주가 경과한 시점의 데이터들을 바탕으로 예측한 고 성취자들 28명(전체 학생 43명 중)이 실제 모두 고 성취자(실제 A와 B학점을 받은 학생)가 되었고, 저 성취자로 예측한 학생 11명은 실제 학기말에 저 성취자(C학점을 받은 학생)로 드러났

다. 한편 고 성취로 예측되었는데 저 성취자가 된 경우는 2명, 저 성취로 예측되었는데 고성취가 된 경우 역시 2명으로 나타나, 8주차 시점의 예측 정확도는 90.7%였다. Course Y의 경우도 실제 고 성취자를 저 성취자로 예측한 경우가 2명, 저 성취자를 고 성취자로 예측한 경우가 2명으로 나타나 정확도 93.6%를 나타냈다.

이 같은 방식으로 주차별 정확도를 그래프로 그리면 [그림 7-12]와 [그림 7-13]과 같다. 즉, 학생들이 LMS에 남기는 로그데이터들은 이미 학습이 시작된 1주차에서 67.44%(Course X의 경우), 74.19%(Course Y의 경우)의 정확도로 고 성취와 저 성취를 분류할 수 있고, 이 정확도는 데이터가 축적됨에 따라 점점 상승하는 경향을 보임을 알 수 있다. 아울러 Course Y의 경우 중간 고사가 이루어진 8주차에 70%대에서 90%대로 가파르게 정확도가 향상함을 알 수 있다.

이상의 연구는 몇 가지 시사점을 제공한다. 우선 온라인 토론학습 활동을 포함한 학습환경은 일반 온라인 학습환경에 비해 보다 풍부한 로그데이터를 제공한다. 따라서 SNA(Social Network Analysis) 분석을 포함해 학습자의 시스템 접속과 관련된 대리 변수들을 AOD 환경에서 필요한 학습요소(예 적극적인 학습 참여, 토론 주제에 대한 관심, 지속적인 노력, 상호작용)와 효과적으로 매핑할 수 있었다. 나아가 이 연구에서는 랜덤 포레스트 기법을 통해 고 성취자와 저 성취자를 분류해내는 예측을 주차별로 시도했고, 예측과 실제 결과 간 비교를 통해 예측의 정확성 추이를 확인했다. 그 결과 학습 초반부터 로그데이터만으로 학습성과를 비교적 정확히 예측해낼 수 있다는 점을 알아냈다.

표 7-9 Course X와 Y의 8주차 시점에서 예측결과와 실제 결과 간의 비교표

	Course X(N=43)				Course X(N=62)			
	Predicted							
Actual	High achievers		Low achievers		High achievers		Low achievers	
High achievers	28		2		43		2	
Low achievers	2		11		2		15	
Eighth week	Precision[a]	Recall[b]	Specificity[c]	Accuracy[d]	Precision	Recall	Specificity	Accuracy
	93.3%	93.3%	84.6%	90.7%	95.6%	95.6%	88.2%	93.6%

주: True negative(TN): Case was negative and predicted as negative: True positive(TP): Case was positive and predicted as positive: False negative(FN): Case was positive but predicted as negative: False positive(FP): Case was negative but predicted as positive.
[a] Precision: TP/(TP+FP).
[b] Recall: TP/(TP+FN).
[c] Specificity: TN/(TN+FP).
[d] Accuracy: (TN+TP)/(TP+TN+FP+FN).

그림 7-12 Course X의 주차별 예측 정확도 추이

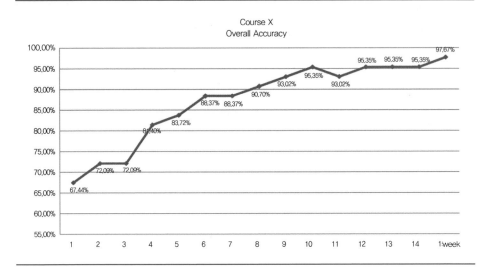

그림 7-13 Course Y의 주차별 예측 정확도 추이

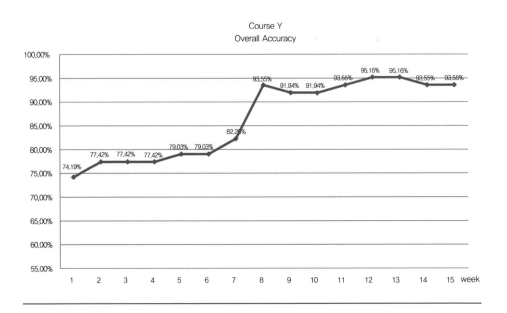

5) 군집분석과 군집별 학업성취 예측 모형[6]

지금까지 '학업성취' 예측을 위한 다양한 통계기법과 유의한 예측시점을 확인한 연구들을 살펴보았다. 이제 예측력 향상을 위한 마지막 방법을 소개하고자 한다. 앞서 본 장을 시작하면서 언급했던 내용을 상기해보자. 학습자의 로그데이터를 분석하고, 이를 통해 학업성취를 예측하려는 이유 말이다. 결국 분석과 예측은 다음 장에서 다룰 적절한 '처방'을 위한 것이라고 했다. 학습자 개인에게 맞춤화된 피드백을 제공하거나 몇 가지로 세분화된 학습자 유형별로 맞춤화된 수업이 이루어진다면 교수─학습은 보다 효과적일 것이다. 즉, 학습자 특성에 기반한, 유형별로 체계화된 수업 모델이나 후속 학습에 대한 가이드라인을 적용하려면 이들 특성에 기반한 분류 분석이 선행되어야 한다.

학습자의 특성에 따른 유형화는 다양한 방법에 의해서 가능하겠지만, 별도의 검사 없이 이들이 온라인 학습 환경에서 어떠한 학습과정을 겪었는지를 통해서도 할 수 있다. 일련의 연구과정을 통해 우리가 도출한 학생들의 접속활동과 관련된 온라인 행동 변수를 활용할 수 있다. 무엇보다 각 유형에 따른 별도의 학업성취 예측 모형을 만들었을 때, 전체 학습자를 포함하여 만든 모델과 비교해 예측력에 변화가 있는지 살펴볼 수도 있다. 우선, 학생들의 온라인 행동에 따라 유형화하는 접근방법으로 '군집분석'이 있다. 군집분석을 학습분석학에 접목한 사례 연구를 살펴보자.

(1) 군집분석 개념

군집분석이란 개인 또는 복수의 개체를 유사한 속성을 지닌 집단으로 나누고 집단 특성을 파악하고자 하는 탐색적 접근방법이다(Siegel, 2013). 이 분석 기법은 그 동안 다양한 분야에서 폭넓게 적용되어 왔다. 예를 들면, 마케팅 관련자가 시장 세분화

---

6 본 장에서는 '이혜윤, 조일현, 김정현, 박연정(2018). 대학 이러닝 환경에서 학습자 행동 로그에 기반한 군집별 학업성취 예측모형 비교. 교육과학연구. 49(1). 127─150.'와 'Lee, H., Sung, H., Park, Y., & Jo, I. (2015). Clustering of online students: Towards an elaborated prediction model of learning achievement. Paper presented at the E─learning Korea 2015, Seoul.' 발표자료의 내용을 참고하여 작성했음.

그림 7-14 군집분석의 목적

및 고객 세분화로 시장과 소비자 패턴을 파악할 때 쓸 수 있다. 품질 관리자가 제품의 불량 원인을 규명할 수 있고, 신용카드 사기, 보험료 과다 청구 등 부정 탐지가 요구될 때도 효과적으로 사용될 수 있다.

(2) 학습자의 온라인 행동 특성에 기반한 군집화 사례

군집분석을 학습자의 온라인 학습 패턴 분석과 학업성취 예측에 적용한 사례로는, 이혜윤 외(2018)의 연구가 있다. 이 연구는 E대학 경영학 필수 교과목인 '경영통계' 강좌를 수강한 학생 377명을 대상으로 삼았다. 이 강좌는 100% 온라인 강좌로, 학생들은 온라인 동영상 강좌를 통해 학습 내용을 이해하고, 오프라인 형태로 진행된 중간 및 기말고사, 개별과제를 통해 학업성취도가 측정되었다. 학생들의 온라인 행동

그림 7-15 연구에 활용된 온라인 행동의 3개 범주 9개 대리변수

LMS access
• Total Login Time
• Total Login Frequency
• Login Regularity

Board usage
• Visit on Board
• Time Spent on Board
• Login Regularity on Board

Movie playback
• Time on Movie
• Frequency on Movie
• Regularity on Movie

로그데이터는 해당 강좌가 비디오 기반 온라인 수업이라는 특성을 고려해 [그림 7-15]와 같이 세 가지 활동 범주로 9개 대리변수가 분석에 활용되었다. 특별히 이 연구는 동일한 강좌에 대한 자료 수집을 연속 두 학기에 걸쳐서 진행했다. 개발된 사이버 강좌가 매 학기 반복적으로 운영되고 있고 봄 학기와 가을 학기라는 학기의 차이에 따라 결과가 달라지는지 확인해, 본 연구를 통해 도출되는 예측모델을 조금이라도 일반화 해보려는 의도였다.

<표 7-10>에서 알 수 있듯이 연구에 투입한 관찰 변인들은 ① LMS 접속, ② 게시판 활용, ③ 동영상 재생이라는 세 범주로 구성되었다. 첫 번째 범주에 해당하는 LMS 접속은 앞서 살펴본 연구에서도 나온 총 접속 시간(TLT), 총 접속 빈도(TLF), 접속 간격의 규칙성(LIR)이다. 두 번째 범주는 동일한 개념의 세 개 변인이지만, 게시판에 머문 시간(TSB), 방문 빈도(FOB), 게시판 방문의 규칙성(LRB)이고, 세 번째 범주는 동영상 강좌를 시청한 시간(TSM), 동영상 강좌를 시청한 빈도(FOM), 동영상 강좌를 시청한 간격의 규칙성(ROM)이다.

이렇게 관찰변인이자 독립변인인 온라인 행동 변수 9개와 종속변수에 해당하는

표 7-10 온라인 학습 행동 결과 기술통계: 봄학기 및 가을학기 비교

구분	변수	봄학기(183명)		가을학기(194명)	
		평균	표준편차	평균	표준편차
LMS 접속	TLT	40.91	12.15	42.75	19.15
	TLF	101.33	37.98	101.84	32.42
	LIR	45.04	17.66	39.17	13.92
게시판 이용	TSB	2.07	1.65	1.82	1.76
	FOB	46.3	24.14	57.42	38.26
	LRB	110.26	43.23	187.34	84.31
동영상 재상	TSM	13.78	3.14	13.04	3.26
	FOM	67.67	21.29	56.99	15.42
	ROM	124.29	47.21	84.32	19.09
학업성취도		71.43	15.74	71.18	17.00

그림 7-16 온라인 학습 행동 결과 기술통계: 봄학기 및 가을학기 비교

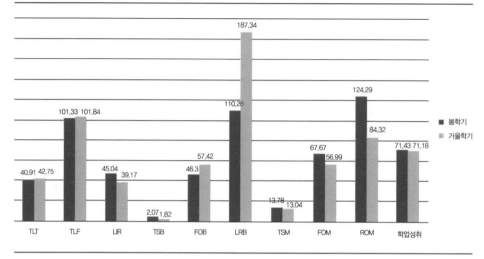

참고: 각 변인들의 단위가 모두 다르기 때문에 10개 변인 간 비교는 의미가 없음.

학업성취도에 대한 기술 통계 결과를 봄학기와 가을학기로 나누어 살펴보면 <표 7-10>과 같다. 학기에 따라 학생들의 온라인 학습 행동에 차이가 있는지를 볼 수 있는데, 우선 두 학기에 따른 학업성취 평균은 큰 차이가 없다. 대부분의 온라인 행동 변수들 또한 큰 차이가 없는데, [그림 7-16]에서처럼 게시판 방문의 규칙성(LRB)이 봄학기에 비해 가을학기에 큰 폭으로 증가했다. 이 규칙성 값이 의미하는 바가 접속 간격의 불규칙성을 의미한다. 따라서 가을학기 학생들이 게시판 방문을 훨씬 더 불규칙적으로 했다는 의미다. 반면 동영상 강좌를 시청한 간격의 규칙성(ROM)의 경우 봄학기보다 가을학기가 큰 폭으로 감소한 점을 통해 가을학기 학생들이 동영상을 보다 규칙적으로 시청했음을 알 수 있다. 이 점을 제외하면 두 학기 간 차이가 크지는 않아 보인다.

　군집분석 및 회귀분석에 들어가기 전에 각 변인 간 상관분석이 이루어졌다(<표 7-11, 7-12> 참조). 그 결과, 학업성취에 유의한 영향을 미치는 온라인 행동 변수가 봄학기와 가을학기에 차이가 있었다. 즉, 봄학기의 경우 학업성취와 동영상 재생빈도(FOM)($r = 12$, $p > .05$), 가을학기 데이터에서는 학업성취와 총 접속 시간(TLT)($r = .10$, $p > .05$), 게시판 활용 간격 규칙성(LRB)($r = .05$, $p > .05$)이 유의한 상관을 보이지 않았다.

　따라서 이 연구의 경우, 동일 조건에서 두 학기의 예측모델을 만들어 비교하기 위

해 TLT, LRB, FOM 변수를 군집분석 단계에서부터 제외했다. 따라서 총 6개 온라인 행동 변인(TLF, LIR, TSB, FOB, TSM, ROM)을 중심으로 K−평균 군집분석을 실시했다. K−평균 군집분석 기법은 대용량 데이터의 빠른 처리가 가능하고 실무에서 가장 대표적으로 활용되는 기법으로, 사전에 결정된 군집의 수 k를 결정하고 k개로 학습자를 군집하는 방식이다. 따라서 k를 어떤 값으로 하느냐가 중요하다. 여기서는 NbClust 패키지와 군집 내 Sum of Squares를 사용해 군집 수를 2~4개로 선택하는 것이 적당함을 확인한 뒤, 효과적 처방을 고려해 3개 군집으로 학습자를 나누는 방식을 취했다. 전체 학습자와 3개의 군집별 온라인 행동 변수 및 학업성취 점수의 평균을 정리하면 <표 7−11>과 같다. 이를 보다 이해하기 쉽게 정리하면 [그림 7−17]과 같다. 우선 그래프를 살펴보면 봄학기와 가을학기가 다소 차이는 있지만, 3개 그룹은 온라인 행동 참여 '정도'에 따라 상, 중, 하로 나뉘는 경향을 확인할 수 있다. 각 군집에 이름(레이블)을 붙이자면, 온라인 학습에 적극적이고 열심히 참여한 바쁜 참새(Busy sparrow), 평범하고 꾸준하게 참여한 다수의 부지런한 개미(Steady ant), 그리고 좀처럼 적극성을 띠지 않는 비활동적 나무늘보(Inactive sloth)라고 할 수 있다.

이러한 군집은 봄학기와 가을학기 공통적인 패턴을 보이고 있고, 참새 군집의 경우는 두 학기 모두 공통적으로 게시판 활동이 높음을 알 수 있다. 중간 정도의 온라

표 7−11 온라인 행동 변수 및 학업성취 변수의 상관분석(봄학기) (n = 183)

Variables	1	2	3	4	5	6	7	8	9	10
1. TLT	−									
2. TLF	.43*	−								
3. LIR	−.35*	−.75*	−							
4. TSB	.46*	.36*	−.25*	−						
5. FOB	.30*	.57*	−.46*	.63*	−					
6. LRB	−.19*	−.44*	.50*	−.35*	.57*	−				
7. TSM	.49*	.19*	−.23*	.11	.10	−.11	−			
8. FOM	.43*	.27*	−.15*	.08	.10	−.02	.60*	−		
9. ROM	−.18*	−.28*	.39*	.04	−.08*	.13	−.51*	−.44*	−	
10. Total Score	.17*	.36*	−.42*	.20*	.43*	−.34*	.20*	.12	−.35*	−

표 7-12 온라인 행동 변수 및 학업성취 변수의 상관분석(가을학기)　　　　(n = 194)

Variables	1	2	3	4	5	6	7	8	9	10
1. TLT	—									
2. TLF	.59*	—								
3. LIR	−.43*	−.76*	—							
4. TSB	.55*	.48*	−.38*	—						
5. FOB	.39*	.50*	−.48*	.58*	—					
6. LRB	−.23*	−.32*	.34*	−.43*	.64*	—				
7. TSM	.41*	.42*	−.48*	.20	.21*	−.07	—			
8. FOM	.43*	.49*	−.51*	.18	.20*	−.09	.59*	—		
9. ROM	−.38*	−.43*	.57*	.19	−.23*	.13	−.57*	−.73*	—	
10. Total Score	.10*	.31*	−.36*	.27*	.30	−.05*	.24*	.20*	−.17*	—

표 7-13 봄학기 및 가을학기 군집분석 결과

Semester	Variables	Whole class (n = 183)	Cluster 1 (n = 47)	Cluster 2 (n = 92)	Cluster 3 (n = 44)
	Total Log−in Frequency	101.33	141.15	95.60	70.80
	Log−in Regularity	45.04	31.07	42.44	65.41
	Time Spent on Board	2.07	3.96	1.25	1.77
Spring	Frequency on Board	46.30	76.28	36.74	34.27
	Time Spent Viewing Movie	13.78	14.46	14.69	11.15
	regularity of Viewing Movie	124.29	116.42	103.57	176.01
	Total Score	70.25	77.08	70.56	62.30

Semester	Variables	Whole class (n = 194)	Cluster 1 (n = 32)	Cluster 2 (n = 127)	Cluster 3 (n = 35)
	Total Log−in Frequency	101.84	141.25	100.67	70.06
	Log−in Regularity	39.17	26.48	37.09	58.31
	Time Spent on Board	1.83	4.36	1.43	0.97
Fall	Frequency on Board	57.42	119.09	49.97	28.09
	Time Spent Viewing Movie	13.04	14.17	13.78	9.32
	Regularity of Viewing Movie	84.32	78.21	77.98	112.90
	Total Score	71.29	78.70	72.32	60.80

인 학습참여를 보이는 개미 군집의 경우도 두 학기 모두 전체의 50%에 해당하는 높은 비율을 보인다. 한편 이들의 동영상 재생 규칙성(ROM)은 다른 온라인 행동 변인들에 비해 비교적 높은 수치를 보이고 있어, 불규칙적인 동영상 시청 경향도 알 수 있다. 특히 봄학기의 학생(ROM: 103.57)들이 가을학기의 학생들(77.98)보다 더 불규칙적이었음 또한 파악할 수 있다. 앞서 설명한 바 있는데, 규칙성과 관련된 로그 변수는 기본적으로 표준편차 값을 통해 산출되므로, 값이 클수록 불규칙적임을 뜻한다.

그림 7-17 봄학기 및 가을학기 군집분석 결과

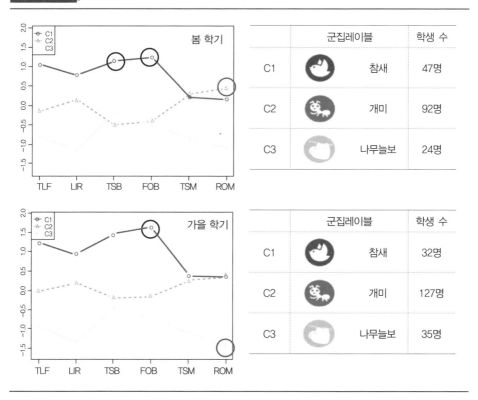

(3) 군집기반 예측모델과 일반 예측 모델의 비교

앞서 제시한 <표 7-13>에서 각 군집별 학업성취도 결과를 잠깐 살펴보자. 봄학기의 학업성취도 평균이 군집 1(참새)은 77.08점, 군집 2(개미)가 70.56점, 군집 3(나무늘보)은 62.30점으로 나타나, 활발한 온라인 행동을 보일수록 높은 학업성취를 보임도 알 수 있다. 이러한 경향은 가을학기의 경우도 마찬가지였다. 즉, 지금까지 소개한 다른 연구사례와 같은 맥락에서 온라인 학습 행동들이 학업성취를 유의하게 예측한다. 이를 봄학기 회귀 분석의 결과로 살펴보면 <표 7-14>와 같다.

전체 집단 대상의 예측 모형을 보면 게시판 활용 빈도(FOB)와 동영상 재상간격 규칙성(ROM)이 포함된 모형에서 F값 35.481($p < .05$)로 통계적 유의성을 확보했다. FOB($\beta = .405$, $p < .05$)와 ROM($\beta = -.313$, $p < .05$)는 학업성취를 27.5%로 설명하고 있는데 학생들은 게시판을 자주 활용할수록, 동영상 시청을 규칙적으로 할수록 좋은 학업성취 결과를 받았다.

이 모형은 기존에 소개한 예측 모형과 크게 다르지 않다. 그러나 군집분석을 실시한 뒤 군집별 회귀분석 실시했을 때 어떻게 달라지는지를 <표 7-14>와 <표 7-15>에서 알 수 있다. 앞서 전제 집단 대상의 모형에서 유의한 온라인 행동 변수들은 학업성취를 27.5% 설명했는데, 군집 1 모형은 21.6%, 군집 2 모형은 18.7%, 군집 3 모형은 47.3% 설명력을 가진다는 사실을 알 수 있다. 군집 3(나무늘보)의 예측 모형에 들어간 행동 변인은 게시판 활용 빈도($\beta = .417$, $p < .05$)와 LMS 접속 빈도($\beta = .238$, $p < .05$), 동영상 재생 규칙성($\beta = -4.23$, $p < .05$)이었다. 군집 1과 2의 경우는 전체 집단 회귀모형보다 R^2 값이 다소 떨어지는 경향을 보였으나, 군집 3의 경우 모형의 설명력이 전체 집단모형보다 확연히 향상됨을 확인할 수 있다.

가을학기의 경우 전체 집단의 모델은 LMS 접속 간격 규칙성과 게시판 활용시간이 학업성취를 14.1%로 설명했는데, 군집 2의 회귀모형에서는 게시판 활용 빈도($\beta = .207$, $p < .05$)만 유의한 온라인 행동 변인으로 포함되었고 이 변인이 학업성취를 3.5% 설명하는 것으로 나타났다. 군집 3의 모형에서는 LMS 접속 빈도($\beta = .639$, $p < .05$)가 유일한 변인으로 포함되었으나, 이 변인의 학업성취 설명력이 39%로 향상해 전체 집단의 모형보다 두 배나 향상되는 기록을 보였다.

표 7 - 14 봄학기 다중 회귀분석 결과. 일반 모델과 군집별 모델 간 비교

		Predictor variables		β	t	p
Whole class (n=183)	Coefficients	Frequency on Board	.275	.405	6.396*	.000
		Regularity of Viewing Movie		−.313	−4.937*	.000
	Excluded variables	Total Log−in Frequency		.056	0.697	.487
		Log−in Regularity		−.150	−1.947	.053
		Time Spent on Board		−.081	−.993	.322
		Time Spent Viewing Movie		−.022	−.295	.768
		$F=35.481^*,\ p=.000$				
Cluster 1 (n=47)	Coefficients	Frequency on Board	.216	.355	2.687*	.010
		Time Spent Viewing Movie		−.300	−2.266*	0.28
	Excluded variables	Total Log−in Frequency		.089	.666	.509
		Log−in Regularity		−.147	−1.126	.266
		Time Spent on Board		−.146	−1.066	.292
		Regularity of Viewing Movie		−.176	−1.282	.207
		$F=7.351^*,\ p=.002$				
Cluster 2 (n=92)	Coefficients	Frequency on Board	.187	.331	3.149*	.002
		Log−in Regularity		−.252	−2.553*	.012
	Excluded variables	Total Log−in Frequency		.024	.178	.859
		Time Spent on Board		−.047	−.480	.632
		Time Spent Viewing Movie		.008	.085	.933
		Regularity of Viewing Movie		−.280	−.280	.780
		$F=11.461^*,\ p=.000$				
Cluster 3 (n=44)	Coefficients	Frequency on Board	.473	.417	3.524*	.001
		Regularity of Viewing Movie		−.423	−3.792*	.000
		Total Log−in Frequency		.238	2.023*	.050
	Excluded variables	Log−in Regularity		−.029	−.186	.853
		Time Spent on Board		.022	.189	.851
		Time Spent Viewing Movie		.213	1.563	.126
		$F=13.879^*,\ p=.000$				

* $p<.05$

표 7-15 가을학기 다중 회귀분석 결과. 일반 모델과 군집 별 모델 간 비교

		Predictor variables		β	t	p
Whole class (n=194)	Coefficients	Log-in Regularity	.141	-.301	-4.173*	.000
		Time Spent on Board		.154	2.126*	.035
	Excluded variables	Total Log-in Frequency		.008	.074	.941
		Log-in Viewing Movic		.104	1.194	.234
		Frequency on Board		.082	1.088	.278
		Regularity of Viewing Movie		.044	.545	.587
		$F=6.860^*,\ p=.000$				
Cluster 2 (n=127)	Coefficients	Frequency on Board	.035	.207	2.363*	.020
	Excluded variables	Total Log-in Frequency		.056	.636	.526
		Log-in Regularity		.019	.218	.827
		Time Spent on Board		.063	.654	.514
		Time Spent Viewing Movie		-.018	-.202	.840
		Regularity of Viewing Movie		.113	1.283	.202
		$F=5.584^*,\ p=.020$				
Cluster 3 (n=35)	Coefficients	Total Log-in Frequency	.390	.639	4.767*	.000
	Excluded variables	Log-in Regularity		.167	.818	.419
		Time Spent on Boare		.107	.714	.480
		Frequency on Board		.106	.777	.443
		Time Spent Viewing Movie		.243	1.758	.088
		Regularity of Viewing Movie		-.035	-.257	.798
		$F=22.724^*,\ p=.000$				

* $p<.05$

이상의 결과들은 전체 집단 대상 예측 모형과 군집별 예측 모형의 설명력에 차이가 발생하고 특정 군집, 특히 이 연구의 경우 군집 3에 해당하는 나무늘보형 학습자들의 학업성취를 예측하는 데 효과적이었음을 보여준다. 본 책에서는 군집의 레이블을 바쁜 참새, 부지런한 개미, 비활동적인 나무늘보로 지칭했는데, 이혜윤과 동료들(2018)은 이 세 가지 유형에 대해 군집 1(참새)을 소통형 학습자, 군집 2(개미)를 기본 충실형, 군집 3(나무늘보)를 벼락치기형으로 소개하고 있다. 회귀분석에서도 알 수 있듯이 봄학기와 가을학기 모두 군집 1(참새) 유형은 게시판 활용에 적극적인 특징이 있었기 때문이다. 이 연구의 배경이 된 강좌의 경우 사전에 교수자에 의해 사이버 캠퍼스에

올라온 콘텐츠(동영상)를 학습자가 자기주도적으로 학습해야 한다는 특성이 있고, 따라서 학생들이 학습 과정에서 생기는 궁금증과 질문을 게시판을 통해 해소할 수밖에 없었다는 점, 학습과 관련된 공지사항도 게시판을 통해 운영되었다는 점을 상기해볼 필요가 있다. 이러한 맥락 때문에 게시판 활용이 학업성취에 중요한 역할을 했고, 이 점이 군집 1(참새) 학습자들의 온라인 행동 패턴과 학업성취 예측을 통해 잘 드러났다고 하겠다. 한편 봄학기와 가을학기에 공통적인 군집 3(나무늘보)의 회귀모형에 들어온 저조한 LMS 접속 빈도가 높은 학업성취 설명력(봄: 47.3%, 가을: 39%)을 보이고 있다는 점을 상기하면, 평소 학습에 참여하고 있지 않다가 시험 기간에 반짝 학습을 하는 벼락치기 학습이 긍정적인 학업성취 결과로 이어지지 않았다고 해석할 수 있다. 이 점은 교수자의 처방에 의미 있는 시사점을 제공한다. 즉, 온라인 수업 운영 과정에서 저조한 접속 빈도를 보이는 학습자들에게 우선적으로 학습 공간의 방문을 유도하는 피드백을 보내면 좋을 것이다. 기왕이면 조기에, 늦어도 중간고사 직후 탐지해 제공한다면 이들의 학업성취 하락을 막을 수 있을 것이다. 또한 높은 학업성취를 위해 적극적인 게시판 활용을 독려하는 것도 하나의 적절한 개입 방법(intervention)이 될 수 있을 것이다. 특히 일방적인 콘텐츠 전달로 그칠 수 있는 사이버 강좌의 한계점을 극복할 수 있는 방향이 될 것이다.

처방모형 영역의 연구 사례

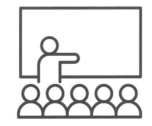

Understanding Learning Analytics

Chapter

08 처방모형 영역의 연구 사례

주요 내용

- 학습분석학의 주요 어플리케이션(application)
- 대시보드(dashboard) 설계 원리

학습 목표

1. 교수-학습을 지원하는 대시보드의 다양한 사례들을 접하고 각각의 특징을 비교할 수 있다.
2. 효과적인 대시보드 설계 원리를 알고, 이를 학습분석학 기반 대시보드 설계에 적용할 수 있다.

1 처방 영역에 관한 학습 분석학 연구 흐름

LAPA 모형에서 '처방' 부분은 지금까지 살펴본 분석과 예측 결과의 활용과 관련이 있다. 앞서 분석의 궁극적인 목적이 '학습자에게 맞춤화된 학습 처방을 해주기 위한 것'임을 여러 차례 강조했다. 그러려면 맞춤화된 학습을 진행하기 위한 용도의 도구가 필요하다. 이 도구에 해당하는 대시보드를 통해 교수자들은 학습자들의 학습 과정을 관찰하고 수업의 진행과 학습 촉진을 위해 필요한 정보를 효과적으로 얻을 수 있으며, 학습자들은 학습성과를 타 학습자와 비교하는 등 자신의 학습 과정을 성찰해볼 수 있다. 그동안 이 처방 영역의 연구는 이렇게 학습의 현황에서부터 학습 결과 예측 및 경고 또는 적절한 피드백에 이르기까지, 다양한 형태의 대시보드 설계와 개발, 실제 운영에 대한 효과성 평가가 주를 이루고 있다.

학습분석학의 '처방영역' 관련 연구의 흐름은 [그림 8-1]과 같이 ① 학습분석학의 응용사례 연구, ② 대시보드의 설계 원리 도출, ③ 대시보드 개발 연구, ④ 대시보드에 대한 효과성 평가 결과를 바탕으로 한 성공적 대시보드에 대한 요인분석으로 구성된다. 본 장에서는 대시보드의 정의 및 설계원리, 학습분석학의 응용과 유형을 살펴보도록 하겠다.

그림 8-1 학습 처방 영역에서의 연구 흐름

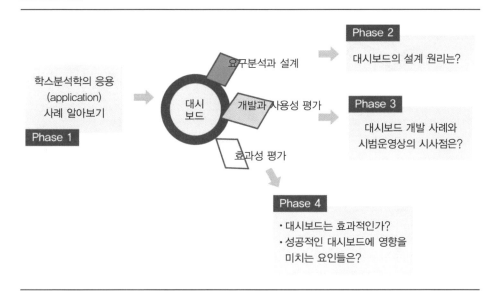

2 대시보드의 정의 및 설계 원리

학습분석학의 응용 도구들이 모두 '대시보드' 형태로 구현되는 것은 아니나, 학습 분석의 '처방' 영역에서 비교적 큰 비중을 차지하는 대시보드에 대해 간략히 살펴보자.

대시보드는 본래 [그림 8-2]과 같이 마차가 달릴 때 흙이 튀지 않도록 세운 패널을 의미했다. 이후 자동차의 계기판을 통해 운전을 위한 각종 정보를 쉽게 볼 수 있는 형태로 발전했다. 최근에는 비즈니스 영역에서 조직의 생산성과 성과를 한눈에 파악하기 위한 목적으로 핵심성과지표(Key Performance Indicator: KPI)들을 배열하거나, 일정 수준에 도달하거나 그렇지 못할 때 효과적으로 경보(alert)를 울릴 수 있도록 만들어진 종합정보시스템으로 확장되었다. Few(2013)에 따르면, 대시보드는 이러한 종합정보시스템(Executive Information Systems: EISs)의 새로운 이름이며, 1980년대에 최초로 개발되었다고 한다. EIS는 주로 핵심 재정지표들을 배열해줌으로써 경영 간부(executive)들이 이해할 수 있는 형태로 개발되다가 이후 BI(Business Intelligence)의 도입과 함께 진화되었다.

그림 8-2 대시보드의 발전 과정

〈마차의 대시보드〉

〈자동차 대시보드〉

〈오피스 대시보드〉

출처: 1) https://en.wikipedia.org/wiki/Dashboard
　　　2) https://www.istockphoto.com/kr
　　　3) https://www.govloop.com/community/blog/analytics-utopia-just-around-bend/

현재 가장 많이 알려진 대시보드의 정의는 '각종 정보를 컴퓨터 스크린 화면을 통해 한눈에 볼 수 있도록 가장 중요한 정보를 시각적으로 배치한 것'(Few, 2013)이라고 할 수 있다. 이러한 대시보드의 개념을 교수-학습에 적용한 것이 학습 분석 대시보드(Learning Analytics Dashboard: LAD)이다.

학습분석을 적용한 대시보드 출현은 그리 오래되지 않았다. 그러나 최근 빅 데이터 및 데이터 애널리틱스(데이터 분석학)의 확산 추세와 함께 사회 각종 분야에서 스마트 의사결정을 지원하는 대시보드를 어렵지 않게 볼 수 있다. 다수의 대학교육 기관에서 거의 필수적으로 사용하는 대표적 학습관리시스템인 블랙보드와 무들 등에도 이러한 학습분석학을 내장한 대시보드가 기본적인 학습자의 학습 활동과 성과에 대한 통계정보를 한눈에 보여준다. Thaler와 Sunstein(2008)이 제시한 'Nudge'라는 용어를 빌리면, 이러한 대시보드의 역할과 중요성을 보다 명쾌하게 이해할 수 있다. 즉, 잘 설계된 대시보드는 스마트한 교사와 학생들이 보다 올바른 의사결정을 하고 액션을 취할 수 있도록 옆구리를 찔러주는('nudge' 하는) 역할을 한다. 학생식당에서 음식 배열을 바꾸어 학생들의 올바르고 균형잡힌 식사 습관을 만들었다는 결과와 유사하다. 즉, '골고루 먹어라', '열심히 공부해라'라고 백번 잔소리하는 것보다 개별 학습자의 내적 동기를 자극하는 정보를 제시해주는 것이 학습 활동 참여와 성과에 효과적일 수 있다는 것이다.

그렇다면 효과적인 대시보드를 만들려면 어떠한 설계 전략이 필요할까? Stephan Few는 'Information dashboard design', 'Now You See it: Simple visualization techniques for quantitative analysis', 'Show me the numbers: Design tables and graphs' 등 여러 저서를 통해 정보의 시각화를 강조한 바 있다. 그는 잘 설계된 대시보드와 그렇지 못한 대시보드를 예시로 제공하면서, 경험과 이론적 배경에 기반한 몇 가지 대시보드의 특징과 그에 따른 설계 원리를 제시하였다. 요약하면 다음과 같다.

첫째, 대시보드는 시각적 디스플레이(visual display)이다. 대시보드는 인간의 시각적 인지과정을 고려해 설계되어야 하는데, 인간의 제한된 작동기억(working memory)을 돕기 위해 시각 정보를 2~3개의 청크(chunk)로 제시하는 것이 좋다. 따라서 낱개의 숫자보다는 그래프와 같은 시각 요소 활용이 필요하다.

둘째, 대시보드는 목적지향적이다. 다시 한 번 자동차를 생각해보자. 계기판의 정보는 운전자의 즉각적인 행동을 요구한다. 연료 램프에 불이 들어오면 운전자는 주유소에 갈 것을 염두하고 운전한다. 대시보드는 이렇게 보는 사람의 액션을 자극하기 위한 목적으로 존재한다. 따라서 목적에 따라 세 가지로 분류가 가능하다. 1) 전략적 목적으로, 고차 수준의 측정 지표와 통계들이 의사 결정을 지원할 수 있도록 직관적 형태의 게이지를 제공하는 대시보드, 2) 자세한 역사적 흐름이나 객체를 비교할 목적으로 데이터 분석을 지원하는 대시보드, 3) 실시간 정보를 보여줄 필요가 있다거나 특정 규정을 벗어나 사용자의 주의를 끌기 위한 대시보드가 있다. 대시보드가 무엇을 목적으로 하는지, 그래서 사용자가 무엇을 요구하는가에 따라 그 설계 방향이 달라져야 한다.

셋째, 대시보드의 정보는 하나의 화면(스크린)을 통해 한눈에(at a glance) 보여져야 한다. 즉, 컴퓨터 또는 스마트 디바이스라는 한정된 공간에 가장 중요한 정보를 시각적으로 제시해야 한다. 만약 보는 사람이 특정 정보를 찾기 위해 가로 세로 스크롤을 많이 사용해야 한다면, 대시보드라고 하기 어렵다. 반드시 대시보드가 웹 기반이어야 한다거나, 상호작용적 특성을 가져야 한다든가, 자동차 그림 같은 메커니즘을 지녀야 한다는 뜻이 아니다. 대시보드는 시대에 따라 주요 전달 매체를 달리해왔으며, 이제는 컴퓨터 스크린이나 모바일 디바이스에 최적화되는 방식으로 변화하는 중이다. 아직은 PC나 모바일 화면에 최적화된 형태로 설계되고 있지만, 혼합현실(증강/가상현실)이 보편화되면 그에 맞는 대시보드의 설계가 요구될 것이다. 따라서 핵심은 매체가 무엇이 되었던 정보들이 한눈에 들어오도록 설계되어야 한다는 것이다. 그리고 그 정보가 충분히 '집중'할 가치가 있는 내용이어야 하며, 나아가 보는 사람의 행동을 불러일으켜야 한다.

넷째, 대시보드는 개인에게 맞춤화(customized)되어야 한다. Few의 표현을 빌리면 대시보드는 "우리가 어떻게 보고, 어떻게 생각하는가"에 대한 이해에 기반해야 한다. 대시보드에 제시되는 정보는 개인에게 매우 특별하게 와 닿아야 한다. 모두에게 동일하게 제공되는 정보가 아니라 자기 자신에게 맞춤화된 정보에 사용자는 관심을 기울이게 되며, 앞서 언급한 바대로 정보에 대한 지각과 성찰이 실제 행동으로 이어진다. 따라서 정보들의 배열은 사용자의 요구와 동기, 그리고 그들이 생각하는 중요도에 기반해 설계되어야 한다. 의사소통의 수단으로써 대시보드는 인간의 정보 지각과 인지 처리 과정, 상황 인지와 시각화 기술에 대한 이론적 배경에 기반해야 한다.

3 학습분석학의 응용[1]

학습분석학의 구체적인 응용 사례는 American Behavioral Scientist 저널에 실린 Verbert 등(2013)의 『학습분석학 대시보드의 응용(Learning Analytics Dashboard Applications)』이라는 논문에서 알려졌다.[2] 이 논문은 그때까지 발표된 대표적 학습 대시보드 사례들을 비교, 분석해 소개하며, 교수−학습을 지원하는 대시보드에 대한 이론적 배

---

[1] 본 장에서는 'Yoo, Y., Lee, H., Jo, I., & Park, Y. (2014). Educational Dashboards for Smart Learning: Review of Case Studies. Paper presented at the International Conference of Smart Learning Environment, Hong Kong.'및 'Park, Y., & Jo, I. (2015). Development of Learning Analytics Dashboard Supporting Learning Performance. Journal of Universal Computing Science, 21(1), 110−133.' 내용을 참고하여 작성했음.

[2] 이후 이 논문은 Vertbert et al (2014)에서 보완되어 총 24개의 대시보드가 비교 분석되었고, 분석의 틀도 사용된 디바이스(Laptop/Desktop, Mobile Phone, Tabletop, Tablet, Large Display), 평가 포커스(Usability, Usefulness, Effectiveness에 Efficiency가 추가됨), 데이터 트렉킹 기술(depth sensor, Microphone, Camera, Application Logs, Manual Reporting)이 추가되었음.

그림 8-3 대시보드 응용 사례

Dashboard	Target users		Tracked data					Evaluation focus
	Teachers	Students	Time spent	Social interaction	Document and tool use	Artifacts produced	Exercise results/quizzes	
Teacher ADVisor	+	−	−	+	+	−	+	Usability, usefulness effectiveness
CALMsystem	−	+	+	−	−	−	+	Effectiveness
Classroom view	+	−	+	−	−	−	−	−
CourseVis	+	−	−	+	+	+	+	Effectiveness, efficiency, usefulness
GLASS	+	+	+	−	+	+	−	−
LOCO−Analyst	+	−	+	+	+	+	+	Usefulness, usability
Moodle dashboard	+	−	+	+	+	+	+	−
OLI dashboard	+	−	+	−	+	+	+	Usefulness, usability
SAM	+	+	+	−	+	+	−	Usability, usefulness
Course Signals	−	+	+	+	+	+	+	Effectiveness, usability, usefulness
SNAPP	+	−	−	+	−	+	−	−
StepUp	+	+	+	+	+	+	−	Usability, usefulness
Student Inspector	+	+	−	−	+	+	+	Usability, usefulness
Tell Me More	−	+	−	−	−	−	+	−
TUT Circle dashboard	−	+	−	+	−	−	−	Usability, usefulness

주: +＝supported; −＝not supported.

출처: Verbert, K., Duval, E., Klerkx, J., Govaerts, S., & Santos, J. L. (2013). Learning analytics dashboard applications. American Behavioral Scientist, 57(10), 1500-1509.

경과 개념을 설명한다.

이들에 따르면, 학습 대시보드(learning dashboard)는 개인의 행동과 습관, 생각과 관심사 등에 대한 개인 정보를 수집해 사용자를 돕는 장치 개인 정보학(personal infomatics)의 한 갈래라 하겠다. 학습 대시보드는 학습자가 자신의 학습 과정을 ① 인식하고(self-awareness), ② 성찰하며(reflection), 나아가 ③ 이해하고 통찰해(sense-making) ④ 학습 행동의 변화(impact)를 이끌어내는 응용 도구(application)라고 할 수 있다.

이들이 비교 분석한 학습 대시보드는 총 15개로, [그림 8-3]과 같이 Teacher ADVisor, CALMsystem, Classroom view, CourseVis, GLASS, LOCO-Analyst, Moodle dashboard, OLI dashboard, SAM, Course Signals, SNAPP, StepUp, Student Inspector, Tell Me More, TUT Circle dashboard 등이 있다. Verbert 등(2013)은 주요 사용자가 누구인지, 어떠한 데이터를 추적하여 대시보드에 보여주는지, 해당 대시보드에 대한 평가가 어느 정도 수준에서 이루어졌는지를 비교했다.

이후, Park과 Jo(2015)는 문헌을 통해 소개된 학습분석학의 응용 사례들 중 보다 심층적인 분석이 가능한 것들을 선정하여 다음과 같이 ① 대시보드의 용도와 주요 대상, ② 데이터의 추출과 마이닝 기법, ③ 시각화 기술 측면에서 분석했다.

첫째, 다양한 학습분석학 대시보드들은 주요 대상자가 '교수자'인가, '학습자'인가에 따라 두 종류로 분류가 가능하다. 교수자를 위한 대시보드는 교수자가 학생들의 학습 과정과 성과를 모니터링하고 보다 즉각적이며 적절한 피드백을 해주기 위한 도구이다. 학습자를 위한 대시보드는 학습자들이 학습 과정과 습관 등을 살펴보며 성찰하고 스스로 개선하기 위한 것이다. LOCO Analysis, Student Success System, SNAPP은 교수자를 위해 개발되었고, Course Signal과 Narcissus는 학습자를 위한 것이며, Student Inspector, GLASS, SAM, StepUp!은 교수자와 학습자 모두를 대상으로 한다.

둘째, 이 대시보드들이 제공하는 정보의 성격에 따라 네 가지로 분류 가능하다. 이 부분은 학습분석학의 '분석 및 예측'과 연결되는데, 대시보드가 어떤 데이터를 수집해 어떤 분석 과정을 통해 최종적으로 제시하는 정보가 무엇인지에 따라 대시보드의 사례들을 몇 가지로 나누어 분류 가능하다. [그림 8-4]와 같이 데이터 추적(data-tracking)이 어디서 이루어지는가(X축)와 데이터 마이닝이 어느 정도 수준인가(Y축)에 따라 네 가지 영역이 발생하는 것이다. 우선 X축에 해당하는 데이터 추적 측면에서, 일부 대시보드들은 1) LMS와 같은 안정적 형태의 시스템에서 이루어지거나 또는 2) SNS와 같은 개방적 형태의 소셜 어플을 통해 데이터 추출이 이루어지는 것으로 나뉜다. 한편 Y축에 해당하는 데이터 마이닝 측면에서 일부 대시보드들은 단순히 학습자의 온라인 학습 상태나 과정을 간단한 기술 통계에 기반해 시각화한 정보를 제공하는 수준이고, 어떤 대시보드의 경우 학업성취 및 성과를 예측해 경고를 주는 수준까

그림 8-4 대시보드들이 제공하는 정보 및 대표적 대시보드 사례

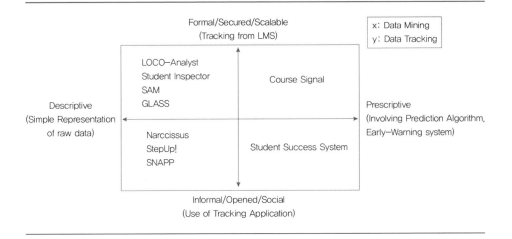

지 다양하다. 대부분의 대시보드가 기술적(descriptive)인 반면, Course Signal이나 Student Success System 같은 경우는 성공과 실패(중도탈락)를 예측해주는 알고리즘이 내장되어 처방적(prescriptive) 성격을 띤다.

셋째, 대시보드들의 외현은 그야말로 다양하다. 분석 결과로 보여주는 시각화 기법 선택에 따라 달라지기 때문이다. 학습자의 학습활동 및 수행 현황을 표나 막대 그래프 및 파이 차트를 활용하고, 고 위험 학습자를 알리기 위해 교통 표지판 형태의 시그널을 쓰거나 승패 차트(Win-lose chart)로 결과를 제시한다. 또한 토론 활동에서의 학습자 참여를 시각화해 보여주는 방법으로는 소셜네트워크 분석이 활용되거나 그 결과로 소시오그램(sociogram)이 활용되기도 한다. 학습자의 로그인 트랜드는 선 그래프가, 학습 자료의 활용 패턴을 시각화할 때는 막대그래프나 아카시아나무 그래프(Wattle Tree 그래프)가 이용되는 등, 정보의 성격에 따라 다양한 시각화 기술이 적용되고 있음을 알 수 있다. <표 8-1>은 각 대시보드별로 구현한 정보와 시각화 유형을 정리한 것이다.

표 8-1 학습 분석 대시보드에 적용된 시각화 기술

도구이름	대시보드 내용	시각화 기술
LOCO-Analyst (Ali, Hatala, Gašević, & Jovanović, 2012)	Login trends, performance results, content usage, message analysis	Bar graph, pie chart, table matrix, tag cloud
Student Success System (Essa & Ayad, 2012)	Performance results, social network, at-risk student prediction	Risk quadrant, scatterplot, win-lose chart, sociogram
SNAPP (Bakharia & Dawson, 2011; Dawson, Bakharia, & Heathcote, 2010)	Content usage, social network, message analysis	Sociogram
Student Inspector (Scheuer & Zinn, 2007)	Performance results, content usage	Bar graph, pie chart
GLASS (Leony, Pardo, de la Fuente Valentín, de Castro, & Kloos, 2012)	Login trends, performance results, content usage, message analysis	Timeline, bar graph
SAM (Govaerts, Verbert, Duval, & Pardo, 2012)	Login trends, performance results, content usage, message analysis	Line chart, bar graph, tag cloud
Course Signal (Arnold & Pistilli, 2012)	Login trends, performance results, content usage, message analysis	Signal lights
Narcissus (Upton & Kay, 2009)	Content usage, social network	Wattle tree

출처: Park & Jo(2015).

4 학습 분석학 어플리케이션의 다섯 가지 유형

지금까지 살펴본 학습 분석학 어플리케이션은 학자들에 따라서 다양한 방식으로 유형화 되고 있다. Verbert 등(2014)은 학습분석 대시보드를 다음 네 가지로 유형화 했다.

- 전통적인 교실(face-to-face) 수업을 지원하는 대시보드: 교사가 강의하는 도중 학생들의 참여를 유도하는 등 보다 효과적인 수업이 되도록 하기 위한 용도
- 교실 수업의 그룹 활동을 지원해주고 교실의 융합(orchestration)을 지원하는 대시보드: 학생들이 협력학습을 하는 과정에서 사용하는 스마트 기기(예 태블릿 탭)의 데이터들을 추적하고 시각화해, 교사로 하여금 보다 효과적인 협력학습이 되도록 가이드하는 역할
- 블렌디드 러닝 또는 온라인 학습을 지원 해주는 대시보드: 학생들의 온라인 학습 패턴을 분석 시각화된 정보를 통해 교수자나 학습자가 참고할 수 있도록 함

한편 이러한 학습분석 기술은 다른 방식으로도 분류가 가능하다. 신종호, 최재원, 고욱(2015)은 학습 분석 기술이 활용되는 예시들을 UNESCO IITE(Institute for Information Technologies in Education)에서 발간한 정책 리포트(Shum, Knight, & Littleton, 2012)를 참고해 다섯 가지로 그 특징을 요약했다〈표 8-2〉 참조). 여기서는 이 다섯 가지 분류 체계(LMS 및 VLE 기반 분석 대시보드, 예측 및 경보 시스템, 적응형 학습 분석 시스템, 소셜 네트워크 분석 시스템, 담화 분석 시스템)를 중심으로 몇 가지 대표적 사례들을 살펴보도록 하겠다.

표 8-2 학습 분석 어플리케이션의 유형

기술활용 분야	내용
LMS/VLE 분석 대시보드 (Analytics Dashboard)	학습관리시스템의 로그데이터, 다양하게 사전에 설정된 변수들 간의 상관관계 등을 종합 분석해 개인 사용자 또는 교수자 집단에게 이해하기 쉽게 시각화해 제공
예측 분석 (Predictive Analytics)	인구통계적 수치나 과거 성취도와 같은 정적 데이터와 LMS의 로그인 패턴, 온라인 토론 참여 정도 등과 같은 동적 데이터의 패턴을 이용해 사용자의 학습성과를 미리 분석, 위험 단계의 궤적에 근접한 학습자에게 경고 메시지를 전달하고 평균이나 우수 단계로 진입하기 위한 활동 궤적 안내
적응형 학습분석 (Adaptive Learning Analytics)	특정 주제에 대한 학습자의 이해 정도를 측정해 세부적인 피드백을 제공하고, 후속조치로서 관련된 디지털 자원을 학습자에게 제공하는 모델
소셜 네트워크 분석 (Social Network Analytics)	학생들이 어떻게 관계망을 형성하고 유지하는지에 대한 이해를 돕기 위해 이용되며 LMS에서의 토론, 게시판 등의 활동 분석을 통해 학생들의 관계망을 분석, 학습자의 개인적 관계 설정이나 그룹의 구조를 파악하고 적절한 교육 개입에 활용
담화 분석 (Discourse Analytics)	구문 분석 기술을 활용, 에세이나 토론 등 글의 평가, 학생들의 학습 이해도를 평가하고 분석

출처: 신종호, 최재원, 고옥(2015).

1) LMS 및 VLE 기반 분석 대시보드

학습관리시스템(LMS)을 도입해 가상학습공간(Virtual Learning Environment: VLE)을 제공하고 있는 교육기관이라면, 학습분석 대시보드를 비교적 쉽게 구현할 수 있다. 시스템에 남겨진 학생들의 접속 데이터, 게시판 접속 및 포스팅 관련 데이터, 자료실 접근 데이터, 학업성취 데이터와 같은 '로그데이터'의 활용이 가능하기 때문이다. 실제 이들 데이터들은 유의미한 변수들로 변환되어 그래프와 같은 시각적 형태로 학습관리시스템 내 하나의 기능이 되고 있는 추세이다.

블랙보드(Blackboard), 무들(Moodle), 캔버스(canvas)와 같은 대표적 LMS들은 이를 쓰는 기관의 요구에 맞게 기본적인 통계에 기반한 학습 분석 대시보드에서 학업 예측에 이르

그림 8-5 CANVAS에서 제공하는 학습 분석 리포트 예시

출처: https://www.getapp.com/education-childcare-software/a/canvas-lms/#q=CANVAS&ac=listing

기까지 다양한 분석 결과를 구현하고 있다. 예를 들면, [그림 8-5]는 LMS 내 특정 교과목(예 Calculus, 미적분) 수업에 대한 학습 분석 리포트로, 교수자는 시점별로 학생들의 페이지 뷰(page view), 참여(participation), 과제(assignments), 총점(grade)을 시각 요소를 통해 한눈에 볼 수 있고, 학생별로 이 네 가지 변수들을 확인할 수 있다.

국내에서는 이화여대 사례를 꼽을 수 있다. 본 책의 연구진이 이화여대 교수학습개발원과 협력해 설계·개발한 이 대시보드는 [그림 8-6]과 같이 특정 교과목에 참여한 학생들의 온라인 활동 요약이 산점도 그래프(scatter plot) 형태로 제시되며, 접속 시간, 접속 빈도, 접속 간격의 규칙성, 게시판 접속 빈도와 자료실 활용 빈도가 막대 그래프 및 추세선을 통해 제시되는 방식으로 구현되었다.

그림 8-6 이화여자대학교 학습 분석 대시보드 사례

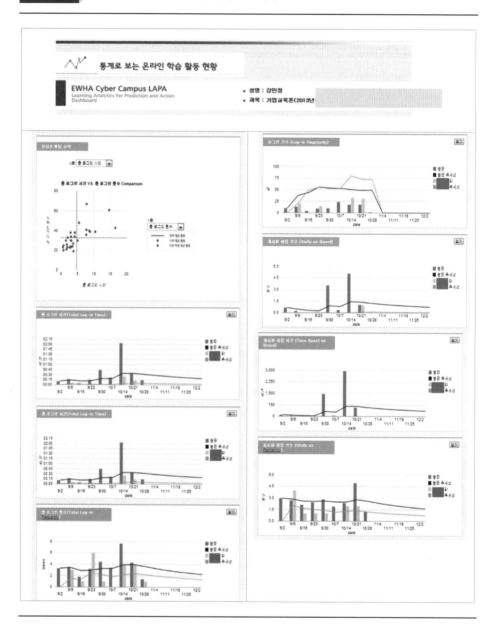

2) 예측 분석

앞서 소개한 유형의 대시보드가 현상을 그대로 보여주는 역할을 한다면, 예측 분석은 여기서 나아가 학습자의 정적 데이터(인구 통계학적 정보, 과거 학습 기록)와 동적 데이터(온라인 접속 패턴, 토론 활동에 글을 올린 횟수와 양 등)를 통해 학습자를 군집(clustering)하거나 계층화(classification)하고, 현재까지의 궤적(trajectory)을 통해 미래에 어떤 결과가 있을지 예측한다. 예를 들면, '지금 상태로 가면 위험하다'거나 '지금 상태를 유지하면 좋은 결과가 있을 것이다'와 같은 피드백을 줄 수 있다. 즉, 축적된 데이터들을 통해 패턴을 분석하고 어떠한 알고리즘에 의해 결과를 예측함으로써, 학업에 대한 동기를 북돋아주거나 보다 도전적인 과제를 제시하는 등의 처방(intervention)도 제공할 수 있다. 사실 이러한 예측 분석을 학습자와 교수자에게 대시보드를 통해 보다 적기에 보여주고자, 앞서 7장에서 소개한 바대로 '학업성취 예측력'을 보다 향상시키기 위한 다양한 분석법(회귀분석, 사회 연결망 분석, 군집분석 등)을 모색했다고 할 수 있다.

예측 분석의 대표적 사례는 몇 차례 반복 소개되고 있는 퍼듀 대학(Purdue University)의 코스 시그널(Course Signal)이다. 코스 시그널은 해당 과목에서 학생이 획득하고 있는 점수, 동료 학생들과 비교한 LMS 활동 노력, 이전 성적(고등학교 GPA 등), 학습자 특성(거주지, 나이, 총 수강신청 학점 등)에 관한 변수를 바탕으로 학생의 성적을 미리 예측하고 위험군(at-risk) 학생들에게 경고(빨간색 불빛)를 보낸다. [그림 8-7]과 같이 교통 신호등(빨강, 노랑, 초록) 형태로 신호를 보내주고, 적절한 교육 개입을 제공해 학생들의 중도탈락을 방지해 재등록률(retention)을 높이는 효과를 얻고 있다(Arnold & Pistilli, 2012).

또 다른 예로 미국 내 작은 사립대학에 해당하는 Paul Smith 대학의 사례도 주목할 만하다. 이 대학은 고등학교에서도 하위권에 해당하는 학생들이 입학하는 전문대학으로, 학업성취 측면에서 고 위험(high-risk) 학생들의 분포가 크다. 따라서 그 어느 대학보다 적시에 고 위험군 학생들을 판별하고 효과적으로 학업을 지원하는 것이 절실하였다. 이들을 대상으로 학업 지원 프로그램을 운영하기 전 조기 경보 시스템을 도입해 학생 지원 프로그램과 연결한 사례가 소개된 바 있다(Taylor & McAleese, 2012). 조기경보시스템의 경우 미국 내 여러 대학이 도입 중인 Hopsons의 Srarfish

그림 8-7 퍼듀 대학의 코스 시그널(Course Signal)의 화면 예시

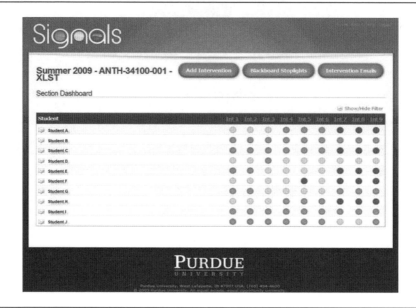

Early Alert[3]가 활용되었는데, Taylor와 McAleese(2012)에 따르면 학기가 시작되기 전 고위험 학생들을 판별하는 예측 모델을 만들고 Starfish Early Alert 시스템에 고위험 경고 깃발(high-risk warning flag)을 올려 집중적인 아카데믹 카운셀링을 제공했다고 한다. [그림 8-8]은 이렇게 교수자가 여러 학생의 상태를 Flag 유형(Improve coursework, Academic concern 등)과 같이 분류된 형태로 리포트를 받고, 그에 따른 지도를 수행하는 과정에서 어느 정도로 성공적인 스토리를 만들었는지를 시각적으로 보여준다.

---

3 Starfish 조기경보 시스템: https://www.starfishsolutions.com/home/starfish-enterprise-success-platform/starfish-early-alert/

그림 8-8 ┃ Starfish Enterprise Success Platform 화면 캡쳐

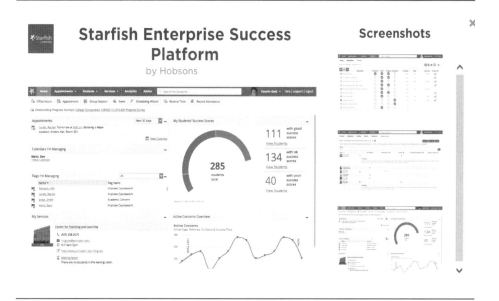

출처: https://www.edsurge.com/product-reviews/starfish-enterprise-success-platform

3) 적응형 학습(Adaptive learning) 분석

적응형 학습 플랫폼은 앞서 살펴본 예측 분석에 비해 분석 단위가 보다 미시적이다. 학생들의 특정 학습 주제에 대한 이해 정도에 관심을 두므로, 표준화된 검사의 맥락과 특정 교육과정에 국한해 학생들의 학습 과정 정보를 수집, 분석하고 이에 따라 학생 수준과 스타일에 맞춤화된 학습을 제안하는 방식이다. 이 유형은 예를 들면, 지능형 튜토리얼(Intelligent Tutorial) 시스템에서 학생들이 어떠한 문제를 맞추고 틀리는지에 기반해, 필요한 학습 내용이 제시되거나 생략되는 등 프로그램화 된 학습과 관련이 있다. [그림 8-9]와 같이 카네기 멜론대학의 경우 대시보드를 통해 학생들이 각 코스별로 어느 정도 기대(expectation) 충족이 이루어지는지를 제시한다. 특히, 이 대학의 OLI(Open Learning Initiative)에서는 학생들의 퍼포먼스 데이터를 사용해 교육적 아웃컴과 수료율을 향상시키고 있다. 학생들의 허락 아래 그들이 온라인 시스템에 남기는 실시간 데이터를 수집하고, 분석 결과가 학생들의 과학적 학습을 지원하고, 교

카네기 멜론 대학에서 도입한 CANVAS 시스템 내 대시보드 화면 예시

출처: https://www.cmu.edu/canvas/

수자에게는 효과적 교수활동과, 학습의 퍼포먼스 향상을 도와주며, 교육과정의 개편에 환류하도록 하는 데이터 기반 설계(data-driven design)를 표방한다.[4]

4) 소셜 네트워크 분석

소셜네트워크 분석(Social Network Analysis: SNA)은 교수－학습환경에서 교수자와 학습자, 학습자와 학습자 간 상호작용 패턴을 효과적으로 보여줄 수 있다. 이러한 소셜 네트워크 분석과 학습 분석학이 접목된 예로 오스트레일리아의 울런공 대학교(University of Wollongong), RMIT 대학, 머독 대학(Murdoch University), 퀸즈랜드 대학(The university of Queensland), 캐나다의 브리티시 콜롬비아 대학(University of British Columbia) 연구진이 협력해 개발한 SNAPP(Social Networks Adapting Pedagogical Practice)이라는 오픈 소스 어

---

[4] Carnegie Mellon University, Open Learning Initiative:
http://oli.cmu.edu/get－to－know－oli/learn－more－about－oli/

플리케이션이 있다(Dawson, Bakharia, & Heathcote, 2010). 이 도구는 Blackboard, WebCT, Moodle과 같은 LMS에 온라인 토론의 상호작용을 실시간으로 시각화하는 어플리케이션이다. 토론 게시판에 남겨진 게시자, 게시글의 제목, 게시 날짜, 게시글에 대한 댓글 정보가 데이터 베이스에 저장되고, [그림 8-10]과 같이 토론 관련 정보들을 추출해 특정 시간대별로 소셜 네트워크 매트릭스와 소시오그램을 생성한다. [그림 8-11]과 같은 네트워크 정보를 통해 교수자는 토론에서 고립된 학습자를 손쉽게 찾을 수 있고, 토론을 이끄는 핵심적 학생이 누구인지, 토론의 패턴이 어떠한지, 학습 촉진자를 중심으로 한 네트워크와 세부 그룹으로 구성된 네트워크에서 그룹적 공백(structural hole)을 연결하는 사람은 누구인지 등을 확인할 수 있게 한다(Bakharia & Dawson, 2011; Dawson, 2010).

그림 8-10 SNAPP의 예시화면

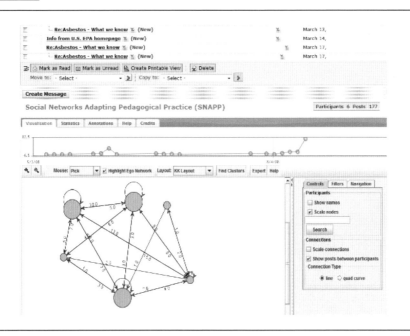

출처: http://www.snappvis.org/

그림 8-11 네트워크 다이아그램 예시

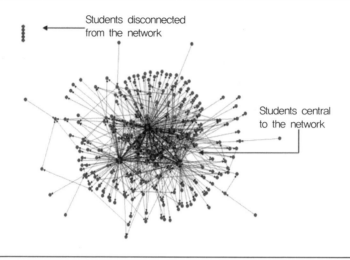

Students disconnected
from the network

Students central
to the network

출처: http://www.snappvis.org/

5) 담화 분석

앞서 살펴본 소셜네트워크 분석 결과는 교수자와 학습자, 학습자와 학습자 간에 이루어진 상호작용 '관계'를 주로 정량 데이터에 기반해 분석하고 시각화했다는 특징이 있다면, 담화 분석은 어떠한 '내용'으로 상호작용이 이루어졌는지에 초점을 둔다. 예를 들면, 교사들이 학생들의 에세이나 토론 활동에 대한 피드백을 제공할 때 이 분석의 아웃풋이 효과적으로 활용될 수 있다. 현재까지 이 부분은 진척이 많이 일어나지 않은 상태로, 빅 데이터의 분석 기법 중 자연어 처리 기술 등이 접목되어 앞으로 발전 가능성이 기대되는 유형이다.

memo ✦

Understanding Learning Analytics

학습분석학의 이해

04

학습분석학의 확장

Chapter 9   학습수행분석학과 HRD

Chapter 10 학습분석학과 생리심리 데이터 분석

Chapter
09

학습수행분석학과 HRD

Understanding Learning Analytics

Chapter

09 학습수행분석학과 HRD

주요 내용

- 학습수행분석학의 정의와 특징
- 경험과학으로서의 HRD 측정평가의 전략적 의의
- 학습수행분석학 설계 개발
- 학습수행분석학 수행 역량

학습 목표

1. 학습수행분석학의 정의와 특징을 설명할 수 있다.
2. 빅데이터 기반의 학습수행분석학을 측정-분석-평가적 차원에서 설명할 수 있다.
3. 학습수행분석학의 관점에서 HRD 담당자의 역할을 설명할 수 있다.

1 학습수행분석학의 정의와 특징[1]

학습·수행분석학(Learning & Performance Analytics: LPA)은 개인 및 집단의 학습과 수행을 체계적으로 측정－분석－예측해 처방을 내리기 위해 필요한 증거기반 의사결정 정보를 제공하는 연구·실천 분과이자, 테크놀로지 요소와 인간 행동과학 요소가 결합된 첨단 융합학문이다.

한 문장으로 표현되는 정의 진술(definition statement)로는 분석 수준과 대상, 활용 학제가 다양한 LPA의 다차원성을 온전히 파악하기 어렵다. 따라서 분석의 수준(level of analysis), 분석의 단위(unit of analysis), 데이터 추출 맥락 모달리티(modality of data collection context), 분석 범위(scope of analysis), 그리고 전이 소재(locus of transfer)라는 다섯 가지 차원에서 LPA를 분류하고자 한다.

---

1 조일현. (2016). 학습·수행분석학(Learning & Performance Analytics)과 HRD 혁신 방법론. 시리즈 2: 학습·수행분석학의 유형을 기반으로 수정되었음.

1) 분석의 수준(Level of analysis)

LPA는 그 수준에 따라 '요약－분석－예측－처방' 가운데 하나에 속한다. 가장 낮은 수준인 '요약'은 방대한 양의 학습 및 수행 행동 데이터를 표나 그래프로 시각화해 쉽게 이해할 수 있도록 하는 것이 목적이다. 통계학적으로 볼 때 '요약'은 기술통계(descriptive statistics)에 해당하는데, 이 수준에서는 변수들 간 관계는 분석하지 않는다. '분석'은 2개 이상의 요약된 자료 간 상호 연관 관계(association)를 나타낸다. '예측' 수준의 LPA는 관찰 데이터를 통해 요약 및 분석된 결과를, 관찰되지 않은 대상 또는 미래로 확장시키는 추론통계(inferential statistics) 기법을 적용한다. 이 수준에 이르러 비로소 LPA는 미래 의사결정을 지원하는 정보를 제공할 수 있다. 여기에서 한걸음 더 나아가면 '처방' 수준에 도달한다. 처방용 LPA는 예측된 미래를 운명으로 받아들이지 않고 적극적으로 개선하려는 실천가의 최종 목적지이다. 예측 LPA의 결과, 교육 목표나 영업 목표 달성에 실패할 HR이 통계적 유의 수준 하에 규명됐을 때, 아무런 예방 조치 없이 관객처럼 바라만 볼 HRDer는 없을 것이다.

2) 분석의 단위(Unit of analysis)

LPA는 그 최소 분석 단위의 사회관계에 따라 개인 단위 LPA와 네트워크 단위 LPA로 구분된다. 네트워크는 개인－별(別) 특성보다 개인－간(間) 관계라는 특성을 통해 분석되는 사회적 실체이다. 각자 일 잘하는 사람들을 모아 만든 팀이라 해도 구성원 간 협력과 신뢰라는 네트워크의 끈이 없다면 높은 성과를 내기 어렵다. 마찬가지로 집단 내 개인 행동의 평균값으로는 네트워크의 관계적 특성을 제대로 나타낼 수 없는 경우 네트워크 단위 분석학이 필요하다.

초기 LPA는 개인 단위에서부터 시작되었다. 개인과 콘텐츠 간 상호작용을 분석해 학습자 내적 조건의 변화 과정을 추적하는 것이 초기 학습분석학 연구의 주요 관심사였다. 개인 단위 학습분석학은 인간－컴퓨터 상호작용 과정에서 기록되는 행동 데이터를 보강, 생체심리 신호를 감지해 분석함으로써 기존에 몰랐던 정서 상태, 특히 몰입, 동기, 불안감 등을 파악하는 방향으로 진화하고 있다. 생리생리학(psychophysiology)과 뇌인지 과학의 발전, 생리 신호 센서를 갖춘 웨어러블 기기의 보급을 통해, 개인 단위인 학습분석학이 개인의 신체 내부를 들여볼 수 있는 수준으로 확장되었다.

네트워크 단위의 분석 패러다임은 전혀 다른 분석 기법과 이론을 기반으로, 개인 단위 분석이 접근할 수 없는 조직성과에 대한 예측과 처방 제시를 시도한다. 요컨대 팀(네트워크) 성과는 개인 성과의 합, 그 이상이다. 예를 들어보자. 프로야구 10개 구단에서 각 포지션별로 가장 뛰어난 선수들로 급조된 올스타 팀과, 그해 1년 내내 함께 경기를 치른 우승팀이 경기를 펼치면 과연 누가 이길까? 개인 단위 분석에 따르면 팀 평균 점수가 높은 올스타 팀이 당연히 이기리라 예측할 것이며, 처방은 포지션별 개인 훈련 증가 또는 개선일 것이다. 그러나 분석 단위를 네트워크로 바꿀 경우, 그 해 우승팀이 올스타 팀을 이길 것이라는 예측이 가능해지며, 처방책으로는 개인 간 경쟁보다는 상호 의존하는 형태의 훈련이 제시될 것이다.

이렇듯 분석 단위가 바뀌면 처방의 단위도 바뀐다. 개인의 인적 자본(human capital)이 아닌 조직의 사회적 자본(social capital)이 중요하다면, 분석의 단위뿐 아니라 분석 방법도 따라 바뀌어야 한다. 조직 내 개인 간 관계 및 상호작용을 분석하는 네트워크 분석에는 데이터의 구조, 분석 방법 및 예측 결과 측면에서 개인 단위 분석과는 전혀 다른 접근이 필요하다. 최근 지식창조경제 시대를 맞아 개인에서 네트워크로 LPA의 분석 단위가 옮겨가고 있다는 데 주목할 필요가 있다. 스티브 잡스가 말했듯 창조성이란 이질성을 연결하는 능력이며, 이 '연결'을 이해하고 촉진하려는 대학과 기업이 늘어가고 있기 때문이다.

3) 데이터 수집 맥락의 양상(Modality of data collection context)

LPA의 특징이자 장점 중 하나는 현장의 학습 및 수행 맥락을 반영한 실제적(authentic) 데이터가 비간섭적(non-interruptive) 측정 방법에 의해 추출된다는 사실이다. 오늘날 HR은 디지털과 아날로그 맥락을 넘나들며 공부하고 일한다. 따라서 LPA가 분석하는 데이터 중 일부는 디지털 맥락에서, 나머지는 아날로그 맥락에서 수집된다. 디지털 맥락은 HR이 데스크톱이나 모바일 디바이스를 '통해' 콘텐츠를 학습하거나 업무를 처리하는 과정에서 로그 파일 형태로 흔적을 남긴다. 아날로그 맥락에서는 컴퓨터를 매개하지 않고 일어나는 신체적 활동들이 IoT, 웨어러블 디바이스에 '의해' 기록된 데이터로 분석된다. LPA에 활용되는 행동 데이터는 모두 디지털 형태로 수집되지만, 그 행동이 일어나는 학습－수행 맥락은 여전히 많은 부분이 아날로그적이다.

초기 학습분석학은 LMS라는 디지털 맥락에서 추출된 데이터만 사용할 수 있었다. 그러나 최근 IoT 기술과 웨어러블 기기 보급을 통해 아날로그 맥락 데이터가 추가되면서 모델 예측력이 개선되고 있다. 본 교재의 연구진은 교실과 집에서 주로 학습이 이뤄지고 PPT 공유나 팀 토론 정도만 LMS를 활용하는 전형적인 대학 수업에서, 기말 성적을 통계적 유의 수준에서 예측하는 모델을 개발해왔다. 모델과 수업에 따라 차이는 있으나 모델 설명량은 30%를 넘지 못했다. 전자 출결 시스템, Clicker, 전자 배지, 위치추적앱, 아이트래킹앱 등 IoT, 센서 기술을 통해 교실과 집, 이동 구간 등 아날로그 맥락에서의 학습자 행동 데이터가 분석 모형에 추가된다면, 기존 모델이 놓쳤던 70%의 설명 중 많은 부분을 획득하게 될 것이다. 최근 웨어러블 디바이스를 활용해 직접 수행한 실험에서 예측 모델 설명량이 50%에 이름을 확인한 바 있다. 아날로그－디지털 맥락 모달리티의 융합은 보다 정확한 예측, 현장 맥락에 맞는 적절한 처방 제시에 획기적인 개선을 가져올 수 있을 것이다.

4) 분석의 범위(Scope of analysis)

LPA는 분석 범위에 따라 개인(학습자-실무수행자), 집단(교수자-부서장), 그리고 기관(학교-회사) 등 세 가지로 나뉜다. '개인'을 분석 범위로 하는 LPA는 학습 목표 달성 정도를 예측하고, 이를 바탕으로 학습자 개인이 스스로 자기조절학습 강화 등 예방 조치를 취할 수 있는 다각적인 정보를 만들어낸다. '집단'을 분석 범위로 하는 학습분석학은 집단(정규교육 클래스, 동일 과제 수행을 위해 직접적으로 협력하는 부서)의 학습 행동을 요약·집계하고 성과를 예측한다. 이를 다시 군집으로 나누거나 고위험군을 찾아내어 교수자나 부서장이 각각에 맞는 수업이나 수행 지원 전략을 수립하는 데 필요한 의사결정 정보를 제공한다. '기관'을 범위로 하는 LPA는 개별 수업 또는 부서의 성과를 분석·평가하고, 기관의 학습 및 경영 자원을 효율적으로 배분하는 데 필요한 의사결정 정보를 제공한다. 이 활용 유형은 경영학에서 연구되고 있는 비즈니스 인텔리전스를 학습과 수행에 확대·적용한 경우이다. 학습분석학 분야에서는 이를 '교육관리분석학(academic analytics)'이라고도 한다.

5) 전이의 소재(Locus of transfer)

HRDer의 최종 관심은 학습 결과가 현장에 적용되어 경영 성과를 높이는 효과적인 방법을 찾는 데 있다. LPA는 전이의 소재를 기준으로 학습 공간은 학습분석학(learning analytics), 전이 공간은 수행분석학(performance analytics)으로 나눈다. 현재 학습분석학은 그 초기 발달 단계를 거쳐 성장 가도에 들어서고 있다. 수행분석학은 국내에는 아직 소개조차 되지 않은 신개념이다.

장차 이 두 유형의 접근법은 생물학적 결합을 통해 학습·수행분석학이라는 단일 학문체계로 정립될 것이다. 디지털 시대를 맞아, 학습과 전이 사이에 놓여 있던 시간적·공간적 괴리가 사라지고, 일과 학습의 경계가 모호해지고 있기 때문이다. 아날로그 시대와 달리 오늘날 HR들은 일터와 집, 그리고 이동 중에도 디지털 디바이스를 통해 학습과 업무 처리를 병행한다. 데스크톱, 노트북, 스마트폰 등 기기는 바뀌어도 모든 활동은 클라우드 컴퓨팅을 통해 '이음새 없이(seamlessly)' 기록된다. '학습'과 '적용'은 정보를 얻고 처리하고 작성하는 연속적 인간 행동으로서, 데이터 분석 관점에서 보면 둘 사이에는 큰 차이가 없다. MOOC, 검색도구, 그리고 업무 시스템 화면을 넘나들며 배우고, 찾고, 적용하는 학습－적용 융합 환경에서는, 학습분석학－수행분석학을 분리해 두 유형으로 나누던 장벽은 사라져갈 것이다.

지금까지 여러 유형을 살펴보면서 LPA의 모습이 하나가 아니라는 사실을 알게 되었다. 이러한 다면성은 전이 및 성과 창출 극대화, 측정·평가 및 피드백의 활성화, 비형식 일터 학습의 확대, MOOC, 플립러닝 등 테크놀로지 학습 환경 수용 등, 오늘날 한국 HRD가 당면한 난제들을 해결할 전략적 대안으로서 LPA의 잠재력을 보여준다. 동시에 우리는 학습과 업무를 넘어 일상에서까지 개인의 사적 행동을 감시하고 평가하는 빅브라더의 위협도 느끼고 있다.

2 경험과학으로서의 HRD 측정 평가의 전략적 의의

HRD는 경험과학이다. 경험과학으로서 HRD는 관심 현상에 대한 체계적 관찰을 통해 얻은 객관적 증거에 기반해 결론을 도출하는 귀납적 접근을 통해 결과를 도출한다. 수학이나 논리학의 연역적 접근, 윤리학이나 종교학의 규범적 접근과 다른 점이다. HRD의 주된 관심 현상은 기업 성과, 개인 역량, 조직의 효과성 등으로 다양하다. 이러한 다양한 현상들을 객관적으로 관찰하고, 각각의 변화와 그들 간의 관계를 분석해 현상 간 인과관계를 파악한다. 나아가 처방의 효과성에 대해 판단을 내리기 위해 HRDer는 '측정, 분석, 평가'라는 세 가지 활동을 수행한다. 이 활동들은 각각 고유한 목적을 지니며, 그 수행 방법과 절차에서도 다르다. 부서 회의와 인터뷰 정도로도 약식 측정 – 분석 – 평가가 이뤄질 수 있다.

전통적 아날로그 환경에서 측정 – 분석 – 평가 활동은 시간과 예산, 그리고 전문성을 요구하는 고비용 경영 활동이다. 측정 – 분석 – 평가를 통한 HRD 활동의 필요성과 당위성은 이러한 현실 제한으로 인해 반향 없는 메아리에 그치고 있다. 따라서 오늘도 많은 HRD상의 의사결정이 기안자와 결재권자, 그리고 주요 이해당사자의 경험과 역할 분담 하에 이뤄지고 있을 것이다. 그러나 경영 성과에 기여하는 HRD, 타기능과 소통하고 협력해 처방 시너지를 극대화하는 HRD 등 수직·수평적 전략 레버리지를 확보하려면, 체계적인 측정 – 분석 – 평가의 확대가 불가피하다. 한국 HRDer를 전략적 파트너로 격상시키기 위해 해결하지 않으면 안 될 최우선 과제는 실행 가능한 측정 – 분석 – 평가 체제의 구축이다.

여기에서는 디지털 업무 수행 환경 하에서 빅 데이터 기반의 학습수행분석학을 측정 – 분석 – 평가적 차원에서 살펴보고, 이를 도입해 측정분석평가의 비용 문제 해결은 물론, 제공되는 의사결정 정보의 질 개선, 정보 공유 속도와 접근 범위 확대에 기여하는 방안을 제시하고자 한다.

1) 측정-분석-평가 활동의 의미와 방법

측정(measurement)은 관심 현상을 '도구를 통해' 관찰하고 '숫자를 부여'해 양적 분석 및 평가를 가능케 하는 '기반 활동'이다. 측정의 도구의존성은 체계성을 높인다. 종업원의 역량을 측정하기 위해 업무 수행을 육안으로 관찰하고 주관적으로 판단하는 것보다, 행동체크리스트나 설문지 등 측정도구를 활용하는 것이 측정값의 신뢰도와 타당도를 높이는데 유리하다. 양화(量化, 숫자를 부여)를 통해 관찰 현상의 방향성(예 '높은 편이다', '나빠지고 있다' 등) 외에 크기(degree)까지 알 수 있다. 이렇게 얻은 측정값 또는 변수는 이후 이뤄지는 분석과 평가에 사용되어 그 결과에 영향을 미치는 기반 활동이다.

분석(analysis)은 측정된 값을 요약하고 그들 간 연관성을 함수 형태로 일반화하는 활동이다. 설문지라는 측정 도구를 통해 종업원 10만 명의 교육 이수 시간과 업무 수행 역량 등 두 변수별 측정을 진행했다 하더라도, 평균과 표준편차, 그래프 등으로 요약하기 전에는 정보로서 유용하게 활용하기 어렵다. 이 각각의 변수를 함수 형태로 연결하면 교육 이수 시간과 업무 수행 역량 간 관계의 방향성(정적 vs. 부적)과 크기(degree)를 알 수 있다. 두 현상 간 관련성의 방향과 그 크기를 양적으로 정확히 알게 되면, 처방의 종류와 정도를 조절할 수 있다. 의사가 약을 처방할 때 어떤 약을 쓸지도 중요하지만 복용 용량도 중요하듯이, 분석을 통해 계량 정보를 얻으면 비용이 절감될 뿐 아니라 과잉 처치 방지에도 도움이 된다. 측정 변수가 많아지면 함수는 복잡해지지만 보다 다양한 정보를 얻을 수 있다. 함수로 표현된 분석 결과는 간명하고 정확하다. 앞서 예로 든 내용은 $Y_{업무성과} = f(X_{교육시간}, X_{업무역량})$로 표현되어, 다른 사람은 물론 컴퓨터와도 효율적으로 소통할 수 있게 된다.

평가(evaluation)는 측정 및 분석된 결과에 대해 가치를 부여하는 주관적 활동이다. 교육시간이 100시간 증가하면 업무역량이 0.1% 증가한다는 동일한 분석 결과에 대해, 의사결정권자마다 다른 평가를 내릴 수 있다. 교육시간의 단위 비용, 기대되는 업무역량의 경영상 기여 정도 등 추가 정보에 따라, 또는 의사결정권자의 성향과 가치관에 따라 평가 의견이 달라질 수 있기 때문이다. 평가는 측정 – 분석의 결과이자 처방 제시를 위한 근거이기도 하다. 평가 결과가 긍정적이면 지속 또는 강화를, 부정적이면 개선 또는 폐지 등 처방에 관한 의사결정에 논거를 제공하기 때문이다. 이렇듯 측정·분석된 문제에 대해 처방을 제시하고 나면 그 실질 결과를 다시 측정하고 분석할 필요가 있다. 따라서 평가는 측정 – 분석에 이어 새롭게 시작되는 두 번째 순환의 첫 번째 단계라고 볼 수 있다. 이렇듯 측정 – 분석 – 처방은 다시 측정 – 분석 – 평가로 이어지는 선순환 고리로 작동할 때 그 효과가 극대화된다.

2) 디지털 근무 환경과 지식창조경제 시대의 도래

산업화 시대의 근무 환경은 아날로그적이었다. 자연으로부터 얻은 원료를 기계와 장비를 사용해 가공한 뒤 물질성을 가진 재화를 생산하던 산업화 시대에, 인간의 수행은 육안으로 관찰 가능했다. HRD를 위한 측정-분석-평가도 아날로그적이었다. 사람이 직접 관찰하고 설문지를 돌리고 데이터를 입력하고 통계 패키지를 돌린 뒤 결과 보고서를 작성하는 작업은, 정보화 시대를 맞은 오늘날에도 답습되고 있다. 빛의 속도로 일하는 디지털 업무 환경에 맞는 측정-분석-평가 시스템 혁신이 필요하다.

오늘날 기업은 산업 및 직무 특성을 막론하고 고도로 디지털화된 근무 환경을 제공한다. 산업 차원에서 볼 때, IT 산업뿐 아니라 제조업, 농수산업 등 소위 전통 산업도 경쟁우위 확보를 위해 디지털화하고 있다. 직무 차원에서도 디지털화는 전면 확산되는 중이다. 영업, R&D, 인사, 재무, 생산, 물류 등 조직 내 어떤 직무도 컴퓨터 없이는 일할 수 없다. 디지털 근무 환경의 보편화는 HRD에 '창조적 지식노동자'라는 새로운 인재상을 요구한다. 이제 규격화, 표준화가 가능한 업무는 기계에 맡기고, 인간은 각자 창조적 역할을 수행하지 않으면 안 된다. HRD는 맞춤형 지능형 처방을 개발하고 이를 실시간으로 개인에게 제공하기 위해 더 정확하고 방대한 정보를 필요로 한다. 컴퓨터를 활용해 일하고 인터넷을 통해 정보와 지식을 공유하며 주요 경영 정보와 서류가 디지털 파일로 저장되는 근무 환경은, 동시에 개인과 조직의 수행 및 성과 관련 데이터가 넘쳐나는 보물창고가 되었다. 이 보물창고를 여는 열쇠는 빅 데이터, IoT, 클라우드 컴퓨팅이라는 기술이다. 일단 열린 창고에서 꺼낸 구슬 중에서 옥석을 가리고 꿰어 보배로 만드는 것은 학습 및 수행과학이라는 이론과 모델이다. LPA는 기술과 이론이 결합될 때에야 비로소 디지털 시대의 혁신 지렛대가 될 수 있다.

3) 아날로그 vs. 디지털 측정평가 시스템 비교

구체적으로 어떤 점에서 디지털 기반의 LPA가 아날로그적 접근에 비해 우수할까?

첫째, 측정이 정확하고 비용도 거의 들지 않는다. 컴퓨터에 기록된 순간순간의 활동이 로그파일 형태로 기록되기 때문에 응답자나 측정자의 주관성 또는 기억 훼손에 의한 데이터 오염이 감소할 뿐더러, 초 단위로 여러 번 반복 측정되기 때문에 측정

오차도 크게 줄어든다는 점에서 정확성이 개선된다. 측정과 기록이 컴퓨터에 의해 자동으로 이루어지며, 빅 데이터 보관에 필요한 저장 장치의 가격도 하락하고 있어 측정 비용도 적다.

둘째, 분석의 신속성과 경제성 및 실시간성이 보장된다. 정보의 가치는 정확성 뿐 아니라 적시성에 의해 결정된다. 측정 값을 요약하고 분석해 직관적인 정보로 변환하는 통계와 시각화 작업은 물론, 분석 결과의 공유도 컴퓨터와 인터넷을 통해 이뤄진다. 측정 − 분석에 걸리는 시간이 몇 개월에서 몇 분으로 줄어든다는 뜻이다.

셋째, 데이터 융·복합을 통해 HRD를 넘어서는 정보 시너지를 창출할 수 있다. 그 대표적인 경우가 학습된 내용의 현장 전이, 성과 기여도 평가, ROI 등이다. HRD 부서가 관리하고 있는 교육 관련 데이터만으로는 커크패트릭의 반응도 및 성취도 등 1, 2단계 수준을 넘어선 평가를 하기 어렵다. 업무 적용도 및 성과 기여도 등 3, 4단계 평가를 위해 필요한 데이터는 업무 현장에서 별도로 구해야 한다. 하지만 디지털 근무 환경의 보편화로 컴퓨터를 활용하여 많은 학습과 업무가 이루어지고, 각종 경영 실적 데이터가 시스템 안에서 체계적으로 관리되고 있는 오늘날, 전사 차원의 데이터 공유만 실행될 수 있다면 이와 같은 1−4단계 평가가 유기적으로 이뤄질 수 있다.

학습과 업무 수행, 그리고 실적 관리가 디지털화된 오늘날, 성과 중심 HRD를 위한 학습·수행분석학의 기반은 나날이 확대되고 있다. 디지털 업무 환경에 맞는 측정 − 분석 − 평가 시스템을 구축하기 위한 노력이 요구된다.

3 학습·수행분석학 설계 계발

1) LPA의 이해

앞서 밝혔듯, HRD의 목적은 개인과 조직의 학습 및 수행 개선을 위한 처방을 제시하는 것이다. 우리는 측정 − 분석 − 평가를 통해 현상과 원인을 파악할 수 있다. 그러나 문제를 해결하는 직접적 개입은 처방을 통해서라야 비로소 가능하다. 학습·수행분석학이 HRD 혁신 전략이 되려면, 처방 측면에서 근본적인 개선을 가져올 수 있어야 한다.

초기 학습수행분석학은 그 이름처럼 '분석'에 집중했다. LPA의 뿌리라 할 교육적 데이터 마이닝(educational data mining)은 분석 중심 활동의 대표 사례로, 주로 컴퓨터공학자, 통계학자 등 이공계적 소양을 갖춘 연구자들이 주도하고 있다. 이에 비해 LPA는 학습과 수행 문제에 대해 적극적인 '처방'을 강조한다. 따라서 성과 개선 책임을 지는 HRDer와 교육공학자가 프로젝트의 주체가 된다. 본 책에서는 학습수행분석학의 처방 기능에 대해 다룬다. 이해를 돕기 위해 의사와 환자의 경우를 예로 들어 상호 유사점을 중심으로 보는 비교(comparison)와 차이점을 부각하는 대비(contrast)의 방법으로 설명하고자 한다.

(1) 유사점 비교(comparison)

학습수행분석학의 처방 활동은 진단 방법의 다양성, 처방 대상의 개별성, 처방 시점의 과정 의존성, 처방 의사결정의 전문성 등 네 가지 측면에서 의사의 활동과 유사하다.

첫째, 학습수행분석학은 다양한 측정도구와 방법을 활용해 얻은 진단 정보를 기반으로 처방을 내린다. 환자가 내원하면 의사는 먼저 진단을 통해 질환의 유형과 위중한 정도를 파악한다. 진단을 위해 의사들은 대화를 주고받는 문진, 손으로 두드리는 촉진, 귀로 듣는 청진 등 인적 진단법을 써 왔다. 의공학의 발전으로 최근에는 MRI, CT, 뇌파측정기, DNA 분석기 등을 활용하는 기계적 진단법이 널리 사용되고 있다. LPA의 시나리오도 이와 유사하다. 직무 성과를 내지 못하는 저 성과자가 발생하면 HRDer는 주로 문진(例 설문지, 인터뷰 등) 등 인적 진단법을 활용해 처방을 제시한다. 디지털 시대의 HRDer는 LPA라는 기계적 진단법을 컴퓨터 로그 분석을 통해 평소 업무상 징후를 포착하고, 신체 센서 데이터(例 심박, 동공 크기, 피하전도성, 뇌파 등) 분석을 통해 심리 상태를 파악함으로써 진단 정확도를 높인다.

둘째, 학습수행분석학은 개인을 대상으로 맞춤형 처방을 내린다. 의사는 개별 환자의 병력과 증상에 따라 개인에게 맞게 처방을 내린다. 다른 환자에게 사용했던 처방을 새로운 환자에게 복사해준다거나, 수백 명의 환자 집단에서 표본을 추출해 집단 처방을 할 경우에는 심각한 문제가 발생할 것이다. 의사와 마찬가지로 LPA를 활용하는 HRDer도 개인 단위 처방을 내린다. 모든 데이터가 개인의 활동 및 신체 반응으로부터 추출되기에 가능해진 일이다.

셋째, LPA 처방은 완치될 때까지 장기간에 걸쳐 수정-보완을 반복하면서 내려진다. 의사의 목표는 환자의 병을 낫게 하는 것이며, 진단과 처방은 완치가 확인될 때까지 반복해 이뤄진다. 단기 처방을 한 뒤 그 효과를 보고 새로운 처방을 함으로써, 약물 오남용을 막고 치료 효과를 극대화할 수 있기 때문이다. 내과 의사는 고혈압 환자에게 1주일치 약을 처방하고 복약 후 다시 내원하게 해 증상 변화를 살핀 뒤, 그 예후에 따라 처방을 조절한다. 단 한 번의 강력한 장기 처방 대신 여러 번에 걸친 최소한의 단기 처방을 내림으로써, 결과가 좋아지고 부작용도 최소화할 수 있다. LPA의 개인별 측정-평가 자동화 기능을 활용한 '다시점 시계열 평가'가 가능해지면서, HRDer도 마치 의사처럼 개인에게 꼭 맞는 섬세한 처방을 내릴 수 있게 되었다.

넷째, 처방은 축적된 지식과 오랜 임상 경험을 필요로 하는 고도의 전문적 의사결정 행위로, 진단과 처치 실행 행위를 총괄한다. 진단 정보는 MRI 기사, 실험실 검사 요원, 간호사 등이 제공하지만, 그 결과를 보고 어떤 처방을 내릴지는 의사의 고유 권한이다. LPA는 통계학, 컴퓨터공학, 데이터 분석가 등을 필요로 한다. 이들이 제공하는 진단 결과를 바탕으로 개인의 역량과 조직의 성과 개선을 위해 어떤 처방이 최선인지에 대한 판단은, HRDer가 내려야 한다.

(2) 차이점 대비(contrast)

LPA는 해결해야 할 문제의 성격, 처방 대상의 단위(unit), 그리고 문제해결 목표의 수준에서 의사-환자 시나리오와 대비되는 차이점을 지닌다. 한마디로 의사의 처방은 '개인'을 대상으로 '신체 건강'의 '회복'을 목표로 하는 데 반해, LPA의 처방은 '조직'을 대상으로 그 '심리적 역량'의 '개선'을 목표로 한다.

첫째, 처방해야 할 문제(problem)의 고유성 측면에서 의사는 환자의 신체적 병증을, LPA는 종업원의 심리적 성과 저하를 해결해야 할 문제로 삼는다. 의사는 첨단 의료 장비에 의한 진단 결과를 이해하는 능력과 함께 각종 약제에 대한 약리적 이해를 갖고 있어야 한다. 반면 HRDer는 데이터 및 정보 문해력(data & information literacy)을 기초 소양으로 하되, 교수학습 및 인사조직 관련 이론과 다양한 교육적 및 교육 외적 중재의 특성을 잘 이해하고 있어야 한다.

둘째, 처방 대상의 단위에 있어 LPA는 개인뿐 아니라 조직을 포함한다. 조직은 개인으로 구성되어 있으나 조직의 성과는 개인 성과의 단순 결합을 넘어선다. 의사도 집단 검진을 실시하지만 이때 집단은 복수의 개인을 의미할 뿐, 조직 자체로서의 집단 역학적 고유성을 갖지 않는다. LPA의 처방은 조직 개발, 학습 조직 등 사회적 역량 개선을 그 목표로 포함한다는 점에서 조직 그 자체를 대상으로 한다. 개인 간 협력, 소통, 정보공유 등 관계적 행동을 전문적으로 분석하는 사회연결망 분석은 LPA의 하위 분과 중 하나로 빠르게 성장하고 있다.

셋째, 문제해결 목표의 수준 측면에서 LPA는 회복을 넘어 개선을 지향한다. 의사의 문제는 환자의 건강 상태(to-be)와 병증 상태(as-is) 간 격차이며, 처방과 진료의 목표는 이 격차를 없애 환자를 건강한 정상 상태로 회복시키는 것이다. HRDer의 문제(problem)는 현재 종업원의 역량 상태(as-is)와 고성과자의 보유 역량(to-be) 간 격차이다. 환자를 예전처럼 건강하게 되돌리려는 의사와 달리 LPA는 환자를 기업 대표 선수로 키우는 것을 목표로 한다. 따라서 이 격차는 개인의 정상성 회복에 비해 그 폭이 더 크며, 처방 또한 보다 혁신적이어야 한다. HRDer가 처방적 의사결정을 내리려면 저성과자뿐 아니라 고성과자의 수행 행동 데이터 등 두 가지 유형의 정보가 필요하다. 이 또한 기존 환자 당사자의 정보만 필요로 하는 의사의 경우와 다른 점이다.

고성과자와 저성과자 간 수행 행동상의 '차이'는 물론 둘 사이의 '경로'까지를 구체적이며 시각적으로 보여주는 최첨단 처방 전략을 페로몬 분석학(pheromone analytics)이라 한다. 먹이를 찾은 개미가 페로몬을 남기면 다른 동료 개미들이 그 화학 표시를 따라 손쉽게 배불릴 수 있듯이, 고 성과자가 현재 위치에 이른 행동과 절차를 경로로 보여주면 저성과자는 이 길을 따라 수행 문제를 개선할 수 있다. 마치 출발점과 도착점의 위치, 그리고 그 이동 경로를 보여주는 내비게이션의 기능에 비유할 수 있다. 전 임직원이 컴퓨터를 활용해 일하는 근무 환경에서 LPA는 이 디지털 페로몬 정보를 다양한 형태로 제공한다.

(3) LPA의 미래: 인공지능과의 결합

알파고의 성공 이후 인공지능, 특히 빅 데이터 기반 기계학습이 가져올 미래에 대한 다양한 담론이 이뤄지고 있다. LPA는 알파고에 적용된 기술을 HRD에 활용하는 경우이다. 현재 LPA의 처방모형은 투입된 데이터(X)를 통해 성과(Y)를 계산해주는 예측모형으로, 연구자에 의해 수동으로 개발되고 수정된다. 이 개발−수정 과정을 자동화하는 방식이 기계학습이다. 기계학습이 접목된 LPA 처방모형은 스스로 학습하고 경험하면서 점차 더 현명해질 것이며, 언젠가는 이 모형에 단순−반복적인 의사결정 역할을 맡길 수 있을 것이다.

처방전을 만드는 인공지능 기술에 더해, 이를 물리적으로 실행하는 로봇 기술이 접목되면 소위 '기계 속의 유령(ghost in a machine)'이 '몸속의 영혼(soul in a body)'인 인간을 대체할 가능성이 커진다. 이미 IBM의 Watson Health는 인간 의사보다 우수하고 정확하게 진단하고 처방을 내릴 수 있음이 증명되었다. 정치−윤리적 문제만 해결된다면 (물론 쉽지 않겠지만) 조만간 Watson HRD가 출현할 가능성이 높다. 기술 발전의 역사를 돌이켜볼 때, 혁신 기술은 인간 노동 생산성의 평균적 증가와 함께, 그 과실의 차별 분배를 초래해왔다. LPA는 HRD의 총체적 성과 향상에 기여할 것이지만, 조직과 HRDer 개인차는 더욱 커질 것이다. 알파고의 시대를 살아가야 하는 우리 HRDer가 LPA에 주목하지 않으면 안 되는 이유이다.

과거 HRDer들은 표본으로부터 얻은 평균적 정보 또는 대표값을 바탕으로, 집단을 대상으로 해서 처방전을 써왔다. 정규분포 가정에 따르면 평균값은 최빈값이지만, 그 빈도는 평균 바깥 사람들의 빈도를 모두 합한 것보다는 훨씬 적다. 집단을 대표하는 소수 평균인을 대상으로 만들어진 처방을 전체 집단에게 가할 경우, 과잉 처방과 과소 처방이라는 부수적 피해(collateral damage)가 발생할 수 있다는 사실을 의사나 LPA 전문가라면 잘 알고 있다.

4 학습·수행분석학 수행 역량

1) "데이터 뒤에는 늘 사람이 있다"

데이터 뒤에는 늘 사람이 있다. 데이터는 사람에 의해 가공되고 해석되기 전까지, 스스로 그 의미를 드러내지 않는다. 도서관의 장서가 곧 지식이 아니듯 LMS에 쌓여가는 데이터는 아직 정보가 아니다. 도서관에서 책을 고르고 시간을 내어 읽고 노트에 기록하는 사람의 목적지향적 노력에 의해 비로소 지식이 만들어지는 과정은, 학습수행분석학 프로젝트에도 적용된다. 도서관 검색 시스템이 종이 카드에서 컴퓨터로 바뀌면 편리하다. 이렇듯 학습 과정을 검색해주는 빅 데이터는 무척 편리하다. 그러나 도구의 성능이 편리함을 향해 지속적으로 개선되어 간다고 해도, 도구 사용자인 인간을 대체할 수 없는 역할 영역은 고스란히 남아 있다. 심지어 알파고 같은 인공지능도 이 역할에서 인간을 대체할 수 없다. 프라이버시 침해와 보호, 작위와 부작위의 윤리성, 개인이 발생시킨 데이터의 사업적 활용 및 거래 가격 결정 등은, 계산 영역이 아닌 갈등 조정과 가치 교환이라는 사회적 영역이기 때문이다. 학습수행분석학을 위해 필요한 HRDer 역량은 이 다양한 영역에 걸쳐 있다. 비(非) 이공계 전공자로서의 HRDer가 데이터 분석 전문가와 융합팀을 이끌어가는 프로젝트 상황을 염두에 두고, 경험과 데이터 분석학 연구자료를 바탕으로 학습수행분석학 프로젝트에 있어 필요한 HRDer의 역할, 그리고 그 수행에 필요한 역량에 대해 살펴보고자 한다.

(1) 학습·수행분석학과 HRDer의 역할

학습수행분석학 프로젝트를 도입하고 성공적으로 수행하기 위해 HRDer는 거버넌스 수립, 조직화, 데이터 확보, 그리고 프로젝트 관리를 주도해야 한다.

첫째, 거버넌스란 기업 성과 달성이라는 학습수행분석학 프로젝트의 목표 달성을 위해 필요한 자원을 확보하고 일정을 관리하는 주체로서 HRDer의 책임과 권한을 명확히 하는 것을 뜻한다. 통계학자 등으로 구성된 융합팀 내, 그리고 조직 내 여러 부서 간에 분산된 전문 지식과 데이터를 확보하고, 융합학제적 시너지를 내기 위한 학습수행분석학 프로젝트 거버넌스의 중심에 HRDer가 위치해야 한다.

둘째, 조직화는 통계학, 컴퓨터공학, 인지심리학, 시각디자인 등 다양한 분야의 전문가들의 역할과 책임을 정의하고 이를 통제하는 협업시스템의 구축 및 운영을 의미한다. 융합팀의 조직화는 그 책임자의 희생과 고통, 그리고 인내를 요구한다. 언어와 문화가 다른 이국적 구성원들과 소통하기 위해 그들의 언어와 문화를 HRDer가 먼저 배워야 한다. 그들은 '애쓰는 책임자'가 아니라 '머리 쓰는 전문가'로 남으려 하기 때문이다.

셋째, 분석을 위한 데이터 확보이다. 이론서나 뉴스 기사에서 빅 데이터를 다룰 때 대부분 분석할 데이터는 이미 깔끔하게 확보된 상황에서부터 논의를 시작한다.

그러나 실제 세계는 이와 다르다. 대부분의 부서장들이 데이터는 권력이며, 권력은 나누는 순간에 힘을 잃는다고 여긴다. 최소한의 데이터를 모으고(또는 구걸하고) 이를 분석할 수 있는 상태로 정리하는 작업에 70% 이상의 시간과 노력이 들어간다. 그런 뒤에야 통계 분석 전문가가 현란한 기법을 자랑할 차례가 돌아온다.

(2) HRDer 필요 역량

전술한 바와 같이 학습수행분석학 수행을 위한 융합팀을 이끄는 HRDer의 역할은 경영 – 정치 – 소통에 두루 걸쳐 있다. 이 역할을 수행하기 위해 HRDer에게는 경영적 통찰력(business acumen), 커뮤니케이션 스킬, 프로젝트 관리 능력, 그리고 윤리적 태도가 필요하다. 이제 이 역할 수행에 필요한 역량에 대해 살펴보고자 한다.

첫째, 학습수행분석학의 성공은 '무엇을 위해' 이 프로젝트를 수행할 것인지를 결정하는 경영적 통찰력을 필요로 한다. 변화가 일상이 된 오늘날, 비즈니스 이슈는 산업별, 기업별, 또 시기별로 각각 달라진다. 우리 조직에서 해결해야 할 분석학적 목표는 논문이나 교과서 속이 아니라 조직 내부에서 찾아내야 한다. HRDer의 경영적 통찰력이 필요한 이유이다. 대학이라는 조직의 예를 들어보자. 학습분석학 연구 분야에서 선도적인 서구 대학들은 중도탈락(dropout)이라는 경영상 이슈를 해결하기 위해 예측 및 처방 모형을 만들려 한다. 이에 비해 취업에 학점이 결정적이고 대학 재입학이 어려운 우리나라 대학들의 비즈니스 이슈는 학생들의 학점을 높이는 것이며, 따라서 학습분석학 모형의 목표 변수는 학점이다. 기업의 경우도 마찬가지이다. 생산수율, 고객 만족도, 국민 이미지, 단기 순이익, 주가, 시장점유율, 매출 등 다양한 성과 목표 중 무엇이 절실한 목표 변수인지는 데이터 분석가에게 맡겨 결정할 사안이 아니다. 데이터 분석 전문가는 '어떻게' 분석할 것인지 방법을 찾는 일, HRDer가 정한 '무엇을 위해'와 결합해 통계 분석이 가능한 함수 모형을 만드는 일, 데이터를 투입하고 컴퓨터를 돌려 이 모형을 검증하고 보완하는 일을 잘하는 사람이다.

둘째, 학습수행분석학은 융합팀 및 타 부서 간 협력을 유지해야 하며, 따라서 소통을 위해 다양한 커뮤니케이션 스킬을 요구한다. 융합팀 내 통계학 및 컴퓨터공학 전공자와의 소통을 위해서는 계량적 테크닉(quantitative technique)이라는 언어를 배워야 한다. HRDer가 알아야 할 계량적 언어는 학부 수준의 기초 통계의 '개념적' 이해이다. '개념적'을 강조한 이유는 테크닉을 직접 구사하지 않기 때문이기도 하지만, 숫자와 공식 너머에 있는 개념을 알아야 분석 전문가로부터 받은 결과로부터 경영적 의미를 이해해 경영자 및 타 부서 관리자를 위해 번역해줄 수 있기 때문이다. 또한, 이러한 언어적 소통 외에 이해관계를 조정하는 가치 커뮤니케이션 스킬이 필요하다. 학습수행분석학이 최고의 성과를 내려면 여러 기능 부서들이 각자 나누어 관리하고 있는 데이터 공유가 필수적이다. 예를 들어, 인사 부서의 고과 데이터(4단계 성과), 정보통신팀의 업무 처리 시스템 로그데이터(3단계 현장 적용도)를 교육 부서의 교육 성적(2단계 학습) 및 만족도 데이터(1단계 반응도)와 결합하면 커크패트릭 4단계 평가를 손쉽게 수행할 수 있다. 그러나 이들로부터 데이터를 요구하고 분석시스템에 상시 연결시키려면, 학습수행분석학 프로젝트의 가치와 각자 얻게 될 이득을 모든 관련자들(stakeholders)에게 설득력 있게 커뮤니케이션할 수 있어야 한다.

셋째, 프로젝트 관리 능력이다. 잘 모르는 기술 영역의 전문가와 함께, 다양한 방식으로 저항하는 조직 내 성원들의 협력을 이끌어내지 않으면 학습수행분석학 프로젝트를 성공리에 마칠 수 없다. 예상 불가능한 변수에 의해 투입되는 시간과 비용도 프로젝트 자체도 표류하기 일쑤이다. 프로젝트 일정을 챙기기 위해 정기적이고 다소 빈번한 회의와 중간 성과 보고 워크숍을 실시하면 크게 도움이 된다. 프로젝트 참여자들의 다양한 전공과 업무 경험을 고려할 때 수학적 기호보다는 그래픽 등 시각화 자료를 활용해야 효과적이다.

넷째, 전문가적 윤리 의식이다. 학습수행분석학의 장점 중 하나는 소위 비간섭적 (non-interruptive) 데이터 수집 절차를 자동화할 수 있다는 점이다. 기존의 HRD 데이터는 설문, 인터뷰, 관찰 등 응답자의 학습과 수행 과정을 잠시 멈추고 사람이 개입해 데이터를 모으는 간섭적 방법에 의해 수집된다. 컴퓨터를 활용하는 온라인 설문도 응답자가 시간을 내 의식적으로 응답해야 하기 때문에 자연스러운 학습과 수행이 끊기는 간섭 현상이 발생한다. 간섭적 데이터는 응답자의 기억 손상, 사회적 바람직성 등에 의해 쉽게 오염된다. 또 응답을 위해 따로 시간을 내야 하므로 수집 비용이 많이 든다. 반면, 비간섭적 데이터는 학습 및 수행 과정에서 자연스럽게 기록되는 데이터를 자동으로 측정-분석할 수 있다. 필자의 실험 세팅의 경우, IoT와 센서 기술을 사용하면 기억해낼 수 없는 무의식적 행동과 정서 반응까지 1초당 30회 이상 측정할 수 있다.

학습수행분석학의 비간섭적 데이터 수집 절차는 양날의 칼이다. 항시적 프라이버시 침해 위험을 내포하기 때문이다. 소위 빅브라더, 스몰브라더(쿠키 등 작은 프로그램들이 개인 정보를 수집하는 현상), 판옵티콘 등으로 알려진 상시 검열과 그로 인한 자기 검열 문제는, 비간섭적 데이터 수집의 위험 요소이다. 누군가 나를 관찰하고 있음을 알지만, 나는 그가 무엇을, 왜, 어떤 방법으로 관찰하는지 알 수 없을 때 사람들은 자유와 인권의 침해를 느끼게 된다. 때론 관찰자의 의도에 맞춰, 또는 그에 역행하는 부자연스런 행동을 조작해내기도 한다. 신뢰라는 사회적 자본이 부족하거나, 노조와 회사, 부하와 상사 등 권력과 이해관계의 상충이 존재하는 조직이라면 이 문제는 더욱 심각해진다. 이 문제는 윤리 범주를 넘어 법적 문제로 비화하곤 한다. 그 해결을 위해 전문 지식은 물론 윤리와 조직 문화에 대한 이해와 태도라는 HRDer의 역량이 준엄히 요구된다. 윤리 문제는 민감하고 복잡하며, 전문적 지식뿐 아니라 철학적 태도와도 연결된다. 새로운 기술 향유에는 반드시 윤리 문제에 대한 책임과 고찰이 선행되어야 한다. 이는 이 책의 가장 마지막 부분에서 윤리 문제를 다루는 이유이기도 하다.

memo

학습분석학과
생리심리 데이터 분석

Understanding Learning Analytics

Chapter

10 학습분석학과 생리심리 데이터 분석

주요 내용

- 생리심리 반응의 정의와 특징
- 생리심리 반응 측정
- 학습분석학과 생리심리 반응

학습 목표

1. 생리심리 반응의 정의와 특징을 설명할 수 있다.
2. 대표적인 생리심리 반응의 측정법과 특징을 설명할 수 있다.
3. 학습분석학에서 생리심리 반응에 기반한 연구가 이루어지고 있는 이유와 발전 가능성에 대해 논의할 수 있다.

1 생리심리 반응의 정의와 특징

생리심리학(psychophysiology)은 심리적 요인으로 발생하는 인간 생리 시스템 활동 변화를 탐구하는 심리학의 한 분야이다(Turner, 1994). 생리심리학에서는 인간의 마음(mind)에 물질적 기질(physical substrate)이 내포되어 있다고 간주한다. 따라서 인간의 마음을 잘 이해하려면 이 같은 물질적 기질의 구조적·기능적 측면을 언어적(verbal)·행동적(behavioral)·맥락적(contextual) 데이터를 포함한 기능적 산출물들(functional outputs)과 결합해 고려해야 한다(Cacioppo, Tassinary, & Berntson, 2007). 따라서 생리심리학에서는 인간에게 발생하는 생리적 사건(physiological events)을 관찰하며, 이때 생리심리 반응(psychophysiological response)이 관측치로 발생된다.

학습과 관련한 연구에서 생리심리 반응은 유용한 방법론적 틀을 제공할 수 있다. 학습 효과 연구의 주된 관심 대상인 주의(attention), 정보처리(information processing), 감정(emotion), 각성(arousal) 등 다수의 현상들이 생리심리 반응을 동반하기 때문이다. 심박수(heart rate: HR)를 예로 들어보자. 심장은 부교감신경계(parasympathetic nervous system:

PNS)와 교감신경계(sympathetic nervous system: SNS) 양쪽 모두로부터 자극을 받으므로, HR은 부교감신경과 교감신경 활동 모두에 관한 정보를 전달하게 된다(Papillo & Shapiro, 1990). 부교감신경의 활동이 증가하면 심장이 느려지며, 이는 정보 습득이나 주의 (attention), 접근 행동(approach behavior)과 관련된(Porges, 1995) 것으로 설명된다. 반면 교감 신경 활동의 증가는 심장 속도가 빨라지고 감정적 각성(emotional arousal), 행동을 위한 일반적인 준비(general preparation for action), 다양한 유형의 자원 동원(mobilization of various types of resources)과 관련된다(Obrist, 2012).

이 같은 생리심리 반응을 활용하면 학습과정에서 어떠한 효과가 있을까? Dirican 과 Göktürk(2011)는 심리생리 반응이란 사용자 인식에 의존하지 않는 객관적인 지표 (objectivity)로, 학습 과정에 지나치게 간섭하거나 영향을 주지 않으면서도(unobtrusive), 사 용자의 상태를 다양한 레벨로 설명 가능(multidimensionality)하다고 그 유용성을 언급한 바 있다. 또한, 생리심리 반응은 공공연한 어떤 성과의 측정을 요구하지 않으며 (implicitness), 특정 조작(manipulation)에 대한 사용자 변화를 즉각 확인 가능하다는 (continuity and responsiveness) 장점도 지니고 있다. 생리심리 반응과 관련해 거론되는 여 러 장점 중 대표적으로 언급되는 중요 항목 몇 가지를 보다 구체적으로 설명하면 다 음과 같다.

첫째, 데이터의 객관성을 확보할 수 있다. 데이터 수집 과정에서 범용적으로 많이 활용하고 있는 자기보고식 주관적 평가(CI 설문지 등)의 경우 대상자가 인지하거나 표현 한 심리 상태를 잘 드러낸다는 강점이 있다. 그러나 대상자는 자신이 '되고 싶은 나' 에 가깝게 또는 긍정적이거나 사회적으로 용인되는 범위 안에서 스스로를 묘사하게 되는 경향이 있으므로(Antonenko, Paas, Grabner, & Van Gog, 2010) 데이터의 객관성 확보가 쉽지 않다. 관련하여 본 서의 앞 장에서도 사회적 바람직성의 문제를 자기보고식 설 문의 대표적 한계로 지적했었다. 반면, 생리심리 반응은 대상자의 심리 변화가 신체 에 일으키게 되는 반응이므로, 대상자의 의식이나 의도의 영향을 최대한 배제할 수 있다는 장점이 있다. 즉, 생리심리 반응을 활용하면 자기보고식의 주관적 평가에 비 해 학습자의 재량적 판단에 의한 결과 왜곡을 최소화할 수 있다.

둘째, 생리심리 반응은 자극에 노출되는 시간 경과에 따라 나타나는 인간의 심리 반응 변화를 연속 측정하는 데 용이하다. 학습 상황에서 발생하는 교수와 학습은 시 간의 경과를 수반해 발생하며, 이 과정에서 학습자의 심리 상태는 계속적인 변화를 경험하게 된다. 따라서 시간 경과에 따른 학습자의 반응을 연속적으로 수집하는 것은 학습자가 교수 또는 학습자원과 상호작용하면서 경험하게 되는 심리 변화를 살펴보기 위한 중요한 전제 조건이자, 생리심리 반응이 지닌 대표적 특장점이 된다.

셋째, 비간섭적인 측정이 가능하다. 자기보고식 설문을 학습과정에서의 학습자 상태를 파악하기 위해 실시하는 경우를 생각해보자. 일정 시간 학습이 진행된 뒤 학습자는 진행되어 온 학습에 대해 설문지나 인터뷰에 응하게 되고, 이에 회상하고 답변하는 과정을 거치게 된다. 그러나 생리심리 반응 측정에는 학습자가 의도적으로 스스로의 상태를 주관적으로 표현할 필요가 없으며, 학습이 진행되는 과정에의 추가적인 간섭이나 단절이 발생하지 않는다. 즉, 생리심리 반응은 학습자의 기억을 요구하거나 자연스러운 인지 처리과정을 방해하지 않는 비간섭적인 측정방법이다.

물론 이러한 장점을 토대로, 생리심리 반응 활용을 완전무결한 측정 방법으로 속단하는 것은 곤란하다. 생리심리 반응 측정에도 반드시 고려해야 할 한계와 측정상의 어려움이 내재한다. 예를 들어, 피부 온도와 같은 일부 생리심리 반응은 다소 천천히 변화하는 특성으로 인해 충분한 측정 시간을 요구하기도 한다. 측정해야 할 생리심리 반응에 따라 측정 장비가 상대적으로 고가여서 상용화하기 어려운 경우도 있다. 또한 생리심리 반응을 측정하기 위해 피험자에게 부착하는 센서가 대상자의 자연스러운 학습 경험을 방해할 수도 있다는 점 역시 대표적인 문제점으로 지적된다. 그러나 무엇보다도 생리심리 반응을 특정한 심리적 구인과 연결해 해석하기가 쉽지 않다는 점이 이 분야 연구의 가장 큰 도전으로 지목되고 있다. 개인에게서 관찰되는 신체적인 사건(physiological event)이 오직 하나의 심리적 구인(psychological construct)과 연관된다고 주장할 수 있는 근거는 거의 없기 때문이다(Ravaja, 2004). 따라서 생리심리 반응과 관련한 연구에서는 실험 결과나 해석에 영향을 미칠 수 있는 다양한 외부 변인들을 엄격하게 통제할 필요가 있다. 또한 연구설계 단계에서부터 단일한 생리심리 반응의 측정보다는 다양한 생리심리 반응들을 병행 활용하여, 다각적이고 심층적인 분석과 해석을 진행할 필요가 있다.

생리심리 반응 측정

생리심리 반응은 인지심리학이나 HCI, 미디어 분야 연구 등을 통해 객관적 측정 방법으로 꾸준히 연구되어 왔으며, 학습자의 학습 과정이나 상태를 이해하려는 목적에서의 활용 또한 계속 증가하고 있다. 여기에서는 다양한 연구 맥락에서 다수 활용되고 있는 대표적인 생리심리 반응 몇 가지를 소개한다.

1) 심장박동(HR: Heart Rate)

심장박동은 BPM(Beats Per Minute), 즉 1분간 심장이 얼마나 뛰는지를 측정 단위로 한다. 심장박동은 주의(attention)나 노력(effort), 감정의 각성(arousal)과 같은 다양한 심리 상태를 반영한다고 설명되는데(Ravaja, 2004), 심장박동 과정에서 부교감 신경계(Parasympathetic Nervous System: PNS)와 교감신경계(Sympathetic Nervous System: SNS)가 동시에 영향을 미친다(Bradley, Codispoti, Cuthbert, & Lang, 2001). 즉, 특정 시점에서 심박수는 그것을 느리게 하는 부교감신경계와 빠르게 하는 교감신경계 사이의 순효과에 의해 결정되는데, 생리적으로 안정된 상태에서는 주로 부교감신경계의 영향을 받게 되며, 부교감신경계의 작용 증가는 심장박동 감소와 관련된다. 부교감신경계의 활동은 수동적인 정보 습득(예 TV시청 등)이나 주목, 슬픔과 같은 부정적 감정 경험과 상관 있다고 알려져 있는 반면, 급격한 운동이나 신체활동, 스트레스, 흥분 상태에서는 교감신경계의 활성도가 증가하고 심박수 역시 증가한다고 보고된다(김병수 & 민정아, 2015).

2) 심박변이도(HRV: Heart Rate Variability)

심박변이도는 변화하는 심장박동 간 변동(beat-to-beat fluctuation)을 측정해 분석한 것으로, 심장박동의 정점(peak) 간 간격 변화를 분석해 자율신경계 시스템의 변화를 평가한다(최우진, 이충기, & 유선국, 2011). 심장박동의 변동을 지속적으로 관찰하면 주기적인 변화 양상을 확인할 수 있다. 이는 자율신경계의 상태를 추정할 수 있는 근거가 되므로 다양한 분석 지표 값으로 산출되어 인간의 신체적·정신적 상태 해석에 활용되고 있다(김병수 & 민정아, 2015).

심박변이도에서는 시간 영역 분석(time domain analysis)과 주파수 영역 분석(frequency domain analysis) 지표들이 가장 대표적으로 활용된다. 시간 영역 분석은 심실의 탈분극(depolarization)을 의미하는 QRS 복합체(QRS complex) 사이의 간격 또는 특정 시점에서의 심박수를 바탕으로 연속된 정상 QRS 복합체 간 시간 간격을 의미하는 NN 간격(normal-to-normal interval)을 산출하는 방식이다. NN 간격을 활용하면 평균 NN 간격, 최장 및 최단 NN 간격의 차이 등 다양한 산출 값을 도출해낼 수 있는데, 심박변이도의 명칭, 측정, 해석 및 사용에서의 표준을 정한 유럽심장학회와 북미심조율전기생리학회에서는 SDNN, SDANN, RMSSD의 세 가지 시간 영역 분석 지표를 사용하도록 권고하고 있다(Camm et al., 1996).

SDNN(standard deviation of the NN interval)은 일반적으로 24시간 측정을 통해 계산되며 심박변이도가 크고 불규칙할수록 값이 증가하며 스트레스에 대한 생리적 회복탄력성을 반영하는 지표로 주로 활용된다. SDANN(standard deviation of the average NN interval)은 5분 이상의 주기에서 측정되는 장기간의 HRV 측정 및 분석에 활용되는 지표이다. RMSSD(the square root of the mean squared differences of successive NN intervals)는 심장박동수의 단기변이를 반영하고 부교감신경계의 활성도를 나타낸다. 시간 영역 분석 지표들은 전반적인 심장박동의 변화 양상을 확인하기에 편리하나, 산출방법 및 특성상 차이로 인해 서로 다른 측정 시간에서 추출된 값을 서로 비교하는 것은 적절하지 않은 것으로 알려져 있다(김병수 & 민정아, 2015).

한편 심박변이도는 서로 다른 대역에서의 주파수가 합쳐져 하나의 복잡한 신호를 형성하므로, 이를 대역대별로 분리해내어 각각의 강도를 평가하는 주파수 영역 분석 방법이 활발히 사용된다. 특히 5분 내외의 단기 측정에서는 주파수 영역 분석방법이 시간영역 분석 방법에 비해 더 선호되며, 생리적 의미를 설명하기에도 설명력이 높다고 알려져 있다(김병수 & 민정아, 2015). 주파수 범위의 분석 지표는 대역의 강도에 따라 0~0.04Hz에 해당하는 초저주파수(Very Low Frequency: VLF), 0.04~0.15Hz에 해당하는 저주파수(Low Frequency: LF), 0.15~0.4Hz에 해당하는 고주파수(High Frequency: HF)가 일반적으로 산출된다. 초저주파수(VLF)는 주기가 매우 긴 성분으로 단기간 기록에서는 모호한 측정치가 된다. 특히 5분 이하의 측정에서 얻어진 값은 의미 있는 것으로 보기 어렵다. 저주파수(LF)는 주로 교감신경의 활동을 반영한다고 알려진 반면 고

주파수(HF)는 부교감 신경계의 활성도를 대표하는 측정치로 보고된다. 일반적으로 각성 수준이 높아지는 낮에 고주파수(HF)가 감소하고 밤에는 증가하며, 느리고 깊은 조절 호흡 역시 고주파수(HF)를 증가시킨다고 보고된다(김병수 & 민정아, 2015). 교감신경과 부교감신경의 비율(LF/HF ratio)은 저주파수(LF)와 고주파수(HF) 간 비율을 의미하는데, 자율신경계의 전체적인 균형과 변화 경향을 나타내는 지표가 된다. 즉, 해당 수치가 높을 경우 교감신경계가 상대적으로 활성화되어 있거나 부교감신경계의 활성도가 억제되어 있음을 의미하게 된다. 일반적으로 스트레스 상황에서는 초저주파수와 저주파수가 증가하고 고주파수는 감소하며, 교감신경과 부교감신경의 비율은 증가한다고 보고된다(Berntson & Cacioppo, 2004).

3) 동공확장(Pupil dilation)

인간의 눈은 홍채 내 근육의 상대적인 신축에 의해 동공이 축소되거나 확대되며, 이러한 현상은 주로 빛과 악력 반사에 의해 결정된다. 그러나 이 같은 광학적인 움직임 외에도, 동공 확대에는 교감신경이 동공 수축에는 부교감신경이 각각 독립적으로 관여한다. 동공의 크기는 조도나 시각적 이미지, 망막과의 거리와 관계없이 감각적, 정신적, 정서적 사건이 발생한 경우에도 변화하게 된다(Beatty & Lucero-Wagoner, 2000).

동공 측정(pupilometry)은 1960년대 처음 시도된 이래, 정신적 활동(mental activity)의 강도(intensity)와 정신 상태(mental states)의 변화를 추정하는 데 큰 역할을 해왔다(Laeng, Sirois, & Gredebäck, 2012). 특히, 동공확장은 높은 인지적 요구(cognitive demand)가 있는 상황에서 발생하며, 인지부하의 결과로 인한 뇌활동의 총체(Landgraf, Van der Meer, & Krueger, 2010)로 설명된다. 즉, 확장된 동공은 기억에 대한 상당한 요구와 어려운 과제 조건 하에서 유지되는데, 처리할 과제에 대한 요구를 전달받은 뒤 약 1~2초 내에 동공의 크기가 최고점에 도달하고, 과제를 해결하는 동안 크기가 어느 정도 일정하게 유지되며, 작업이 완료된 뒤에는 줄어든다고 보고된다(Jackson Beatty, 1982; Kahneman & Beatty, 1966). 따라서 동공확장 현상은 인지 부하의 변동 수준을 추적할 수 있는 강력한 측정 방법으로 설명되어 왔다.

한편 동공 크기의 변화는 정서적 활동과도 관련된다고 알려져 있다. 일정한 조도를 유지하고 눈이 이에 익숙해진 상태에서의 동공변화는, 피로, 성(性)적 또는 정치적 선호와 같은 요인들과 관련이 있다(Goldwater, 1972; Tryon, 1975). 실제로 핀업(pin-up) 사진을 이용한 Hess와 Polt(1960)의 연구에 따르면 이성이 제시되는 핀업 사진에서 남성이 여성보다 동공 크기 변화가 더 컸으며, 여성의 경우 남성보다는 아이 또는 아이와 엄마가 함께 있는 사진에서 동공이 더 확장되는 모습이 관찰되었다. 동공의 크기는 시각적 자극뿐만 아니라 청각적 자극을 통해서도 발생한다고 보고되며, 처벌에 대한 두려움에서 유발된 동공반응을 거짓말 탐지에 활용하는 연구 역시 이루어지고 있다.

4) 안구운동(Eye movement)

안구운동은 관찰자가 자극을 볼 때 발생하는 눈의 움직임으로, 기능적 측면에서 크게 두 가지로 구분 가능하다. 첫 번째는 시선고정(fixation)이다. 물체가 중심와(fovea)에 잘 머무르도록 주시를 안정(gaze stabilization)시키는 것 또는 텍스트, 사물, 이미지 등을 볼 때 특정 영역에 눈동자가 멈추는 것이다. 다른 하나는 시선도약(saccade)으로, 관심 있는 물체를 향해 눈을 움직여 물체가 중심와에 맺히도록 주시를 이동(gaze shift)시키는 것이다(Hoffman & Subramaniam, 1995).

Rayner(1997)는 읽기 과정에서 발생하는 시선고정과 시선도약을 설명하면서, 정보획득은 시선고정 과정에서만 발생하며 평균 시선고정은 200~250ms(millisecond) 정도라고 했다. 시선고정과 관련한 실험에서는 시선이 고정된 시간의 총합인 시선고정 총 시간(total fixation duration), 실험 자극 과제 전체를 읽을 때 시선고정이 된 횟수를 지칭하는 시선고정 횟수(fixation counts), 시선을 1회 고정했을 때 시선이 머무른 평균 시간인 시선고정 평균 시간(fixation duration average)이 대표적으로 활용된다.

읽기 과정에서는 눈이 매우 빠르게 움직이는 시선도약 역시 주기적으로 발생하는데, Rayner(1997)는 글자가 너무 크거나 작지 않는 한 인쇄 크기와 관계없이 6~9 글자를 도약한다고 설명했다. 시선도약에서 평균 도약 폭은 도약 크기의 평균값을 뜻하는데, 도약 폭이 크면 멀리, 도약 폭이 작으면 좁게 도약하는 것이다. 평균 도약 폭은 각도(°)로 표시된다.

Lai 등(2013)은 시선 추적을 통해 측정할 수 있는 지표를 <표 10-1>과 같이 안구운동의 유형(시선고정, 시선도약, 혼합)과 측정의 척도(시간, 공간, 빈도)라는 두 가지 차원에

| 표 10-1 | 시선 추적 측정 단위의 예 |

	시선고정(fixation)	시선도약(saccade)	혼합(mixed)
시간 (temporal)	• 총 시선고정 시간 • 평균 시선고정 시간 • 첫 번째 시선고정 시간 • 반복된(revisited) 시선 　고정 시간 • 시선고정 시간 비율	• 시선도약 시간	• 총 읽기 시간
공간 (spatial)	• 시선고정 위치 • 시선고정 순서	• 시선도약 길이	• 스캔 경로
빈도 (count)	• 시선고정 빈도 • 평균 시선고정 빈도 • 반복 시선고정 빈도	• 시선도약 빈도	

서 요약했다. 시간적 척도는 특정 영역에서의 지속시간을 의미하는데, 인지적 처리를 '언제', '얼마 동안' 하는가와 관련된다. 공간적 척도는 위치, 거리, 방향, 순서를 측정하는 것으로, '어디에서', '어떻게' 등의 질문에 대한 답이 될 수 있다. 마지막 빈도 척도는 잦음 정도를 나타내는데, 시간적 척도와 높은 상관관계를 보이는 지표이나 연구 맥락에 따라 별도로 계산해 활용되고 있다.

안구운동은 설정된 가설 검증에서 한발 더 나아가 피험자가 정보를 처리하는 과정을 직접적으로 관찰하기 위한 근거가 될 수 있다. 예를 들어, Gomes, Yassine, Worsley, 그리고 Blikstein(2013)은 3개의 기술 분야 게임(engineering-related computer games)을 수행하는 고등학생들의 시선 데이터를 추적하고 그들의 시선 패턴(gaze pattern)에 따라 학생들의 군집을 분류하는 연구를 진행했는데, 연구 결과 가장 높은 수행 성과를 보여준 학습자 군집이 주시의 지속 시간이나 지점에 있어 매우 유사한 양상을 보였음을 확인할 수 있었다. 이와 같이 안구운동 지표는 피험자들이 문제를 해결해 나가는 방식이나 인지적 처리 과정에 관한 객관적인 데이터를 제공할 수 있어, 학습 효과를 측정하고 향상시키기 위한 연구지표로 꾸준히 활용되고 있다.

5) 뇌파(electroencephalogram: EEG)

뇌파는 두뇌를 구성하는 신경세포들의 활동에 수반되어 생성되는 전기적 변화를 두피에서 전극을 통해 간접적으로 측정하고 기록할 수 있는 전기신호이다. 즉, 두뇌 내부에서 발생하는 전기적 활성정보를 전기장(electric field)을 통해 간접적으로 포착한 것이다(김도영, 이재호, 박문호, 최윤호, & 박윤옥, 2017). Hans Berger가 최초로 인간의 뇌파를 기록한 것이 최초인데, 그는 사람의 두피에 전극(electrode)을 부착해 전위차를 얻을 수 있음을 확인하고, 이를 뇌파로 명명했다(Jeon & Seung-Hwan Lee, 2016).

뇌파의 주파수는 일정한 주기(1초간)에서 나타나는 파의 횟수를 뜻하며 주파수의 단위로 Hz(Hertz)나 C/S(cycle per second, CPS)가 사용된다. 뇌파는 주파수 영역에 따라 델타파(delta wave), 세타파(theta wave), 알파파(alpha wave), 베타파(beta wave), 감마파(gamma wave)로 구분 가능하며 각각의 주파수는 차별화된 속성을 지닌다(<표 10-2> 참조). 이 중 델타파와 세타파는 진폭이 높아 서파(slow wave)로, 베타파와 감마파는 진폭이 낮아 속파(fast wave)로 지칭된다.

뇌파를 측정할 때에는 두피에 다수의 전극을 규격화된 위치에 부착하는데, 국제 뇌파학회연합회에서 공인된 10-20체계(ten-twenty electrode system)가 표준 전극 부착 방법으로 널리 사용된다. 10-20체계에서 숫자 10과 20은 인접한 전극 사이의 거리로, 두개골의 특정 기준 지점으로부터 앞뒤 또는 오른쪽 왼쪽 거리의 10%나 20%를 의미한다. 즉, [그림 10-1]과 같이 마루부위(Cz)를 기점으로 앞으로는 코뿌리점(비근부, nasion), 뒤로는 뒤통수점(후두극, inion), 양쪽 옆으로는 귓바퀴 윗 부분까지를 각각 50으로 보고 이를 20%, 20%, 10%의 비율로 전후 또는 좌우가 대칭되도록 분산 배치해 전극을 잡은 것이다. 이러한 방식으로 전극을 배치하는 이유는, 뇌의 전기활동을 전위차로 나타내려면 전극 간 거리를 3~4cm 이상 떼어놓아야 하기 때문이다. 전극 부착수를 무작위로 늘리는 것은 의미가 없으며, 전극을 부착할 때에는 전극 간 전위차가 전극거리에 따라 변화하기 때문에 각각의 간격을 가능한 한 일정하게 유지할 필요가 있다. [그림 10-1]에서 F(frontal), T(temporal), C(central), P(parietal), O(occipital)는 각각 이마부, 관자부, 중심부, 마루부 그리고 뒤통수부를 나타내며, 전두극은 Fp(Frontopolar)로 표시한다. 중심선을 기준으로 좌측에 위치한 전극은 홀수, 우측에 위치한 전극을 짝수로 표시하며, 정중심에 놓인 전극은 Z(zero) 기호를 사용하여 나타낸다. A(auricle)는 전기 활동이 없는 귓바퀴 부분이므로 기준전극(reference electrode)이라 지칭한다.

뇌파 기록을 분석하다 보면 10-20체계가 포함하는 전극 숫자만으로는 충분한 정보를 얻을 수 없는 경우가 발생할 수 있다. 이러한 요구에 따라 기존 10-20체계의 전극 간 여유 공간 사이에 더 많은 전극을 부착하는 수정 보완된 10-10법 역시 활용된다.

표 10-2 뇌파의 주파수별 분류와 특징(한국전자통신연구원, 2017)

뇌파신호	주파수(Hz)	형태	특징	설명
델타 (Delta) 파	~3.5		• 가장 진폭이 크다 • 내면 심리 반영	• 깊은 수면 또는 혼수상태 • 각성이 떨어질수록 증가함.
세타 (Theta) 파	3.5~7		• 진폭이 크다 • 내면 심리 반영	• 기억을 회상하거나 명상 등 조용한 집중 상태에서 관찰됨. • 동조하여 발화하는 많은 뉴런이 관련됨.
알파 (Alpha) 파	8~12		• 진폭이 중간 • 심리 반영 중간	• 휴식 상태의 후두엽에서 주로 발생, 수면 상태에서는 약해짐. • 대규모 뉴런들이 동조적으로 발화.
베타 (Beta) 파	13~30		• 진폭이 작다 • 표면 심리 반영	• 각성 상태 및 집중적 뇌 활동과 연관되며, 병리적 현상 및 약물 효과와 관련 있음. • 양반구에서 대칭적으로 분포.
감마 (Gamma) 파	31~50		• 가장 진폭이 작다 • 표면 심리 반영	• 피질과 피질하 영역들 간 정보 교환 • 의식적 각성 상태와 REM 수면 시 꿈에서 나타남. • 베타파와 중복되어 나타나기도 함.

그림 10-1 국제 표준 10-20체계의 전극 위치와 기호

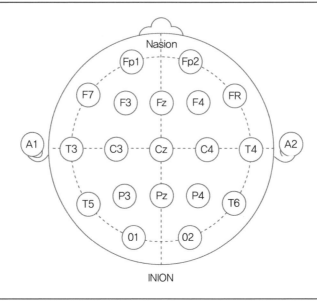

근래 뇌파는 대중매체에도 빈번히 등장하는 등 그 인지도 및 활용 정도가 크게 확대되었으나, 뇌파 신호는 μV(마이크로 볼트) 단위로 매우 미약해 측정과 분석에 많은 주의가 따른다. 또한 뇌파는 여러 신호나 잡음 요인, 측정 영역 주변의 뇌 활동 등에 영향을 받을 수밖에 없어, 연구목적에 부합하지 않는 신호를 제거, 처리하기 위한 정교한 전처리를 필요로 한다. 그러나 이 같은 어려움에도 불구하고 뇌파는 뇌 활동을 알아보기 위한 기타 측정 방법들에 비해 상대적으로 간편하고 안전할 뿐 아니라 측정 과정에서 소요되는 비용도 비교적 저렴해 쉽게 일반화가 가능한 측정법이다. 뿐만 아니라 시간분해능(temporal resolution)에서는 뇌파(EEG)와 뇌자기도(Magneto Encephalography: MEG)가 우세한 측정법으로 알려져 있고, 뇌파는 고가인 뇌자기도와 비교해도 해석 결과에 있어 큰 차이를 보이지 않는다고 보고되고 있으므로 뇌파에 의한 인지영역 추적연구는 계속적인 주목을 받고 있다(윤중수 et al., 2014).

3 학습분석학과 생리심리 반응

지금까지의 학습분석학 연구는 주로 컴퓨터를 통해 손쉽게 얻을 수 있는 데이터를 중심으로 이루어져 왔다. 실제로 학습분석학 분야에서 가장 널리 알려진, 대표적학습지원 도구(application) 역시 Purdue University의 Course Signals로 LMS에서 수집된 학습자 추적데이터(trace data)와 학생 정보 시스템(student information system) 내의 정보를 통해 학업 실패 위험에 처한 학생을 예측하고 사전에 경고(alert)하는 방식이었다. Course Signals이 보여준 학습과정에서의 처방이라는 새로운 접근, 입증된 효과성은 해당 도구가 학습분석학의 대표적 성공사례로 인식되도록 하기에 충분했다.

그러나 엄밀히 말해 이는 교육관리분석학 도구로서의 기능에 충실한 것으로, 개별 학습자에게 학습과정에서의 교수학습 처방을 제공하기에 적합한 것은 아니었다 (Gašević, Dawson, & Siemens, 2015). 실제로 Course Signals을 통해 학습과정에서 위험에 처한 학생의 정보를 제공받은 교수자가 해당 학습자에게 보낸 피드백은, 학습에서 부족한 부분에 대한 상세한 교수적 피드백(instructive feedback)이라기보다 해당 학생이 학업적 위험에 직면해 있음을 알리는 총평(summative feedback)에 가까웠다(Tanes, Arnold, King, & Remnet, 2011). 학습분석학이 그 본연의 정의에 충실하려면 학습자의 학습과정의 실질적 개선에 기여할 수 있어야 한다. 같은 맥락에서 Ferguson(2012) 역시 학습분석학이 지향해야 할 방향이 기관이 아닌 학습자의 요구를 충족시킬 수 있는 방향, 즉 학습자를 중심으로 해야 함을 강조하기도 했다.

교수학습의 과정을 실질적으로 개선하고자 학습자의 학업 진행 상황을 평가하고 향후 성과를 예측하거나 잠재적인 문제를 발견하기 위해서는, 학습자 및 학습환경과 관련한 광범위한 데이터를 활용할 방법을 확보하고 다각적으로 해석할 수 있어야 한다. Siemens(2013)는 학습분석학이 직면하고 있는 가장 큰 도전은 기술적인 부분이 아니라, 분석의 근간이 되는 데이터의 질(quality)과 범위(scope)를 확보하는 것이라고 역설했다. 근래 학습분석학에서 생리심리 반응을 활용한 연구가 계속 확대되고 있는 것은 이러한 맥락이라 하겠다.

현재까지 대다수 연구들은 학습자들의 자기보고식 설문에 근거해 학습자의 인지적, 심리적 상태를 파악하는 데 주력해왔다. 이는 학습자들이 스스로의 인지적, 심리적 상태를 객관적으로 인지하고 보고할 수 있다는 가정을 전제한다. 그러나 자기보고식 설문에서는 측정하려는 구인의 평균을 사용하는 것이 일반적인데, 이는 실제적인 교수학습 상황에서 구체적인 처방으로 활용하기에 다소 모호한 대표값이다. 즉, 학습환경에 대한 '일반적 분석'은 될 수 있지만, '상황 맥락적 분석' 방법이 되기에는 미흡하다. 교수학습적으로 실행 가능한, 의미 있는 처방을 제공하려면 내용에 대한 학습자의 전반적인 이해, 평균적인 심리 상태보다는 학습자가 위치한 해당 상황에서의 어려움, 학습에의 참여 정도를 시시각각 파악하고 그에 대한 처방을 제공할 수 있어야 한다. 더욱이 인간의 심리적 과정은 무의식 영역에서도 일어날 수 있음을 감안하면 자기보고식 설문이 가진 한계는 보다 명확하다. 이러한 배경에서, 학습 효과를 보다 객관적으로 측정하는 데 대한 요구가 계속되어 왔고, 과학적 측정 기술 발달에 기반해 생리심리 반응을 활용하는 접근이 자기 보고식 설문에 대한 실효성 있는 대안으로 주목받고 있다.

생리심리 반응은 사용자 인식에 의존하지 않는 객관적 지표로, 학습의 과정에 지나친 간섭이나 영향을 주지 않으면서도 대상의 상태를 다양한 수준으로 설명 가능하다. 따라서 육안으로는 관찰하기 힘든 대상의 인지적, 심리적 상태를 학습 과정에서 비교적 용이하게 포착할 수 있다는 장점이 있다. 게다가 최근에는 바이오 센서(biosensors), 몸짓 감지(gesture sensing), 적외선 이미징(infrared imaging), 시선추적(eye tracking) 등을 위한 다양한 측정 방법들이 계속 발전하고 있어, 실시간으로 변화하는 학습자의 인지적, 심리적 상태를 이해할 수 있는 가능성이 확대되고 있다(Blikstein, 2013). 생리심리 반응 측정 기기는 나날이 웨어러블 형태로 발전하고 그 측정 과정이 갈수록 간편해지고 있어, 생리심리 반응에 기반한 학습분석학 연구 확대와 관련한 전망을 더욱 밝게 하기도 한다. 2017년 NMC Horizon Report에서도 학습 과정에서의 객관적 측정에 대한 관심 증가를 고등교육 분야의 주요 동향으로 소개하는 등, 이 분야 연구의 확대는 교육계의 주요 화두로 다루어지고 있다. 멀티모달(multimodal) 데이터의 활용 역시 주목해야 할 동향으로 강조되고 있다.

그러나 기술적 측면에서의 이 같은 급속한 발전에도 불구하고, 학습과 관련해 생리심리 반응 자체의 분석을 넘어 그 본연에 내재한 심리적 요인을 해석하려는 연구는 아직 미흡한 수준이다(Fusco et al., 2014). 각종 생리심리 반응 기기나 스마트 미디어 기술의 발전은 생리심리 반응 연구를 위한 토대를 제공하고 있지만, 현재까지의 대다수 연구들이 스포츠, 의료 등과 관련한 직접적인 측정에 머무르고 있는 현실이다. 즉, 인간 행동의 근원이 되는 심리에 대한 이해로 나아가기에는 아직 역부족인 상황이다(Fusco et al., 2014). 교수학습 과정을 실질적으로 개선하려면 학습자의 인지적, 심리적 상태를 객관적으로 측정하려는 작업이 무엇보다 중요하다. 그런데 학습 과정에서 학습자 심리는 계속적으로 변화함을 감안하면, 또한 학습자의 인지적·심리적 상태에 영향을 미치는 변인 역시 매우 다양함을 감안하면, 이 같은 변화 감지에는 측정에서의 정교함과 신뢰성이 필수적이다. 더불어 측정한 생리심리 반응과 학습상황을 연계해 실질적인 교수적 처방을 실행하는 연구가 뒷받침되어야 하며, 학습자 행동 데이터 등 다양한 비간섭 데이터를 연계하는 종합적 접근이 필요해 보인다.

4 생리심리 반응 영역의 연구 사례

앞서 언급한 바와 같이 그간의 학습분석학 연구들은 학습 과정에서 확보 가능한 데이터를 중심으로 데이터에 기반한 분석과 예측을 통해 학습성과를 향상시키기 위한 노력을 기울여 왔다. 그러나 상대적으로, 학습자 행동 기저에 작용하는 학습자 심리를 이해하려는 노력은 부족했다. 학습과 수행의 실질적 향상을 목표로 한다면, 학습분석학의 결과는 개별학습자에 대한 이해를 바탕으로 실제 학습 맥락에서 유효한 처방으로 제공되어야 하고, 이를 위해서는 분석의 과정이 교수설계와 긴밀하게 연관되어 해석될 수 있어야 한다. 이에 최근에는 생리심리 반응을 통해 학습이 진행되는 과정에서 학습자의 인지적, 심리적 상태를 분석하고 해석하려는 시도가 확대되고 있다. 즉, 학습자의 학습상황을 객관적으로 이해하려는 노력, 그리고 이를 바탕으로 학습이 일어나는 상황에서 맥락적 처방을 제공하는 데 대한 요구가 증가하고 있으며, 이 같은 흐름은 3장에 소개된 LAPA 모형의 학습심리 모형에 기반한 학습행동 해석, 분석 예측 모형 개발과도 일맥상통한다.

생리심리 데이터를 학습자 처방의 지표로 해석하고 처방하는 데 있어 가장 중요한 문제는 해당 생리심리 데이터를 학습자의 어떠한 심리적 구인으로 해석할 것인가와 관련한 문제일 것이다. 안타깝게도, 교육 분야에서 이 분야 연구는 아직 초기 단계로, 관련한 선행연구를 찾는 것이 쉽지 않다. 또한, 이미 관련분야에서 이루어진 선행연구라 할지라도 대다수 연구가 매우 엄격한 실험연구 중심으로 이루어져 일반적인 학습상황에서 이 같은 결과를 곧바로 적용하기에는 무리가 있다.

예를 들어, 동공확대를 통해 인지부하를 측정한 대표적 선행연구를 살펴보자. 선행연구들은 동공확대가 인간의 심리적 활동 중에서도 특히 인지적 과정을 잘 반영하며, 정신적 작업부하(mental workload)를 신뢰할 수 있게 측정한다고 보고한다(Beatty, 1982; Beatty & Lucero-Wagoner, 2000; Hoecks & Levelt, 1993; Kahneman, 1973). Hess와 Polt(1964)는 4개의 난이도가 다른 수학 곱셈 문제의 답을 순차적으로 요구한 후 문제 단계별 동공 크기를 분석하여, 동공 크기가 문제 난이도와 상관이 있음을 밝혔다. 해당 연구에서 연구자들은 4명의 남자와 1명의 여자 피험자를 대상으로 (i) 7×8 (ii) 8×13 (iii) 13×14 (iv) 16×23을 일정 간격으로 제시하고 답을 말하게 하는 방식으로 실험을 진행하였다. 해당 실험에서 피험자들의 동공크기는 전반적으로 가장 낮은 난이도의 곱셈을 해결하는 (i)단계부터 가장 높은 난이도의 곱셈을 해결해야 하는 (iv)단계의 순서로 점차 커졌고, 이전 단계의 동공이 이후 단계의 동공보다 큰 경우 역시 관찰되었지만 이는 바로 인접한 난이도의 경우, 즉 (i)단계 문제와 (ii)단계 문제 간 혹은 (iii)단계 문제와 (iv)단계 문제 간에서만 발생하였다. 동공크기는 학생들이 답을 말하기 전 최고치에 도달하고 답을 말하고 난 후 원래 크기로 복원되었다.

이와 같은 선행연구와 달리 일반적 학습환경에서의 과제는 실험환경처럼 단순하기 어렵다. 또한 매 순간의 해결해야 할 과제들이 명확히 분절되어 제공되지 않으며, 앞선 학습의 내용이 이어지는 학습에 영향을 미칠 수밖에 없다. 예를 들어, 동영상 학습이라면 교사가 설명하는 B구간에서 학습자는 아직 이전 학습 내용인 A를 이해하고자 노력하고 있을 수도 있으며, 내용적 측면에서는 B구간의 학습자료가 매우 복잡하다 할지라도 이미 관련하여 앞서 제시되었던 A구간을 통해 어느 정도의 학습이 이루어진 상황이어서 A와 B구간 간 절대적인 비교가 어려울 수도 있다. 또한 모의고사 문제풀이와 같이 문제별로 명확히 구분되는 학습동영상이 아니라면 A구간, B구간이라는 분석 단위를 정하는 데 있어 그 정의나 범위 자체가 명확하지 않을 수도 있다.

따라서 생리심리 반응을 학습현장에서 학습자의 이해를 위한 지표로 활용하기 위해서는, 선행연구들의 연구결과를 다양한 학습 맥락에 적용하고 실제 학습환경에서 생리심리 반응을 측정하고 해석해 나가려는 시도가 요구된다. 이에 본 책의 연구진은 실제적 학습환경에서 학습자의 생리심리 반응을 수집하고 분석, 해석하고자 하는 연구를 계속하고 있으며, 여기에서는 그간의 연구 중 심장박동이나 동공확대, 심박변이도를 활용하여 인지부하나 시험불안과 같은 학습자의 인지적, 정서적 상태를 측정하고 진단한 몇 가지 연구 사례를 소개하고자 한다.

1) 온라인 행동 로그, 심작박동을 시험불안 설문과 활용하여 학업성취 예측모형을 개발한 사례[1]

학습동기는 학습의 지속성과 강도를 결정하는 중요한 요인으로(Wighting, Liu, & Rovai, 2008), 특히 교수자의 면대면 교수가 부재한 온라인 학습 환경에서는 학습자의 학습동기에 대한 이해를 바탕으로 한 적절한 처방 전략이 필요하다. Pintrich와 DeGroot(1990)은 학습동기 중 학습에 영향을 미치는 중요한 요인으로 시험불안을 제시하였는데, 많은 선행 연구에서 학습자가 가지는 시험불안의 정도를 자기보고식 설문조사에 의존하여 확인하여 왔다. 성한올과 조일현(2018)은 온라인 학습 상황에서 학습자의 행동 로그, 심장박동(Heart Rate: HR), 시험불안 설문, 학업성취 데이터를 동영상 학습 상황에서 수집한 후 각 데이터 간 관계를 분석하고 이들 변수를 활용하여 학업성취 예측모형을 개발하고자 하였다.

연구대상은 수도권 소재 대학교 학부생 남녀 각각 32명씩, 총 64명이었다. 연구대상자가 실험실에 입실하면 심장박동을 측정하기 위한 센서를 부착하였고 심장박동의 기저(baseline) 반응을 측정하기 위하여 안정적인 상태가 될 때까지 휴식을 취하도록 하였다. 약 30초간 기저 반응을 수집한 후, 이 데이터의 평균 값을 이후 각 실험 조건

---

1 '성한올 & 조일현(2018). 온라인 학습 상황에서 행동 로그, 생리심리반응 및 시험불안을 통한 멀티모달(Multimodal) 학업성취 예측모형 개발. *교육공학연구*, 34(2), 287–308.'의 내용을 참고하여 기술했음.

별로 수집된 심장박동 지수와의 차이를 계산하는 데 이용하였다(임소혜, 2009). 기저 반응의 측정 후, 연구대상자에게는 통계기초를 내용으로 한 온라인 콘텐츠가 학습용 자극물로 주어졌는데, 콘텐츠는 연구대상자의 행동 로그 파일이 수집될 수 있게 끔 설계된 개발 서버에 업로드 한 형태로 제공되었다. 학습 영상을 시청하는 동안 피험자는 재생 및 일시정지, 구간반복 등의 동영상 재생 활동을 자유롭게 할 수 있었다. 연구대상자는 온라인 학습 콘텐츠를 시청한 후 이해 정도를 측정하는 간단한 시험에 응시하고 시험이 완료된 후 설문조사가 이루어졌다. 시험불안을 야기하기 위하여 시험은 통과 기준점인 11점을 통과하지 못할 경우 최대 3번까지 응시하도록 하였다. 심장박동은 온라인 학습 콘텐츠를 보기 전 약 30초간의 기저 반응을 포함하여 학습 동영상을 보는 시간, 시험 시간, 설문조사 시간까지, 전체 실험시간 동안 수집하였다.

<표 10-3>은 온라인 학습 콘텐츠에 대한 학습자의 행동 로그, 생리심리반응, 시험 불안이 학업성취에 미치는 영향의 정도를 파악하기 위해 연구대상자의 인구통계적 변인을 통제하고 위계적 회귀분석을 실시한 결과이다. 모형 1에서는 학업성취에 영향을 주는 인구통계적 변인을 독립변인으로 투입하여 그 영향력을 분석하였고, 모형 2에서는 학습자의 행동 로그, 생리심리 반응, 시험불안 변인을 투입하여 이들의 영향력을 분석하였다. 분석결과 모형 1의 F 통계량은 4.70, 모형 2의 F 통계량은 6.30이었으며, 두 모형 모두 유의수준 .05에서 통계적으로 유의한 것으로 나타났다. 또한, 학업성취에 대해 인구통계적 변인이 24%, 예측변인이 27%를 설명하고 있었다.

모형 1을 좀 더 자세히 살펴보면, 인구통계학적 변인은 학업성취 변량의 24%를 설명하고 있는데, 통계수강 여부($\beta = .28$, $p < .05$)만 통계적으로 유의하였다. 통계강좌를 수강한 연구대상자의 경우 학업성취가 약간 더 높게 나타난 것이다. 모형 2에서는 모형 1에 행동 로그(총 일시정지 시간, 총 재생반복 시간), 심장박동(학습 시, 시험 시), 시험불안 설문점수를 추가로 투입하였는데, 모형 1에 비해 학업성취 변량의 27%를 더 설명하였다. 온라인 학습 환경에서 학습자의 행동 로그, 생리심리 반응, 시험불안이 학업성취를 예측하는지 회귀모형을 통해 검정한 결과, 총 재생반복 시간($\beta = -.35$, $p < .05$), 동영상 학습 시의 심장박동($\beta = -.71$, $p < .05$), 시험 시의 심장박동($\beta = .63$, $p < .05$)은 학업성취를 유의하게 예측하는 것으로 나타났다. 즉, 동영상 학습 콘텐츠를 재생반복한 시간이 짧을수록, 동영상 학습 시 심장박동이 낮을수록, 시험 시의 심장박동이 높을수록

표 10-3 학업성취에 대한 전체집단 위계적 회귀분석 결과(n = 64)

변인		모형 1		모형 2	
		β	t	β	t
통제변인	(상수)		4.17*		4.24*
	전공 계열	−.23	−1.64	−.15	−1.19
	통계수강 여부	.37	3.09*	.28	2.60*
	성별	.18	1.27	.18	1.54
	학년	−.13	−1.06	−.08	−.77
예측변인	총 일시정지 시간			.24	1.75
	총 재생반복 시간			−.35	−2.32*
	동영상 학습 시의 심박			−.71	−3.56*
	시험 시의 심박			.63	3.16*
	시험불안			.07	.67
	R^2	.24		.51	
	$(adj.\,R^2)$	(.19)		(.43)	
	ΔR^2	.24		.27	
	F	4.70*		6.30*	

* $p < .05$

주: 계열, 통계수강 여부, 성별은 더미변인(0, 1)으로 처리함. 각 변인별 기준(0)은 이공계열, 통계미수강, 여학생임.

학업성취가 높게 나타났다. 반면, 총 일시정지 시간($\beta = .24$, $p > .05$)과 시험불안 설문점수($\beta = .07$, $p > .05$)는 학업성취를 유의하게 예측하지 못하였다.

이러한 결과는 전통적 교실 환경에서 안정적으로 시험불안을 측정하고 성취를 예측했던 시험불안 설문이 짧은 동영상 형태의 온라인 학습 환경에 적용하기에는 적합하지 않음을 보여준다. 또한, 행동 로그와 생리심리 반응 데이터를 학업성취를 위한 예측 변인으로 활용할 수 있는 가능성을 제시하였으며, 학습 상황에 대한 보다 정확하고 객관적인 이해를 제공하는 데 있어 비간섭적 측정 방법의 활용이 유효한 접근임을 다시 한번 확인시켰다.

2) 동공확장을 통해 수학불안 수준이 수행효율성에 미치는 영향을 검증한 사례[2]

오예지와 조일현(2017)은 동공확장 데이터를 활용하여 학생들의 수학불안 수준에 따라 성취도와 인지부하, 이 두 개념의 종합 지표인 수행효율성에 차이가 있는지를 확인하였다. Pass와 van Merriënboer(1993)는 교수조건들의 상대적인 효율성을 비교하기 위하여 특정 교수조건을 경험한 학습자의 성취도, 즉 수행점수와 수행점수를 획득하기 위해 학습자가 투입한 인지부하로 교수효율성을 계산하는 공식을 $E = (ZPtest - ZEtest)/\sqrt{2}$ 로 제시한 바 있다. 학습자의 수행점수(test performance: Ptest)에 대한 표준점수(ZPtest)가 높을수록, 해당 수행점수를 획득하기 위해 학습자가 시험 상황에 기울인 인지부하(test effort: Etest)에 대한 표준점수(ZEtest)가 낮을수록 해당 교수조건의 교수효율성(instructional efficiency: E)은 높게 계산된다.

본 사례에서 최종 분석된 연구대상자는 남자 대학생 35명, 여자 대학생 35명으로 모두 70명이었다. 연구대상자는 사전시험, 실험용 동영상 학습, 그리고 성취도가 측정되는 사후시험을 진행하였으며, 인지부하는 사후시험 과정에서의 동공 크기로 측정되었다.

연구결과는 <표 10-4>에서 확인할 수 있는 바와 같이 수학불안이 낮은 집단의 수행효율성이 수학불안이 높은 집단에서 보다 유의하게 높았다. 즉, 수학불안 하집단이 상집단보다 적은 인지부하를 투입하고 높은 성취도를 보여 우수한 수행효율

표 10-4 수학불안 집단 간 동공 크기 비모수 통계 검증 결과

	수학불안 집단	N	평균	분산	t	Z	p
수행 효율성	수학불안 상집단	35	−0.331	0.906	−3.118*	−1.920	.002
	수학불안 하집단	35	0.331	0.871			

* $p<.05$

....

2 '오예지 & 조일현(2017). 수학불안 수준이 수행효율성에 미치는 영향: 대학생의 동공 크기를 중심으로. 교육공학연구, 33(3), 653-680.'의 내용을 참고하여 기술했음.

성을 보고하였다. 이는 선행연구들의 결과와 일치하는 것으로, 수학불안은 학습과 수행의 향상을 위해 조정되어야 함을 다시 한번 확인시킨다.

무엇보다도, 본 연구에서는 동일한 성취도 수준을 보인 학습자들이라도 학습자가 가진 수학불안 수준에 따라 개별 학습자의 수행효율성 값이 유의한 차이를 나타낸다는 것을 생리심리 데이터를 기반으로 확인하였다. 즉, 동공확대를 활용하여 온라인 학습 과정에서 학습자의 수행효율성을 기준으로 교육적 개입을 제공할 수 있는지를 검증하였으며, 수행효율성 지표와 함께 대표적 정의적 변인인 수학불안을 인지적 측면에서 분석하여, 학습자에게 정서적, 인지적 측면을 고려한 처방을 제공할 수 있는 가능성을 확인하였다. 수행효율성 진단과 함께 수학불안이 학습자의 인지적 정보처리 과정, 나아가 성취도에 미치는 영향을 심층적으로 분석해 나간다면, 학습과정에서의 학습자 심리 상태를 보다 심층적으로 파악하고, 학습자 인지부하를 효율화해 나가는 데 유용하게 활용될 수 있을 것이다.

그림 10-2 수학불안 집단별 수행효율성

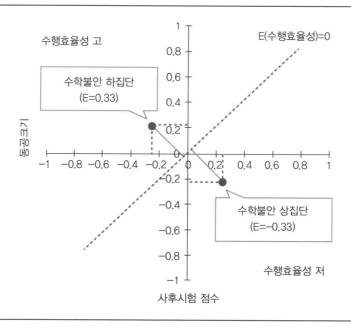

3) 동공크기와 심박변이도를 활용하여 학습자의 인지부하 상태를 진단한 연구 사례[3]

교육공학에서는 학습자의 인지적 상태를 설명하고 이를 지원하는 교수설계를 제공하기 위해 인지부하 이론을 활발히 적용해 왔지만, 다수의 연구가 외재적 인지부하 감소에 초점이 맞춰져 있었으며, 동영상 학습 과정에서 학습자의 인지부하를 객관적으로 측정하거나 이를 교수학습의 관점에서 해석하는 연구는 찾아보기 어렵다.

Kim과 Jo(2019)는 인지부하 이론을 토대로 학습자의 인지부하를 신뢰할 수 있게 측정하는 것으로 알려진 동공크기와 학습과정에서의 각성 상태를 반영하는 심박변이도를 활용하여, 학습이 진행되는 과정에서 학습자의 인지부하가 선수지식 수준 및 과제복합성 수준에 따라 어떻게 변화하는지 진단해 보고자 하였다. 본 연구에서 사용한 심박변이도 지표는 교감신경과 부교감신경의 비율(LF/HF ratio)로, 해당 지표의 수치가 크면 교감신경이 부교감신경에 비해 활성화 되어있음을 나타낸다. 해당 연구에서는 이 지표를 학습상황에서의 각성(arousal) 수준을 확인하기 위해 활용하였다.

분석 데이터는 수도권 소재 대학교에 재학 중인 남녀 학부생 23명의 동공, 심박변이도, 그리고 사전시험 점수 데이터였다. 연구대상자는 사전시험 후 각 10분 내외로 구성된 두 개의 학습 영상을 순차적으로 학습하였으며, 생리심리 반응은 학습이 진행되는 과정에서 측정되었다. 학습영상은 과제복합성이 높은 구간과 낮은 구간으로 구분되어 설계되었고, 선수지식 상·하 집단은 사전시험 점수를 기반으로 구분되었다.

연구결과 선수지식 상 집단은 과제복합성 상·하 구간에 걸쳐 선수지식 하 집단에 비해 낮은 동공크기를 보였으나 통계적으로 유의하지는 않았다. 그러나 심박변이도는 학습전반에 걸쳐 선수지식 상 집단이 선수지식 하 집단에 비해 높은 수치를 유지하였으며, 과제복합성이 높은 구간에서의 심박변이도는 두 집단 간에 유의한 차이가 있었다. 해당 연구에서는 동영상 학습 과정에서 발생할 수 있는 외재적 인지부하를 영상설계 및 개발, 실험절차를 통해 최대한 통제하였고 두 집단 간 내재적 인지부하

---

3 Kim, J., & Jo, I. (2019). Exploring the feasibility and use of psychophysiological responses based on cognitive load theory. *Australasian Journal of Educational Technology*, 35(3), 150−165. https://doi.org/10.14742/ajet.4163의 내용을 참고하여 기술했음.

의 차이는 명확히 존재하였다(사전시험 점수로 선수학습 상, 하 집단을 구분하였으며 과제복합도의 차이가 있는 영상을 제공함). 따라서 이 같은 결과는 두 집단의 인지부하 총량에는 차이가 없었지만 인지부하를 구성하는 하위 요소의 구성비율이 달랐던 것으로 해석할 수 있다. 두 집단 간에 학습상황에서의 각성 수준이 통계적으로 유의한 차이가 나타난 것은 이러한 해석을 뒷받침한다. 즉, 선수지식 상 집단 학습자들은 과제복합성이 높은 구간에서 오히려 더 깨어 있는 상태를 유지했지만, 선수지식 하 집단 학습자들은 과제복합성이 높았던 구간에서도 각성 상태가 낮아 동공크기에서 유의한 차이를 나타내지 않았던 것으로 해석된다.

이 연구는 비디오 학습 중 학습자가 할당한 인지 부하가 생리심리 반응에 의해 수치로 정량화될 수 있음을 보여주었으며, 그래프를 통해 학습자의 변화하는 인지부하 상태를 시각화하여 학습과정에서의 학습자 인지부하를 객관적 데이터를 통해 확인할 수 있음을 입증하였다([그림 10-3] 참조). 또한 동공크기와 심박변이도를 활용하여 학습이 진행되는 과정에서 선수지식 차이, 제시되는 과제복합도에 따른 학습자의 인지부하 변화를 인지부하 이론에 근거하여 해석해 생리심리 데이터에 기반한 인지부하 진단을 위한 방법론을 제안하였다. 학습자가 높은 과제복합성 구간에서 인지부하가 낮거나 그 반대의 현상이 관찰되는 경우, 이는 교육적 중재가 주어져야 한다는 직

그림 10-3 동공크기 변화 추이

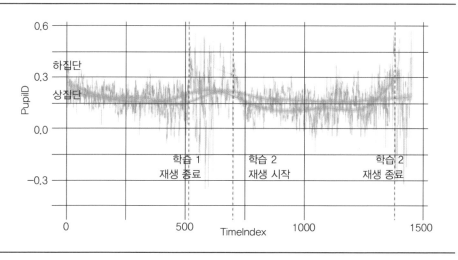

접적인 증거가 될 수 있다. 또한, 학습자의 인지부하를 모니터링하면서 각성 수준을 인지 부하 유형을 진단하고 적절한 개입을 제공하기 위한 정보로 활용할 수 있다. 본 연구에서는 두 가지 생리심리 반응만이 검증되었지만 학습 상태의 다양한 양상을 나타내는 데이터를 확대 통합함으로써 인지부하의 수준과 유형에 대한 또한 학습자의 정서적 측면에 대한 보다 정교한 진단으로 나아갈 것이라 기대한다.

memo

Understanding Learning Analytics

학습분석학의 이해

05

학습분석학의 도전과 미래

Chapter 11 학습분석학의 윤리적 이슈 및 해결과제

Chapter 12 학습분석학, 그 궁극의 지향점:
　　　　　　교수-학습의 설계

Chapter

11

학습분석학의 윤리적 이슈 및
해결과제

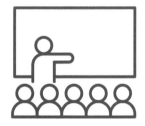

Understanding Learning Analytics

주요 내용

- 학습분석학과 관련한 윤리적 이슈들
- 개인정보 보호 관련 법률
- 학습분석학 실천 가이드라인

학습 목표

1. 학습분석학과 관련해 논의되고 있는 윤리적 이슈를 논의할 수 있다.
2. 개인정보 보호와 관련해 적용되고 있는 법률과 학습분석학 실행에 주는 시사점을 논의할
   수 있다.
3. 학습분석학 분야에서 소개된 실천 가이드라인을 설명하고 이에 기반해 관련 연구를 실행할
   수 있다.

앞서 살펴본 바와 같이 학습분석학은 학생 및 학습 과정에 대해 풍부한 해석과 처방을 가능하게 하므로, 학생들의 학업성과는 물론 학교나 교육기관의 성과 향상에 기여할 수 있다. Willis, Campbell, 그리고 Pistilli(2013)는 학습분석학의 필요성과 관련, 기관(institution)은 학생들에게 성공을 위한 도구를 제공하고, 교수들에게는 예측모델을 활용할 수 있는 훈련을 제공하여 앎에 대한 의무(obligation of knowing)를 이행할 책임이 있다고 주장하기도 했다.

그러나 학생 또는 이들의 학습 참여 과정을 분석의 기초로 하는 학문의 속성으로 인해, 학습분석학에서 데이터 수집이나 활용과 관련한 윤리적 이슈는 계속적으로 제기되어 왔다. 즉, 기술 발전과 활용 가능한 데이터의 확산은 학습환경에 여러 긍정적인 변화를 가져왔으나, 개인이 자각하지 못한 상태에서의 감시, 개인의 의지와 상관없이 알고리즘에 의한 판별이 이루어지는 상황 등 이전과는 완전히 다른 윤리적 이슈들에 직면하게 하기도 했다. 실제로 빅 데이터에 기반한 알고리즘이 제대로 작동하지 못할 경우 유해한 차별(discrimination)을 영구화하거나 더욱 악화시킬 수 있음을 감안하면, 학습분석학 수행에 있어 윤리적 이슈들을 간과하기는 어렵다.

인블룸(InBloom) 시스템의 사례를 예로 들어보자. 해당 사례는 미국 뉴욕시 교육 당국이 클라우드(cloud)를 통해 학생 데이터를 관리하는 비영리 단체인 인블룸과 제휴해 학생 정보를 수집, 분석, 활용하려는 방안을 두고 벌어진 논란이다. 수집 대상 데이터는 시험점수에서 무료 점심 대상 여부에 이르는, 학생들의 학교생활과 관련한 방대한 영역에 걸쳐 있었다. 해당 시스템 사용을 찬성하는 측에서는 인블룸 시스템이 학생들에게 진정으로 개별화된 교육환경을 제공하는 데 큰 역할을 할 것이며 교육계에 새로운 혁신을 불러일으키게 되리라고 주장했다. 반면 대다수 학부모 및 압력 단체들은 자녀들의 정보가 어떻게 추적되고 보관되는지, 또한 어떠한 목적으로 사용되는지 등이 불투명할 뿐 아니라 정보 남용의 우려 또한 존재한다고 목소리를 높였다. 이 같은 논란 속에 인블룸은 결국 문을 닫게 되었다.

또 하나의 대표적인 예로 네덜란드의 Snappet 재단 사례가 있다. Snappet 재단에서는 수학과 언어 학습용 앱이 설치된 태블릿을 400여 개 공립 초등학교에 제공하고, 해당 기기에서 수집된 데이터를 개별 학생의 성과 분류·예측에 활용했으며, 학교 측에 교육적 처방(educational intervention)을 위한 정보를 제공했다. 이에 대해 개인 정보 보호를 위한 국가기관인 네덜란드 사생활 정보보호원(College Bescherming Persoonsgegevens)은 수집된 데이터가 개인 정보 보호에 관한 네덜란드 법률에 의해 처리해야 하는 명백한 '개인 정보'임을 강조했다. 더구나 이러한 데이터는 어린 학생들에게 영향을 미칠 뿐 아니라 학교에서의 성과와 관련한 통찰을 제공하게 되므로 매우 민감하게 분류되어야 하는, 가장 높은 수준의 개인 정보 보호 표준을 요구하는 정보임을 명확히 했다(Drachsler & Greller, 2016).

이상의 사례들은 학습분석학에서 윤리적 이슈가 얼마나 민감하게 인식되고, 또한 이 분야의 연구나 실행에 영향을 미치고 있는지를 잘 보여준다. 학습분석학의 과정에서 수집되는 데이터 범위에는 학습자와 관련된 중요하고도 민감한 정보가 포함되므로, 데이터를 수집, 분석, 사용하는 과정에서 얻게 되는 이익이나 위험에 대한 입장은 이해관계자에 따라 크게 달라질 수밖에 없다. 물론 최근에는 연구나 데이터 사용으로 인한 부정적인 영향을 방지하기 위해 윤리위원회 검토를 의무화하는 경우가 일반화되고 있어 연구 단계의 비윤리적 수행에 대한 보호막으로 작동할 수 있으나, 이 같은 윤리적 승인은 일반적으로 연구 단계에서 엄격하게 적용되고 있을 뿐, 기관 내 운영 시스템에 실제적으로 탑재된 뒤에는 윤리적 승인이 늘 요구되는 것은 아니다. 따라서 법률에 따른 개인 정보 보호 및 데이터 보호 준수, 그리고 이러한 위험을 방지할 수 있는 구체적 기준이 요구된다.

이에, 학습분석학에서는 윤리적 실천과 개인 정보 보호를 연구 실행 과정의 중요 요소로 강조하며, 발생 가능한 문제를 해결하기 위한 프레임워크, 실천강령(code of practices) 등이 제안되어 왔다. 학습분석학과 관련한 윤리적 이슈가 구체적으로 어떻게 논의되고 있는지 확인하고, 이러한 이슈들에 대한 이해를 바탕으로 학습과정에서의 처방을 어떻게 효과적이고 윤리적으로 실천해 갈 수 있을지 살펴보도록 하겠다.

1 학습분석학과 관련한 윤리적 이슈

학습분석학과 관련해서는 데이터 수집·사용 및 제3자 참여의 투명성, 개인의 데이터 익명화 및 비식별화(de-identification), 데이터의 소유권, 데이터 접근성과 분석된 결과의 정확성, 분석된 데이터 세트와 학생 기록에 대한 보안 등의 윤리적 이슈들이 제기될 수 있다(Khalil & Ebner, 2015). Slade와 Prinsloo(2013)는 다양한 학습분석학의 윤리적 이슈를 세 가지 범주, 즉 데이터의 위치와 해석(the location and interpretation of data), 지각된 동의, 프라이버시 및 데이터 비식별화(informed consent, privacy, and the de-identification of data), 데이터의 관리·분류·저장(the management, classification, and storage of data)이라는 세 가지의 중복 가능한 카테고리로 설명하고 있다. 여기서는 Slade와 Prinsloo(2013)가 이야기하고 있는 세 가지 기준을 중심으로 학습분석학 관련 윤리적 이슈를 짚어보도록 하겠다.

1) 데이터의 위치와 해석

학생 데이터는 다양한 저장소에 분산되어 관리되고 있으며, 분석 대상이 되는 데이터 이외의 상당한 양의 학습자들의 활동은 데이터 수집환경(예 LMS) 외부에서 발생한다. 이러한 이유로, 학습분석학을 위해 활용되는 데이터가 과연 분석 대상인 학습자를 완전히 대변할 수 있을지에 대한 우려는 계속 지적되어 왔다. 현실적으로 데이터 분석 과정에서 학생과 관련한 모든 데이터를 수집하기란 불가능하다. 수집된 데이터를 의미 있는 정보로 산출해내는 과정에서 거치게 되는 계속된 필터링 역시 분석 대상이 되는 데이터 범위를 한정시킬 수밖에 없다.

한편 데이터 해석과 관련해서는, 다수의 기관들이 학습분석학을 학생들이 보다 많은 학습에 참여할 수 있도록 유도하거나 학생들의 성공에 도움이 될 것이라 여겨지는 학습전략을 채택하도록 하는 데 활용하고 있으나, 이러한 제안된 학습전략이 반드시 학생들의 선호나 학습목적과 일치하지 않을 수 있다는 점(Parry, 2012), 그리고 잘못 시행된 처방은 학습에서의 비능률(inefficiency), 분개(resentment), 학습동기 저하 등을 야기할 수도 있다는 점에서 윤리적으로 이슈가 된다. 특히, 학생들이 자신에게 부여되는 표식(labeling)의 의미를 인식할 경우, 이러한 표식 매김에서 벗어나기 위해 일부러 학습에 적극적으로 참여하지 않거나 왜곡된 행동을 보일 가능성이 있다는 점 역시 빈번히 지적되는 우려 중 하나로, 데이터 해석에 있어서 보다 섬세한 주의가 필요하다.

2) 지각된 동의, 프라이버시, 데이터 비식별화

개인정보는 개인을 식별하게 하는 모든 정보로, 유출될 경우 데이터의 남용이나 오용 문제가 발생할 수 있으며, 유출 당사자의 개인적 평판은 물론 경제적 측면에 손실을 야기할 수도 있는 민감한 정보이다. 학습분석학은 학습자의 개인정보나 그들의 태도, 또는 활동에 대한 분석을 수반하므로(Khalil & Ebner, 2015), 이를 적용하는 과정에서 야기될 수 있는 윤리 문제들은 커다란 사회적 논쟁으로 이어질 수 있다.

빅 데이터와 관련된 윤리성을 말할 때 가장 자주 논란되는 것이 개인 프라이버시 문제이다. 개인 프라이버시는 기본적인 인간 권리이며 이미 법률 시스템 내에서 확립된 요소이다. 개인 프라이버시는 인간 행동의 자유를 보장하는 기본권으로서, 나아가 교환 가치를 가진 경제재로서의 측면에서 보호받고 옹호되어야 한다. 우선, 개인의 프라이버시는 행동의 자율성을 보장하는 가치로서 기본권적 가치를 갖는다는 점에서 '보호' 대상이다. 프라이버시는 단순히 감추는 것이 아니라 무엇을(O), 누구에게(Q) 제공하는지에 따라 정보제공자 개인(P)의 자유 의사에 따라 결정되는 조건부 가치이다. 예를 들어, 입시를 앞둔 학생은 자신의 모의고사 점수(O)가 교사(Q)에게 제공될 때 이를 프라이버시 침해로 여기지 않는다. 그러나 같은 정보라 할지라도 학생 개인의 동의 또는 사전 협의 없이 교내 게시판(Q)에 공지되는 경우라면 프라이버시 침해로 생각할 가능성이 높다. 또한 개인 데이터는 경제적 가치를 가진 사유재산이며, 데이터 재산권, 또는 정보적 자기결정권적 가치를 갖는다는 측면에서 '옹호' 대상이 된다. 개인 데이터는 경제재이다. 따라서 이를 주인의 허락 없이 탈취할 경우 소유자의 재산권이 침해된다. 예를 들어, 누군가가 학습 콘텐츠를 시청하고 토론방에서 대화하고 퀴즈 문제를 푼 학생의 데이터를 어떠한 동의도 구하지 않은 채 또는 상응할 만한 보상도 없이 학생들이 알지 못하는 상황에서 추적, 분석한다면, 학생들은 재산권을 부당하게 침해받는다고 여길 것이다. 즉, 데이터 윤리 문제를 재산권, 정보적 자기결정권으로 인식할 경우, 윤리 이슈는 소극적 보호의 문제를 넘어 공정 거래 조건을 통해 적극적으로 옹호되어야 하는 문제로 바뀌게 된다.

학습분석학을 실행하는 과정에서 발생할 수 있는 개인 정보 추적과 관련한 우려, 학생과 교수의 개인 정보 보호 이슈와 관련된 지각된 동의의 중요성은 더욱 커지게 된다. 지각된 동의는 학생이 스스로와 관련된 데이터의 일부, 또는 전부가 학습분석학을 위하여 사용될 수 있음을 인정하고 동의를 제공하는 프로세스로, 학생들이 특정 정보나 학습교과목 단위에 등록을 시작하는 시점부터 적용된다(Open University, 2014). 따라서 어떤 목적으로 어떤 종류의 데이터를 모을지, 모은 데이터를 어떤 분석 방법으로 처리할지, 데이터의 보유 시한과 폐기 절차는 어떻게 되는지 등에 대해 충분한 설명을 제공하고 공식 절차를 통해 개인에게 동의를 구하는 행위가 이뤄져야 한다. 또한 이 계약 내용이 제대로 준수되고 있는지 정보제공자가 언제든지 확인할 수 있는 실질적인 기회 제공 역시 중요하다.

개인 정보 유출은 데이터 오용 등 큰 파급 효과로 이어질 수 있지만, 빅 데이터 분석이 교육현장에 가져올 순기능에 대한 사회적 공감대 역시 형성되어 있는 것 또한 사실이다. 따라서 개인이 공개되는 것을 방지하면서 데이터를 분석하고 공유할 방법이 필요해진다. 데이터 비식별화는 특정 개인을 식별할 수 없도록 하기 위해 개인정보의 일부나 전부를 변환하는 과정이나 방법을 말하는 것으로, 개인정보를 보호하는 동시에 데이터를 효과적으로 분석, 활용하기 위한 접근이다. Petersen(2012)은 데이터를 기관에서 사용하기 이전에, 개인에 대한 고유 식별자를 활용해 실제 신원은 식별되지 않지만 개별 데이터를 구분할 수 있는 상태로 만드는 비식별화의 중요성을 강조한 바 있다. 미국의 가족교육권리 및 개인정보법인 FERPA(Family Educational Rights and Privacy Act)에서 역시 학생들의 프라이버시를 보호하기 위해 고등교육(higher education)에서의 비식별화 사용을 옹호하는 등(Khalil & Ebner, 2015), 빅 데이터 처리와 분석에서 비식별화의 중요성은 계속 강조되고 있다.

3) 데이터의 관리, 분류, 저장

데이터의 관리, 분류, 저장은 데이터의 투명한 관리와 관련된 이슈이다. Petersen (2012)은 다양한 상황에서 사용되는 모든 유형의 데이터 처리가 가능한 포괄적인 데이터 관리 구조가 필요하다고 주장하며, 데이터 보호 필요 수준에 따라 데이터를 분류하는 시스템을 개발할 필요가 있다고 주장했다. 또한 그는 데이터 표준이나 통제를 감독하고 데이터로의 접근을 관리할 담당자, 관련 정책이나 절차를 지속해 나갈 관리인을 지정할 필요가 있다며, 학습분석학에서의 데이터 관리, 분류, 저장 이슈를 설명했다.

2 개인정보 보호와 관련한 법적 규정

개인정보를 분석 범주로 포함하는 빅 데이터 산업의 발전 과정에서 개인정보 보호나 정보 활용과 관련한 이슈는 주요 쟁점으로 부각될 수 밖에 없다. 따라서 각국에서는 이와 관련된 입법 조치들을 마련하여 적용해왔다.

유럽 일반 개인정보보호법(General Data Protection Regulation: GDPR)은 EU 회원국 간 개인정보 교환과 개인정보 보호를 강화하기 위한 목적으로 유럽연합이 제정한 통합 규정이다. 2018년 5월 25일부터 유럽연합 소속 회원국에 공통 적용되었다. 기존에 유럽연합에서는 Directive 95/46/EC를 개인정보 보호와 관련한 유럽연합의 중심 법률로 활용해왔다. 해당 지침은 정보주체를 알아볼 수 없도록 익명 처리할 경우, 즉 적절한 안전장치(safeguards)만 갖출 경우 역사, 통계, 과학적 연구 목적에서의 추가 정보처리 가능성을 열어놓았다. 유럽연합의 Directive 95/46/EC는 2018년 5월 GDPR의 시행과 동시에 폐지되었으나, GDPR에서도 그 해석 기준은 그대로 적용되고 있다 (Drachsler & Greller, 2016). GDPR에서는 최초 데이터의 수집 목적과 양립 가능하고 해당 정보가 가명 처리되거나 암호화되어 있다면, 데이터를 초기 목적 이외에도 처리 가능하도록 규정하고 있다. 그러나 동시에 가명 처리된 정보를 GDPR 내에서 보호되어야 할 대상으로 명확히 규정하고 있어, 데이터 주체의 개인정보 보호와 빅 데이터 분석 산업 활성화 양쪽 모두를 뒷받침한다(노명선, 2017).

2015년 일본은 익명가공정보를 정의하고 이를 처리할 수 있도록 2003년 제정된 개인정보 보호에 관한 법률을 개정했다. 개정된 일본의 개인정보보호법에서는 익명가공정보를 '특정 개인을 식별할 수 없도록 개인 정보를 가공해 얻을 수 있는 개인에 관한 정보로서 당해 개인정보를 복원할 수 없도록 한 것'이라 정의했다. 해당 법에서는 익명가공정보를 기타 정보와 조합하는 행위를 금지하며, 개인정보취급사업자가 익명가공정보를 작성한 경우에는 바로 그 해에 익명가공정보에 포함된 개인 관련 정보 항목을 공표하도록 하고 있어, 익명가공정보의 활용 가능성과 개인의 개인정보 자기 결정권을 함께 보장할 수 있도록 하고 있다(노명선, 2017).

우리나라에서는 2016년 6월 30일 방송통신위원회, 금융위원회 등 정부 6개 부처 합동으로 개인정보 보호와 활용을 동시에 모색하는 '개인정보 비식별 조치 가이드라인'을 발표해 활용하고 있다. 해당 가이드라인에서는 개인정보를 비식별 조치하여 이용 또는 제공하려는 사업자가 준수해야 할 조치 기준을 사전검토, 비식별 조치, 적정성 평가, 사후관리 같은 단계적 조치사항으로 제시한다. 해당 가이드라인에 따르면 개인정보 처리자가 개인정보를 비식별 조치하고, 전문가로 구성된 적정성 평가단의 평가 판정을 거친다면 해당 정보는 더는 개인정보가 아닌 것으로 간주되며, 정보주체의 동의 없이 활용할 수 있다.

3 학습분석학의 윤리적 실천을 위한 가이드라인

학생의 데이터를 어떻게 사용할 것인가에 대한 논의 과정에서 학습분석학을 윤리적으로 실천할 수 있도록 돕기 위한 가이드라인이나 실천 지침들은 꾸준히 소개되어 왔다. 이러한 학습분석학의 윤리적 실행과 관련한 실행 틀(frame)은 이해 관계자에 따라 달라질 수밖에 없는 윤리적 이슈에 대해 보다 다각적이고 체계적인 접근을 하는 데 도움을 줄 수 있다. 여기에서는 학습분석학과 관련한 윤리적 실천 가이드로 Slade와 Prinsloo(2013)가 제시한 여섯 가지 실천 원칙과 Open University에서 2014년 발표된 학생 데이터의 윤리적 사용에 관한 여덟 가지 정책(policy), 마지막으로 가장 최근인 2016년 LACE 프로젝트를 통해 완성된 체크리스트(DELICATE ©)를 소개하도록 하겠다.

1) 학습분석학의 윤리적 실천을 위한 실천 원칙

학습분석학과 관련해 학습자가 자신들의 데이터에 대해 어떤 권리를 가지고 있는지, 또는 학습분석학에서 제공하는 조언이나 지침에 어느 정도까지 따라야 할 책임이 있는지 등과 관련한 규준이 명확히 존재하는 것은 아니다. 그러나 Slade와 Prinsloo(2013)는, 비록 모든 기관에 공통적으로 적용 가능한 보편적인 가이드라인이 존재하지는 않지만 각 기관들이 맥락에 따라 맞춤화 된 가이드라인을 수립하는 데 도움이 될 기초 원칙들은 존재한다며 다음 여섯 가지 실천 원칙을 제시했다.

① 도덕적 실천: 교육은 근본적으로 도덕적인 성격을 내포하므로, 학습분석학을 실행하는 데 있어서는 단순히 효과성 여부로만 치우쳐서는 곤란하다. 적절성, 도덕적 필요성 역시 중요하게 다루어야 한다.

② 학생의 주체적 참여 유도: 학습분석학을 실행하는 과정에서 학생들은 교육적 처방에 대한 단순한 수령자가 아닌 공동 작업자로 참여해야 한다. 즉, 학생은 데이터의 수집, 사용, 저장에 관해 동의하는 역할에 머무르지 않고, 자발적으로 데이터를 제공하는 데 협력하고 자신들의 학습과 발전에 학습분석학이 기여할 수 있도록 데이터로의 접근을 허용하는 적극적인 역할을 담당할 수 있도록 유도되어야 한다.

③ 학생의 정체성 및 성과에 대한 변동성 고려: 학습분석학은 특정 시간이나 맥락에서의 한정된 관점을 제공할 수밖에 없음을 감안하고, 학생들의 정체성을 영구적인(permanent) 속성과 동적인(dynamic) 속성의 조합으로 바라보아야 한다. 또

한 수집된 데이터는 유효기간을 두고, 학생들의 동의에 기반해 활용될 수 있도록 하되 학생들의 요구가 있다면 정해진 규준 하에 삭제 가능해야 한다.

④ **학생의 성공을 복잡하고 다차원의 현상으로 인식**: 학습분석학이 학생의 학습을 이해하는 데 도움이 되는 포괄적이고 넓은 범위의 정보를 제공하기는 하지만, 이러한 정보에는 불완전하거나 불필요한 정보 역시 혼재되어 있을 수 있다는 점, 또한 분석이 잘못 해석되거나 바이어스를 내포할 가능성이 있다는 점을 염두해야 한다.

⑤ **투명성 확보**: 사용되는 데이터가 무엇인지, 어떠한 조건하에서 어떠한 목적으로 활용될지, 누가 해당 데이터에 접근하며 어떠한 방법으로 개인의 프라이버시가 보장될 것인지 등 데이터 사용과 관련한 명확한 정보를 제공해야 한다.

⑥ **데이터 사용의 당위성을 인식**: 여섯 번째 실천 원칙은 학습분석학이 거스를 수 없는 커다란 흐름임을 인식하는 것과 관련된다. 교육기관은 향후 더욱 디지털화할 것이며, 활용 가능한 유용한 정보 자원은 더욱 늘어날 것이다. 이 과정에서 다양한 학생 데이터는 학생들을 보다 더 잘 이해하거나 보다 적극적인 학습 참여를 유도하기 위해, 또한 학습성과를 향상시키는 데 유용하게 활용될 수 있다. 따라서 교육기관이 이러한 데이터의 효과성, 잠재성을 간과하고 활용하지 않는 것은 매우 근시안적인 시각이다.

2) Open University: 학생 데이터의 윤리적 사용에 관한 8원칙

영국의 Open University는 2014년, 대학이 학생들을 지원하는 데 있어 데이터를 윤리적으로 사용할 수 있는 방법과 관련한 정책(policy)을 발표했다. 이 정책에 포함된 여덟 가지 원칙에는 수집되거나 분석된 데이터의 성격과 범위, 그리고 반드시 분석 대상에서 배제되어야 할 데이터의 속성 등이 안내되어 있다(see Open University, 2014). 8개 원칙은 다음과 같다.

① 학습분석학은 학부 과정에의 오픈 엔트리(open entry)와 같은, 핵심적 조직 원칙들과 맞추어 조정되어야 하는 윤리적 실천이다.

② Open University는 실현 가능한 학생의 이익을 위해, 모든 이해관계자들에게

학생 데이터로부터 시사점(meaning)을 이끌어내고 사용할 책임을 지니고 있다.

③ 학생들을 눈에 보이는 데이터나 그 데이터에 대한 해석으로만 전적으로 평가해서는 안 된다.

④ 학습분석을 사용하는 목적과 범위(boundaries)는 명시적으로 잘 정의되어야 한다.

⑤ Open University는 데이터 수집을 투명하게 진행하며, 학생들에게는 정기적으로 자신들의 데이터를 업데이트할 기회를 제공할 뿐 아니라 데이터 사용에 대한 동의를 구한다.

⑥ 학생들은 학습분석의 실행에 있어 능동적인 주체(active agents)로 참여한다(예 지각된 동의, 맞춤 학습 경로, 처방 등).

⑦ 데이터 분석에 기초한 모델링과 처방은 건전하고 편견 없는 것이어야 한다.

⑧ Open University 내에 학습분석을 적용하는 것은, 그로 인한 가치와 혜택에 대한 폭넓은 수용(adoption)과 조직 전체에 걸친 적절한 기술 개발을 요구한다.

3) DELICATE 체크리스트

Drachsler와 Greller(2016)은 학습분석학을 신뢰할 수 있게 실천하기 위한 기반으로, 학습분석학 솔루션 실행 계획을 갖고 있는 관리자와 의사결정자들이 고려해야 할 여덟 가지 행동 방침을 담은 DELICATE 체크리스트를 제안하고 있다. 해당 체크리스트는 관련 법률에 대한 연구와 전문가 간담회를 기반으로 개발되었으며 ① 결정, ② 설명, ③ 합법적, ④ 참여, ⑤ 동의, ⑥ 익명화, ⑦ 기술적 측면, ⑧ 외부 파트너라는 8개 항목별 관련 하위 질문을 포함한다. 구체적으로 소개하면 다음과 같다.

① 결정(Determination)

학습분석학을 실행하는 이유: 학습분석학의 실행이 기관이나 데이터 주체(data subjects)에게 가져올 수 있는 부가가치는 무엇이며, 데이터 주체들의 권리는 무엇인가?

② 설명(Explain)

학습분석학의 목적과 경계(boundaries): 어떠한 데이터가 어떠한 목적하에 수집되며, 해당 데이터는 얼마 동안 보관될 것이며, 누가 해당 데이터에 접근할 수 있는가?

③ 합법적(Legitimate)

활용하고자 하는 데이터 사용에 있어서의 합법성: 기 보유 데이터는 무엇이며, 추가 데이터를 수집하는 작업은 법적으로 문제가 없는가?

④ 참여(Involve)

모든 이해관계자 및 데이터 주체의 포함 여부: 데이터 주체들의 개인정보 보호와 관련한 우려를 명백히 불식하는가? 또한 수집된 개인정보 데이터에 접근을 허용하는가?

⑤ 동의(Consent)

데이터 주체와의 계약: 데이터 수집 전 데이터 주체로부터 동의를 구하고, 명확하고 이해하기 좋은 형태로 동의를 구하며, 또한 데이터 주체는 데이터 수집에 동의하지 않을 수 있는가?

⑥ 익명화(Anonymise)

개인(individual)을 확인할 수 없도록 되어 있는지 여부: 데이터는 최대한 익명화 되어 있으며, 또한 축약된 형태의 메타 데이터로 집계되는가?

⑦ 기술적 측면(Technical)

개인정보 보호를 보장하기 위한 절차: 누가 데이터에 접근(access)했는지를 정기적으로 점검하고, 분석이 변경될 경우 개인 정보 보호 규정을 업데이트하고 새롭게 동의하는 절차를 거치며, 자료 저장장치는 국제적 보안 표준을 충족하는가?

⑧ 외부 파트너(External)

외부 제공자들과 함께 일할 경우: 그들이 국가나 기관의 규칙을 엄격히 준수할 수 있도록 하고, 정보보안의 책임을 명백히 서술한 계약을 체결하며, 또한 데이터는 본래 의도된 서비스 이외의 목적으로는 활용되지는 않는가?

이상에서 살펴본 바와 같이, 학습분석학에 내재된 증거기반의 학습과 수행의 개선이라는 잠재력을 실제 현장으로 끌어올리는 데 무엇보다 중요한 선결 조건은, 테크놀로지나 통계학의 진보가 아니라 개인 프라이버시와 정보적 자기결정권의 옹호, 그리고 분석가 직업 윤리의 고양 등과 관련된 윤리적 인식의 변화이다.

학습분석학을 적용함으로써 얻을 수 있는 이점 뒤에는 윤리성이나 데이터 오용 가능성에 대한 우려, 학습분석학의 결과 해석이나 적용 과정에서의 어려움이 존재한다. 그럼에도 학습분석학은 기본적으로 보다 나은, 성공적인 학습을 위한 교육적인 실천이므로 이 분야의 발달은 계속될 것이다. 따라서 데이터 보호는 단순히 법적 요구를 충족하기 위한 차원이 아님을 명심할 필요가 있으며, 프라이버시를 부담으로 인식하기보다 이해관계자들과 신뢰를 쌓기 위해 제공할 수 있는 가치로 인식할 필요가 있다(Drachsler & Greller, 2016). 즉, 학습분석학과 관련한 윤리적 이슈를 넘어야 할 장애로 인식하기보다 이해관계자들과의 신뢰 형성에 필요한 가치 있는 서비스로 인식하려는 발상의 전환이 필요하다.

이상과 같은 변화가 바탕이 되지 않는 한 학습분석학은 그 원래의 취지를 발하기도 전에 여러 이해 관계자들의 저항과 사회와 언론의 비판적 압력에 부딪쳐 좌초할 수밖에 없을 것이다. 학습분석학과 관련한 윤리적 이슈는 적극적으로 논의되고 해결되어야 한다. 이 과정에서 데이터를 개인이 소유권을 갖는 가치로운 경제재로 인정하고, 이 경제재가 공정 계약을 통해 자유롭고 투명하게 거래됨으로써 모든 거래 주체의 효용과 이익이 극대화되는 정보 시장 메커니즘을 작동시킬 수 있는 방향으로 발전해 나가는 것이 중요할 것으로 보인다.

학습분석학, 그 궁극의 지향점: 교수-학습의 설계

Understanding Learning Analytics

Chapter

12 학습분석학, 그 궁극의 지향점: 교수-학습의 설계

주요 내용

- 교육공학의 과제
- 학습분석학과 교수설계 모형의 관계
- 향후 연구과제 및 이슈 제안

학습 목표

1. 교육공학의 현안과 관련하여 학습분석학이 작용할 수 있는 역할을 논의할 수 있다.
2. 전통적 교수설계 모형의 발전과정에서 학습분석학의 작용 과정과 그 의의를 설명할 수 있다.
3. 향후 연구과제와 관련한 이슈를 논의할 수 있다.

1 교육공학의 현안과 학습분석학의 발전[1]

실천학문으로서 교육공학은 사회경제적 조건이 부과하는 당대적 과제로부터 도전을 받고, 테크놀로지라는 지렛대를 활용해 이에 응전(應戰)하며 진화해왔다. 그런데도 학습과 수행 증진을 위한 체제적 처방 제공이라는 교육공학 본연의 학문적 유전자에는 변함이 없었고, 앞으로도 마찬가지일 것이다. 한편 디지털 공유경제로 지칭되는 최근의 변화는 범주와 정도 면에서 그 전례를 찾기 어렵다. 디지털 공유경제는 양질의 무료 학습 콘텐츠를 대량 공급하고 있으며, 이 콘텐츠를 자유롭게 소비하는 학습자가 남겨놓은 발자국들을 데이터 테크놀로지를 통해 세세히 관찰하고 추적할 수 있기 때문이다.

이러한 사회경제 및 기술적 변화는 교육공학에 있어, 도전이자 기회가 되고 있다. 디지털 공유경제 시대의 도래가 우리에게 던진 도전 중 하나는 MOOC, OCW/

---

1 본 장의 내용은 '조일현. (2015). 학습분석학과 학습설계, 그 융합 지평의 전개. 한국교육공학회 학술대회발표자료집, 2015(2), 422−434.'에서 발췌하였음.

OER, YouTube 등 공유 콘텐츠의 확대이다. 이들로 인해 디지털 학습 콘텐츠 개발 전문가로서 교육공학자가 누리던 위상과 역할은 위협받고 있다. 이제는 누구라도 우수한 콘텐츠를 만들 수 있고, 필요한 사람이라면 언제든 공짜로 이를 소비할 수 있게 되었다. 이들은 굳이 교육공학자가 만든 유료 콘텐츠를 구입하려 들지 않는다.

두 번째 도전은 다양하고 개별화된 학습자 요구, 인구 노령화 및 일터학습의 확산으로 인해 비형식학습이 확대되면서, 전통적으로 교수설계자의 주요 활동 기반이던 형식학습의 영역이 상대적으로 위축되고 있다는 사실이다. 이제 학교는 더이상 학습 경험의 독점적 공급자도, 그 관리자도 아니다. 디지털 교과서, 보충학습 e-러닝 콘텐츠 등 학교라는 대규모의 안정적 시장을 대상으로 했던 교육공학도의 일거리가 상대적으로 축소되고 있다. 이러한 경향은 앞으로도 계속될 것이다. 세 번째 도전은 역량 개발 기관으로서 대학 등 교육기관의 책무성에 대한 사회적 압력의 증가이다. 이제 교육기관은 코스워크의 성실한 수료를 보장하는 역할을 넘어, 교수학습 서비스 제공자로서 입학 대비 졸업 시점 간 학생 역량 증진에 대한 거증 책임(擧證責任)을 요구받고 있다. 이는 곧 학습 과정 및 결과에 대한 측정 및 평가의 확대, 즉 증거기반 학사 관리 체제에 대한 학교 차원의 데이터 인프라 구축을 요구한다.

디지털 공유경제는 이러한 세 가지 도전 과제와 함께 데이터 분석학 발달이라는 응전 도구도 함께 가져다 주었다. 빅 데이터, 사물인터넷, 웨어러블 디바이스, 딥 러닝(deep learning) 기술은 우리에게 학습자 활동과 그 맥락을 면밀하게 관찰할 수 있는 기회를 제공한다. 학습분석학은 이러한 기술적 잠재력을 학습설계적으로 또한 학교 운영적 실천 도구로 활용하려는 학제적 연구 분야이다.

앞서 우리는 학습분석학의 개념과 특징을 명시하고, 이어 다양한 관련 연구들을 유형화함으로써 그 개념적 측면들을 살펴보았다. 이어 학습분석 활동의 절차를 분석했다. 이제 마지막으로 '분석'과 '예측' 등 기술 요소 중심으로 부각되었던 학습분석학의 '설계적' 잠재력을 재조명하고자 한다. 결론부터 말하자면, 디지털공유 경제 시대를 맞아 교육공학 앞에 던져진 위기적 과제 해결을 위해 그동안 각각 독립적인 성장 과정을 거쳐왔던 학습분석학과 학습설계(learning design)의 융합은 필수이자 필연이 되었다는 점이다. 이 둘의 융합체는 기존 사전(a-priori) 교수설계를 딛고 임기응변적(ad-hoc) 학습설계라는, 교육공학의 새로운 지평을 열 것이다.

2 학습분석학과 교수설계 모형의 연계

1) 전통적 ADDIE 모형과 학습분석학

특정 수업 또는 콘텐츠를 분석 단위로 하여 그 효과적인 운영과 재설계를 위한 목적으로 분석이 수행되는 경우를 코스-內 학습분석학(intra-course learning analytics)이라 한다. 전통적인 ADDIE 모형의 경우, 학습 목표와 학습자 특성을 분석(A^1)하고 그 결과를 기준으로 설계(Des^1) 및 개발(Dev^1)을 하고, 이를 실제 수업 현장에서 실행(I^1)한 뒤 그 결과를 평가(E^1)하는 선형적 절차로 이루어지며, 분석에서 시작해 평가로 끝나는 경우가 대부분이다. 즉, 교육공학의 기초 이론 중 하나인 시스템 이론이 강조하는 환류성과 순환성은, 개발 일정과 운영 환경의 경직성으로 인해 구현되기 어려웠던 것이 이 분야 설계의 현실이었다. 그 결과 분석-설계-개발 등 실행 이전 단계에 대부분의 시간과 노력이 집중되고, 정작 실행 단계에서 발생하는 귀중한 실증 데이터가 재설계 과정에 제대로 환류되지는 못했다. '사전(a-priori) 설계 모형'이라는 용어를 굳이 사용하는 이유는, 현실의 교수설계 상황이 보여주고 있는 이러한 비가역성-비환류성 때문이다.

ADDIE 모형에서 교수설계의 시작점은 분석 단계이지만, 학습분석은 실행(I) 단계로부터 시작된다. 실행 단계에 이르러야 비로소 실제 학습 상황으로부터 빅 데이터를 수집할 수 있기 때문이다. 평가(E) 단계에서는 이 데이터를 분석하고 평가한다. 평가 결과는 교수설계적 처방을 위한 의사결정 정보로, 분석(A^2) 단계로 환류된다. '$I^1-E^1-A^1-D^1-D^1-I^2-E^2-A^2-D^2-...$'로 이어지는 순환은 본래 ADDIE 모형이 추구했던 이상, 즉 환류성, 가역성, 체제성을 현실화한 것이다. 데이터 수집 및 분석을 컴퓨터가 하기 때문에 A-D-D-I-E의 각 단계는 거의 동시에 이루어질 수 있다. 학습 상황에서 직접 데이터를 추출하고 실시간에 가깝게 처방을 도출해주는 학습분석학을 도입함으로써 비로소 ADDIE의 이상이 현실화될 수 있을 것이다.

2) 처방 전략과 학습분석학: 운영적 처방과 구조적 처방

학습분석학이 제공하는 정보를 바탕으로 교수설계자는 운영적 처방과 구조적 처방, 두 조치를 취할 수 있다. 운영적 처방은 학습자와 교수자에게 피드백을 제공해 그들의 바람직한 행동을 촉진하는 데 그 목적이 있다. 이때 수업 설계 변경은 시도되지 않는다. 따라서 수업 진행 중에도 언제든 유연하게 처방을 가할 수 있다. 기존 학습분석학 연구는 주로 운영적 처방에 집중되어 왔는데, 예를 들어 퍼듀대학교의 Course Signals과 같은 대시보드 처치 연구들은 학습자와 교수자에게 피드백을 제공하여 수업 목표(예 중도탈락 방지, 성적 향상 등)를 달성하는 방안을 찾고자 했다. 운영적 처방은 비교적 단기간에 실행될 수 있는 임기응변적(ad-hoc)인 성격을 띄므로, 수업을 담당하는 교수자라면 누구라도 주도적 역할을 할 수 있다.

구조적 처방은 콘텐츠의 삭제 또는 추가, 학습 순서 변경, 내용상의 수정 등 코스 재설계 및 재개발을 위한 구체적인 정보를 제공한다. 따라서 구조적 처방은 앞서 언급한 순환적 ADDIE($I^1-E^1-A^1-D^1-D^1-I^2-E^2-A^2-D^2-...$) 모형의 작동과 깊이 관련된다. 구조적 처방은 중장기에 걸쳐 교수설계 전문가가 주도하는 재설계 과정을 포함한다.

3) 학습경로 설계와 학습분석학

최근 들어 개별 코스 내부로부터 코스-間 학습 경로(inter-courses)로 학습분석학의 연구 범위가 확대되고 있다. 코스 또는 콘텐츠 단위 처방의 목적은 사전에 설계 시점에 정의된 학습 목표 달성에 집중된다. 분석 대상도 해당 콘텐츠 내에서 이루어지는 학습 활동에 국한되는 경향을 보인다. 학습자의 개인별 중장기 역량 개발 목표보다는, 개별 수업의 목표 달성 여부가 교수설계자의 주요 관심 대상이 된다. 반면 전문적 역량 개발을 위해서는 장기간에 걸친 다양한 학습 경험 축적이 필요하다. 이를 위해 코스 간 학습 경로를 분석하고 향후 수강 코스를 제안해주기 위한 학습분석학 연구가 움트고 있다. 이때 주요 분석 단위는 점(node, 코스 또는 콘텐츠 등)이 아닌, 연결(link, 코스나 콘텐츠 간 학습 경로)이다.

코스보다 알갱이 크기(granularity)가 작은 콘텐츠를 대상으로 하는 콘텐츠-間(inter-contents) 분석은 향후 비형식 학습 상황에서 크게 발전하리라 예상된다. 이때 처방의 목적은 콘텐츠나 코스웨어의 운영적 또는 구조적 개선이 아니라, 이미 존재하는 공유 콘텐츠를 활용해 개인 학습자의 니즈에 맞는 학습 경험을 설계하고 그 수행 과정을 지원하는 것이다. YouTube나 아마존 온라인 서점에 접속할 때마다 추천 콘텐츠가 제시되듯, 개인의 역량 개발을 위해 MOOC, OER, TED 콘텐츠가 학습할 순서대로 나타나는 추천 시스템 형태의 비형식학습 지원시스템의 개발이 필요하다. 이를 위해서는 콘텐츠-間 학습분석학 연구가 필수적이다.

오늘날 우리가 새롭게 직면하고 있는 교수학습적 문제는, 콘텐츠는 너무 많은 반면 자신의 요구에 맞는 콘텐츠를 선별하고 이들을 학습 순서에 맞춰 계열화하는 데 필요한 시간과 인지적 자원은 너무 적다는 점이다. 과거 콘텐츠가 희소할 시절에는 시간이 상대적으로 넉넉했다. 독서백편의자현(讀書百遍義自見)이라는 성현의 말씀은 상대적으로 풍부한 시간을, 희소한 경전 읽기에 시간을 가급적 많이 투자하라는 시간 투입 최대화(maximization strategy) 전략이었다. 수천만 개의 무료 콘텐츠가 넘쳐나는 반면, 직장과 가정 일로 시간을 쪼개 써야 하는 오늘날, 지식 노동자에게 필요한 학습 방법은, 희소한 학습 시간을 수많은 콘텐츠 중 가장 적합한 것들만 골라 적절하게 학습 시간을 배분하는 시간 배분 최적화(optimization) 전략이다. 콘텐츠는 흔하지만 학습할 시간은 부족해진 디지털 공유경제 시대에 학습자들의 창조적 역량을 지속적으로 키워 나가야 하는 교육공학 교수설계자(instructional designer)의 역할은, 기존 콘텐츠와 수업 개발을 넘어 다양한 공유 콘텐츠를 선별 제공하고 제한된 학습 시간을 최적 배분할 수 있도록 지원하는 학습설계자(learning designer)의 역할로 고도화되어야 할 것이다. 비형식학습에 대한 요구의 확산, 이 요구를 채워줄 공유콘텐츠의 확대가 미래 학습의 아이콘이라면, 콘텐츠-間 관계를 분석의 단위로 하는 학습분석학은 비형식학습의 지능화-맞춤화를 위한 필수적인 도구가 될 것이다.

4) 학습분석학과 학습설계의 결합: 탄도미사일과 크루즈미사일 메타포

디지털 학습 환경에서 급격히 확대되고 있는 학습 과정의 비형식화, 학습자 요구의 개인화 및 특수화 경향은 문제의 양상을 바꿔가고 있다. 교수설계 결과물이 독립 변수이고 학습성과가 종속변수라 할 때, 이 두 변수 간 인과관계를 매개하는 혼잡변수는 학습 상황에서 드러나는 모든 맥락 요소에 의해 그 영향력이 급격히 증폭된다.

이제 사전 설계된 콘텐츠의 '처치충실성(treatment fidelity)'을 보장하기 어려워졌고, 설계자의 가설이 오류로 판정될 가능성이 커지고 있다. 학습 이전 설계 단계에서 많은 공을 들이는 사전(a-priori) 교수설계 접근과 비형식 학습 상황의 맥락 변화를 고려하는 임기응변적(ad-hoc) 학습 설계 접근의 차이는 탄도미사일과 크루즈미사일의 메타포를 통해 선명히 부각된다.

　미사일은 폭탄을 싣고 날아가 목표를 맞추어 충격을 가하기 위한 인공물이다. 따라서 폭탄의 폭발력과 명중률이 설계의 핵심 목표이다. 폭탄의 크기와 목표 추적 방법 측면에서 미사일은 탄도미사일과 크루즈미사일로 구분된다. 탄도미사일은 일단 발사하고 나면 방향이나 속도를 바꿀 수 없다. 따라서 발사 이전에 정확한 목표 지점을 확인한 뒤 발사 탄도와 속도를 계산해야 한다. 아무리 정확한 예측과 계산을 하더라도 비행 중 발생하는 예기치 못한 조건 변화로 인해, 목표를 정확히 맞추기란 사실상 불가능하다. 표적이 이동하면 아예 타격을 할 수 없게 된다. 따라서 목표물을 파괴하기 위해서는 폭탄의 크기가 커져야 한다. 즉, 대략적으로 근처에만 떨어지더라도 폭발력이 엄청나게 크다면 목표를 타격할 수 있기 때문이다. 대표적 탄도미사일은 대륙간 탄도탄이며, 여기에는 핵폭탄이 주로 실린다. 군사 목표 외에도 수많은 민간인의 피해를 각오해야 하는데, 이를 소위 '부수적 피해(collateral damage)'라 한다.

　전통적인 사전(a-priori) 교수설계는 탄도미사일과 닮았다. 학습이 발생하기 이전에 분석(목표 위치 확인)과 수업 설계(학습 순서)를 한 뒤 개발(콘텐츠)을 실어 발사(실행)하고 나면, 핵심 설계 파라미터를 바꾸기 어렵다. 수업 절차가 경직된 정규교육, 대규모 학습자를 대상으로 2~3개월씩 진행되는 e-러닝 코스가 대표적 경우이다. 개발비가 많이 들고 수업 시간도 비교적 긴 대형 폭탄은 수업 과정상 발생한 예기치 못한 조건 변화를 반영하지 못한 채 체계적으로 날아간다. 대형 폭탄인 만큼 목표 학습자뿐 아니라, 독특한 요구를 가진 수많은 평균 외적 학습자들에게 엄청난 부수적 피해를 입히며 폭발한다.

　반면 크루즈미사일은 발사 이후에 변경된 기후나 목표의 위치 이동 등을 포착해 항로를 변경할 수 있고, 따라서 소위 외과적 정밀타격이 가능하다. 과도하게 큰 폭탄을 사용할 필요도 없어 부수적 피해가 최소화한다. 크루즈미사일의 성공 조건은 폭탄(콘텐츠)의 폭발력이 아니라 항로 변경의 유연성(프로세스)이다. 학습 설계 접근은, 초기 분석은 느슨하게 하되 학습자의 체험을 관찰하여 최적화된 개인별 맞춤형 학습 경험을 제공한다. 이러한 설계 변경은 학습 과정 중에 이루어지므로 이를 임기응변적(ad-hoc) 설계 접근이라 할 수 있겠다. 학습 설계의 이러한 이상을 실현하려면 학습자와 학습 환경의 변화를 촘촘히 관찰하고 분석하는 학습분석학이 필요하다.

3 교육공학 2.0을 위한 학습분석학 연구과제 및 이슈[2]

1) 정규교육과 비형식학습에 맞는 특성화된 학습분석학 모형 개발

정규교육과 비형식학습은 개발 방법, 운영 경직성, 통제 가능성 등에서 서로 특성이 다르기 때문에 각각에 맞는 학습분석학 이론 및 모형 개발이 필요하다. 말하자면, 정규교육에는 전통적 교수설계 접근을 유지하면서 학습 시점(Implementation 단계)에서의 분석을 통해 ADDIE 모형의 순환성을 부활시키는 방향으로 학습분석학 모델이 개발되어야 한다. 비형식학습은 공유콘텐츠를 벽돌로, 학습자의 행동 관찰을 접착제로 하여, 지능형 첨단기술의 손으로 각자의 학습 경로를 설계해주는 다른 형태의 학습분석학 모델을 필요로 한다.

정규교육과 비형식학습 간 공생협력 관계도 조망해볼 수 있다. 자기조절학습 능력이 부족한 학생들의 기초 학력 개발을 위해서는 전문가에 의해 설계되고 일정한 통제가 가해지는 정규교육이 효과적이다. 학년별로 표준화된 교육을 받기 때문에 비교적 대규모의 목표 학습자 집단을 규명할 수 있다. 개발을 위해 비용이 드는 전통적 교수설계 접근을 정당화하기 위해 필요한 '규모의 경제(economy of scale)' 논리는, 전일제 학생을 대규모로 확보할 수 있는 정규교육 상황에 잘 적용된다. 반면 직장인이나 성인을 위한 다양하고 전문적인 학습 요구는 YouTube, MOOC, OCW/OER, TED 등 공유 콘텐츠를 활용하는 비형식학습에 의해 충족될 가능성이 높다. 이러한 틈새(niche)적 요구는 디지털 공유경제의 산물인 다품종 소량 생산체제가 아니고서는 대응

---

2 본 장의 내용은 '조일현. (2015). 학습분석학과 학습설계, 그 융합 지평의 전개. 한국교육공학회학술대회발표자료집, 2015(2), 422−434.'에서 발췌하였음.

하기 어렵기 때문이다.

　이렇듯 정규교육의 소품종 대량생산 체제는 학교 교육에, 비형식학습의 다품종 소량생산 체제는 비형식학습에 잘 맞는 교수설계 전략이다. 그러나 이 두 체제는 모두 각각에 특화된 학습분석학 모델의 적용을 통해서만 그 효과성을 극대화하고, 나아가 지속 가능한 진화의 계기를 마련할 수 있을 것이다.

2) 학제 간 융합 연구 접근 시도

　학습분석학은 그 탄생 초기부터 이공계적 소양을 바탕으로 성장해왔다. 학습과 교수설계 등 교육공학적 역량이 결정적인 중요성을 갖게 된 오늘날에도 학습분석학 수행을 위해서는 데이터 분석과 통계학에 대한 높은 수준의 역량이 요구된다. 따라서 교육공학도의 훈련 과정에는 데이터 분석과 관련된 도구 과목의 섭렵이 포함되어야 한다. 자유자재로 데이터를 다루고 다양하게 분석하는 작업을 반복하기 위해 R 혹은 Python과 같은 강력하고도 유연한 프로그램을 익숙하게 다룰 수 있는 능력이 요구된다. 정규교육 환경에서 운영적 처방 및 구조적 처방을 내리고 실행하기 위해 필요한 이러한 최소 수준의 분석 역량은, 교육공학 커리큘럼의 보완을 통해서도 학습할 수 있을 것이다.

　그러나 비형식학습 환경에서의 콘텐츠 간 설계를 위한 학습분석학을 수행하려면 학제간 융합이 필수적이다. 사물인터넷 기술을 활용한 맥락 센싱, 콘텐츠 추천에 필요한 인공지능 기술 등은 이공계 분야에서도 첨단 기술에 속하며, 교육공학도의 접근을 쉽사리 허용하지 않는다. 따라서 컴퓨터공학의 소프트웨어 기술, 전자공학의 하드웨어 기술, 통계학의 고급 분석 기법을 확보하려면 관련 분야 연구자와의 융합 연구가 불가피하다.

　융합 연구는 몇 가지 방식으로 시도할 수 있다. 첫째, 융합 연구 과제를 수주하고 교육공학자가 그 책임을 맡는 방식이다. 둘째, 대학원 수준에서 융합 연계 전공을 개설하는 방법이다. 기술 수준의 첨단성을 고려할 때, 이 방법을 통해 양성된 대학원생들로부터 연구 성과를 생산해내기는 어렵지만, 학문 후속세대를 육성한다는 점에서 장기적인 효과를 볼 수 있으리라 기대된다.

3) 연구 윤리 준수 및 피험자 보호

최근 들어 피험자 보호를 위한 법적 규제와 윤리적 압력이 사회과학 연구 전반에서 크게 강화되고 있다. 나이가 어린 미성년자, 권력 관계에서 열위(劣位)에 놓인 학생 등의 피해를 줄이고 인격과 프라이버시를 보호하려는 노력은 사회과학 연구자의 기본 의무가 되었다. 학습분석학은 그 성격상 통상 기준 외에 몇 가지 추가적인 법−윤리적 고려를 필요로 한다. 학습분석학의 발전을 가로막는 장애물은 기술적 또는 교수설계적 영역뿐만 아니라 법−윤리 영역에도 존재한다.

첫째, 프라이버시 보호와 관련된 이슈이다. 학습분석학에 활용되는 데이터 중 일부는 비간섭적 방식으로 수집된다. 비간섭적으로 수집되는 데이터는 응답자의 기억 손상, 사회적 바람직성 등에 의해 왜곡되지 않고, 관찰하고자 하는 학습 활동을 방해하지 않으며, 자동으로 수집된다는 장점을 지닌다. 그러나 데이터 수집 시점에 피험자는 자신의 어떤 행동이 기록되고 있는지 잘 인식하지 못하므로 피험자의 프라이버시와 정보적 자기결정권이 심각하게 훼손될 수 있다. 특히 웨어러블 디바이스를 통해 얻을 수 있는 생체 반응 데이터의 경우, 개인의 건강 관련 정보로도 간주될 수 있어 더욱 엄격한 규제를 받게 된다.

둘째, 디지털 발자국(digital footprint)이라는 상업적 가치가 있는 정보 거래와 관련된 이슈이다. 구글, YouTube, 페이스북 등 공유경제를 주도하는 기업의 비즈니스 모델은 사용자의 '디지털 발자국'을 가공한 뒤 이를 광고주에게 팔아 수익을 챙기는 것이다. 프라이버시 문제와 달리 이 문제는 디지털 발자국에 대한 저작권 및 사용권에 관한 상거래적 규제를 받는다.

따라서 학습분석학으로부터 제공받는 서비스의 효용과, 자신이 제공하는 정보의 가치 및 프라이버시 손상 정도를 비교할 기회를 주고, 학습자의 동의를 구해 일종의 계약을 맺는 절차를 거칠 필요가 있다. 이 두 가지 문제를 해결하기 위해 미국 등 선진국의 법조계 및 사업계를 중심으로 논쟁이 활발히 이루어지고 있으므로, 그 귀추를 주목할 필요가 있겠다.

4) 마치는 글

디지털 공유경제 시대는 테크놀로지 기반 위에서 인간의 다양성과 창조성을 촉진하고, 그 결과로 생산된 고부가가치 지식과 아이디어가 유통되는 새로운 형태의 시장경제 체제이다. 이 시대를 살아가기 위해 사람들은 더 많은 지식과 정보를 얻고, 이를 타인과 공유함으로써 스스로 지식 생산성을 높여가야 한다. 이러한 새로운 형태의 학습 과정 중 많은 부분이 컴퓨터와 인터넷을 매개로 MOOC와 같은 다양한 공유 콘텐츠를 활용해 이루어지고 있다. 또한 이러한 비형식학습 과정은 부지불식 간에 방대한 규모의 디지털 발자국을 남기고 있다.

방대하게 누적되는 빅 데이터로부터 상업적 가치를 창출하는 비즈니스 인텔리전스와 비견할 때, 학습분석학은 그 가치를 학습자에게 되돌려주고자 하는 시도라 할 수 있다. 학습분석학은 교육공학의 본래적 이념, 즉 체제 접근을 통한 인간의 학습과 수행 촉진이라는 가치를 보존하는 동시에, 디지털 공유경제 시대가 던지는 도전들에 대해 효과적으로 응전할 수 있도록 우리를 도울 것이다.

디지털 공유경제 시대의 교육공학이 정규교육에서의 책무성을 보장하고, 비형식학습에서의 개인별 맞춤형 지원을 효과적으로 수행하려면 학습분석학과의 접목이 필요하다. 디지털 공유경제 시대에 도전과 응전의 과정을 거쳐 진화한 교육공학은 이전 아날로그 시장경제 시대의 교육공학과는 구분하여 '교육공학 2.0'이라 지칭할 수 있을 것이다. 교육공학 2.0의 탄생을 준비하는 역할은 이제 교육공학 관련 연구자와 실행가들의 몫이다.

강순화, 이은경, & 양난미. (2000). 학업우수 및 학업부진 학생의 학업실태 분석을 통한 대학에서의 학업지원방안에 관한 연구. **한국심리학회지: 상담 및 심리치료, 12**(2), 221 – 242.

곽수란. (2003). 학교효과 평가를 위한 교사관련 과정변인 분석. **교육사회학연구, 13**(3), 1 – 20.

권성연. (2009). e – Learning 환경에서 성인학습자의 학습시간 계획 실천 수준에 따른 학습참여, 학습지연, 학습시간, 학업 성취 차이 분석. **학습자중심교과교육연구, 9**(3), 61 – 86.

김도영, 이재호, 박문호, 최윤호, & 박윤옥. (2017). 뇌파신호 및 응용기술동향. **전자통신동향분석, 32**(2). 19~28.

김병수, 민정아. (2015). **스트레스클리닉에서 HRV의 활용과 해석**. 서울: 범문에듀케이션.

김시태. (2003). **e – Learning에서 학습자의 학습행동과 학업성취도와의 관계.** (석사학위), 한국기술대학교, 충남.

김은영, & 박승호. (2006). 자기조절학습의 구성요소로서 동기조절과 학업성취와의 관계. **교육학연구, 44**, 101 – 130.

김진, & 용환승. (2014). 데이터 마이닝 기법을 이용한 특성화고등학교 교육성과 분석. **컴퓨터교육학회논문지, 17**(6), 21 – 33.

김현진. (2011). 한국 대학생들의 자기조절동기, 학업정서 및 인지적 자기조절 학습전략 사용 간의 경로 탐색 연구. **교육심리연구, 25**(3), 693 – 716.

노명선. (2017). 개인정보 비식별 조치, 세계 각국은 어떻게 하고 있나요. 보안뉴스. Retrieved from http://www.boannews.com/media/view.asp?idx = 57111&kind = 2.

류지헌, & 임지현. (2008). 초등학생의 자기결정성 동기요인이 인지전략과 학업성취에 미치는 인과관계의 검증. **교과교육학연구, 12**(1), 219 – 238.

박연정, 조일현. (2014), 학습관리시스템에서 학습 분석학관점의 대시보드 설계: 분석과 설계 도구로서 활동 이론의 적용. **교육공학연구, 30**(2), 221 – 258.

박정배, & 임희석. (2015). 협동학습을 위한 소셜러닝 플랫폼 설계. **한국컴퓨터교육학회 학술발표대회논문집, 19**(2), 171 – 174.

성기선, & 신나민. (2003). 원격고등교육기관 학생들의 학업성취과정과 교육결과에 미치는 관련변인 분석. **한국교육사회학연구, 13**(2), 117 – 134.

성한올, & 조일현. (2018). 온라인 학습 상황에서 행동 로그, 생리심리반응 및 시험불안을 통한 멀티모달 (Multimodal) 학업성취 예측모형 개발. **교육공학연구, 34**(2), 287－308.

신명희, 박승호, & 서은희. (2005). 여자 대학생의 학업성취도에 따른 시간관리 및 지연행동 연구. **교육학연구, 43**, 211－230.

신종호, 최재원, & 고욱. (2015). 대학교육에서 학습분석 적용에 관한 탐색적 연구: 교수자의 관점을 중심으로. **교육공학연구, 31**(2), 223－252.

안도희, 김지아, & 황숙영. (2005). 초·중·고등학생의 학업성취에 영향을 주는 변인탐색. **교육심리연구, 19**(4), 1199－1217.

양명희. (2002). 자기조절학습 구성변인과 학업 성취와의 관계 연구. **아시아교육연구, 3**(2), 47－70

오예지, & 조일현. (2017). 수학불안 수준이 수행효율성에 미치는 영향: 대학생의 동공 크기를 중심으로. **교육공학연구, 33**(3), 653－680.

윤중수, 강지혁, 김철승, 김지용, 송선옥, 최완수, … 신경아. (2014). **신경기능검사학: 뇌파검사·근전도검사·유발전위검사.** 서울: 고려의학.

이병엽, 임종태, & 유재수. (2013). 빅 데이터를 이용한 소셜미디어 분석 기법의 활용. **한국콘텐츠학회논문지, 13**(2), 211－219.

이수경, & 권성연. (2007). e－Learning 환경에서 학습자 및 학습과정 특성에 따른 학습전략 차이 분석. **교육정보미디어연구, 13**(2), 53－78.

이인숙. (1999). 컴퓨터 컨퍼런싱 참여에 미치는 변인에 관한 사례 연구. **교육학연구, 37**(1), 127－153.

이인숙. (2002). e－Learning 학습전략 수준 및 학업성취도 규명. **교육공학연구, 18**(2), 51－67.

이재경. (1999). 자기주도학습과 웹기반 교육. In 나일주 (Ed.), **웹기반 교육**(pp. 371－384). 서울: 교육과학사.

이혜주, & 정의현. (2013). 컴퓨터활용교육: 청소년의 컴퓨터 오락추구 행동을 예측하기 위한 신경망 활용. **컴퓨터교육학회논문지, 16**(2), 39－48.

임소혜 (2009). 영상 콘텐츠의 사실성과 유인가가 수용자의 심리적 반응에 미치는 효과에 관한 연구. **한국방송학보, 23**(5), 339－379.

장봉석, & 신인수. (2011). 자기조절학습 프로그램이 초등학생의 발달과 학업성취에 주는 효과의 메타분석. In: **교육과정연구.**

정종진. (1996). **학교학습과 동기:** 교육과학사.

정진명, 유기영, & 구찬동. (2017). 교육정책관련 여론탐색을 위한 소셜미디어 감정분석 연구. **정보화정책, 24**(4), 3－16.

조용상. (2013). 표준화 이슈리포트: 학습 분석 기술 활용가능성 및 전망. **한국교육학술정보원, 연구자료 RM, 15**.

조일현, & 김연희. (2014). 대학생의 학습동기, 인지전략 및 학업성취 간의 구조적 관계 분석. **교육과학연구, 45**(2), 77−98.

조일현, & 김윤미. (2013). 이러닝에서 학습자의 시간관리 전략이 학업성취도에 미치는 영향: 학습분석학적 접근. **교육정보미디어연구, 19**(1), 83−107.

조일현, & 김정현. (2013). 학습분석학을 활용한 e−러닝 학업성과 추정 모형의 통계적 유의성 확보 시점 규명. **교육공학연구, 29**, 285−306.

조일현, & 임규연. (2002). GBS 설계 모델을 적용한 기업 e−learning 학습 환경에서 학습성과에 영향을 미치는 요인. **교육공학연구, 18**(4), 79−110.

조일현. (2014). 세상을 바꾸는 빅 데이터. 명품 이화아카데미 특강.

조일현. (2015). 학습분석학과 학습설계, 그 융합 지평의 전개. **한국교육공학회 학술대회발표자료집, 2015**(2), 422−434.

조현철. (2003). 자율적 학업동기, 학습전략 및 학업성취간 관계의 구조방정식 모형 분석. **교육학연구, 41**, 225−251.

최우진, 이충기, 유선국. (2011). 15세 미만 아동을 대상으로 한 집중상태에서 EEG 신호와 HRV의 상관관계 분석. **감성과학, 14**(2), 269−278.

최재경. (2016). 빅 데이터 분석의 국내외 활용 현황과 시사점. KISTEP((한국과학기술기획평가원) InI, 14, 33−43.

한순미. (2004). 학습동기 변인들과 인지전략 및 학업성취간의 관계. **교육심리연구, 18**(1), 329−350.

한영숙, 현성용, 이종구, & 조현철. (2007). 학습기술과 학습동기 및 자기효능감과 학업성취간의 관계. **한국심리학회지: 학교, 4**(2), 153−172.

함유근, & 채승병. (2012). **빅 데이터, 경영을 바꾸다**: 삼성경제연구소.

Adams Becker, S., Cummins, M., Davis, A., Freeman, A., Hall Giesinger, C., and Ananthanarayanan, V. (2017). *NMC Horizon Report:2017 Higher Education Edition*. Austin,Texas: The New Media Consortium.

Ahasan, R., & Imbeau, D. (2003). Work−Related Research, Education, and Training in Developing Countries. *International Journal of Occupational Safety and Ergonomics, 9*(1), 103−114.

Antonenko, P., Paas, F., Grabner, R., & Van Gog, T. (2010). Using electro−

encephalography to measure cognitive load. *Educational psychology review, 22*(4), 425−438.

Arnold, K. E., & Pistilli, M. D. (2012). *Course signals at Purdue: Using learning an−alytics to increase student success.* Paper presented at the Proceedings of the 2nd International Conference on Learning Analytics and Knowledge.

Baker, B. M. (2007). *A conceptual framework for making knowledge actionable through capital formation.* University of Maryland University College.

Bakharia, A., & Dawson, S. (2011). *SNAPP: a bird's−eye view of temporal partic−ipant interaction.* Paper presented at the Proceedings of the 1st international conference on learning analytics and knowledge.

Beatty, J. (1982). Task−evoked pupillary responses, processing load, and the structure of processing resources. *Psychological Bulletin, 91,* 276-292.

Beatty, J., & Lucero−Wagoner, B. (2000). The pupillary system. In John T. Cacioppo, Louis G. Tassinary, and Gary G. Berntson (Eds.), *Handbook of Psychophysiology*(pp.142−162).Cambridge University Press.

Berntson, G. G., & Cacioppo, J. T. (2004). Heart rate variability: Stress and psychi−atric conditions. *Dynamic electrocardiography, 57−64.*

Blaxter, L., & Tight, M. (1994). Juggling with time: How adults manage their time for lifelong education. *Studies in the Education of Adults, 26*(2), 162−179.

Blikstein, P. (2013). *Multimodal learning analytics.* Paper presented at the Proceedings of the thirdinternational conferenceon learning analytics and knowledge.

Bradley, M. M., Codispoti, M., Cuthbert, B. N., & Lang, P. J. (2001). Emotion and motivation I: defensive and appetitive reactions in picture processing. *Emotion, 1*(3), 276.

Britton, B. K., & Tesser, A. (1991). Effects of time−management practices on col−lege grades. *Journal of educational psychology, 83*(3), 405.

Brown, M. (2011). Learning analytics: the coming third wave. *EDUCAUSE Learning Initiative Brief,* 1−4.

Cacioppo, J. T., Tassinary, L. G., & Berntson, G. (Eds.). (2007). *Handbook of psychophysiology.* Cambridge University Press.

Camm, A. J., Malik, M., Bigger, J., Breithardt, G., Cerutti, S., Cohen, R. J., . . .

Kleiger, R. (1996). Heart rate variability. Standards of measurement, physiological interpretation, and clinical use. *European hear tjournal, 17*(3), 354−381.

Campbell, J. P., & Oblinger, D. G. (2007). Top−ten teaching and learning issues, 2007. *Educause Quarterly, 30*(3), 15−22.

Chatti, M. A., Dyckhoff, A. L., Schroeder, U., & Thüs, H. (2012). A reference model for learning analytics. *International Journal of Technology Enhanced Learning, 4*(5−6), 318−331.

Chung, Y. S., Kim, H. Y., & Kang, S. (2010). An exploratory study on the correla− tions of learning strategies, motivation, and academic achievement in adult learners. *The Journal of Educational Research, 8*(2), 23−41.

Clow, D. (2012). *The learning analytics cycle: closing the loop effectively.* Paper presented at the Proceedings of the 2nd international conference on learning an− alytics and knowledge.

Dahlstrom, E., Walker, J., & Dziuban, C. (2013). ECAR study of undergraduate students and information technology, 2013. *Boulder, CO: Educause Center for Applied Research.*

Daniel, B. (2015). Big Data and analytics in higher education: Opportunities and challenges. *British journal of educational technology, 46*(5), 904−920.

Daniel, B. (2016). *Big data and learning analytics in higher education:* Springer.

Davies, J., & Graff, M. (2005). Performance in e-learning: online participation and student grades. *British Journal of Educational Technology, 36*(4), 657−663.

Dawson, S. (2010). 'Seeing'the learning community: An exploration of the develop− ment of a resource for monitoring online student networking. *British journal of educational technology, 41*(5), 736−752.

Dirican, A. C., & Göktürk, M. (2011). Psychophysiological Measures of Human Cognitive States applied in human computer interaction. *Procedia Computer Science, 3*, 1361−1367.

Drachsler, H., & Greller, W. (2016, April). Privacy and analytics: it's a DELICATE issue a checklist for trusted learning analytics. In *Proceedings of the sixth inter− national conference on learning analytics & knowledge*(pp. 89−98). ACM.

Dron, J., & Anderson, T. (2009). *On the design of collective applications.* Paper presented at the Computational Science and Engineering, 2009. CSE'09. International Conference on.

Durden, G., & Ellis, L. (2003). Is class attendance a proxy variable for student mo-tivation in economics classes? An empirical analysis. *International Social Science Review*, 42-46.

Eastmond, D. V. (1998). Adult learners and Internet-based distance education. *New directions for adult and continuing education, 1998*(78), 33-41.

Eckerson, W. W. (2010). *Performance dashboards: Measuring, monitoring, and managing your business* (2nd ed.): Wiley.

EDUCAUSE. (2010). Things you should know about ANALYTICS. *ELI 7 Things You Should Know*.

Elias, T. (2011). Learning analytics: Definitions, processes and potential. *Learning, 23*, 134-148.

Feldhusen, J. F. (1995). Creativity: A knowledge base, metacognitive skills, and personality factors. *The Journal of Creative Behavior, 29*(4), 255-268.

Ferguson, R. (2012). Learning analytics: drivers, developments and challenges. *International Journal of Technology Enhanced Learning, 4*(5-6), 304-317.

Ferguson, R. (2012). The state of learning analytics in 2012: A review and future challenges. *Knowledge MediaInstitute, Technical Report KMI-2012-01*.

Few, S. (2013). *Information dashboard design: Displaying data for at-a-glance monitoring* (2nd ed.). Burlingame, CA: Analytics Press.

Flavell, J. H. (1979). Metacognition and cognitive monitoring: A new area of cogni-tive-developmental inquiry. *American psychologist, 34*(10), 906.

Fusco, A., Iosa, M., Gallotta, M. C., Paolucci, S., Baldari, C., & Guidetti, L. (2014). Different performances in static and dynamic imagery and real locomotion. An exploratory trial. *Frontiers in human neuroscience, 8*, 760.

Gantz, J., & Reinsel, D. (2012). The digital universe in 2020: Big data, bigger digital shadows, and biggest growth in the far east. *IDC iView: IDC Analyze the future, 2007*(2012), 1-16.

Garrison, D. R., Anderson, T., & Archer, W. (2001). Critical thinking, cognitive presence, and computer conferencing in distance education. *American Journal of distance education, 15*(1), 7-23.

Gartner, I. (2015). Glossary.(2012). *Big Data*.

Gašević, D., Dawson, S., & Siemens, G. (2015). Let's not forget: Learning analytics are about learning. *Tech Trends, 59*(1), 64−71.

Gaudioso, E., & Talavera, L. (2006). Data mining to support tutoring in virtual learning communities: Experiences and challenges. *Data Mining in E−Learning (Advances in Management Information), 4,* 207−225.

Goldwater, B. C. (1972). Psychological significance of pupillary movements. *Psychological bulletin, 77*(5), 340.

Gomes, J., Yassine, M., Worsley, M., & Blikstein, P. (2013, July). Analysing en−gineering expertise of high school students using eye tracking and multimodal learning analytics. In *Educational DataMining 2013.*

Greller, W., & Drachsler, H. (2012). Translating learning into numbers: A generic framework for learning analytics. *Journal of Educational Technology & Society,15*(3), 42.

Gunawardena, C. N., Lowe, C. A., & Anderson, T. (1997). Analysis of a global on−line debate and the development of an interaction analysis model for examining social construction of knowledge in computer conferencing. *Journal of educa−tional computing research, 17*(4), 397−431.

Han, J., Pei, J., & Kamber, M. (2011). *Data mining: concepts and techniques.* Elsevier.

Hanna, M. (2004). Data mining in the e−learning domain. *Campus−wide in−formation systems, 21*(1), 29−34.

Hendricks, M., Plantz, M. C., & Pritchard, K. J. (2008). Measuring outcomes of United Way-funded programs: Expectations and reality. *New Directions for Evaluation, 2008*(119), 13−35.

Henri, F. (1992). Computer conferencing and content analysis. In *Collaborative learning through computer conferencing* (pp. 117−136): Springer.

Hess, E. H., & Polt, J. M. (1960). Pupil size as related to interest value of visual stimuli. *Science, 132*(3423), 349−350.

Hess, E. H., & Polt, J. M. (1964). Pupil size in relation to mental activity during simple problem−solving. *Science, 143*(3611), 1190−1192.

Hoecks, B., & Levelt, W. J. M. (1993). Pupillary dilatation as a measure of attention: A quantitative system analysis. *Behavior Research Methods, Instruments, & Computers, 25,* 16−26.

Hofer, B. K., & Pintrich, P. R. (1997). The development of epistemological theories: Beliefs about knowledge and knowing and their relation to learning. *Review of educational research, 67*(1), 88−140.

Hoffman, J. E., & Subramaniam, B. (1995). The role of visual attention in saccadic eye movements. *Perception & psychophysics, 57*(6), 787−795.

Jeon, H., & Seung−Hwan Lee, M. (2016). 학습과 기억의 뇌파. *Korean J BiolPsychiatry, 23*(3),102−107.

Jex, S. M., & Elacqua, T. C. (1999). Time management as a moderator of relations between stressors and employee strain. *Work & Stress, 13*(2), 182−191.

Jo, I. H., Kim, D., &Yoon, M. (2014, March). Analyzing the log patterns of adult learners in LMS using learning analytics. *In Proceedings of the Fourth International Conference on Learning Analytics And Knowledge* (pp. 183−187). ACM.

Jo, I., Kim, D., & Yoon, M. (2015). Constructing Proxy Variables to Measure Adult Learners' Time Management Strategies in LMS *Educational Technology and Soceity, 18*(3), 214−225.

Jo, I., Park, Y., & Lee, H. (2017). Three interaction patterns on asynchronous online discussion behaviours: A methodological comparison. *Journal of Computer Assisted Learning, 33*(2), 106−122.

Jo, I., Park, Y., Kim, J., & Song, J. (2014). Analysis of online behavior and pre−diction of learning performance in blended learning environment. *Educational Technology International, 15*(2), 137−153.

Jo, I., Park, Y., Yoon, M., & Sung, H. (2016). Evaluation of Online Log Variables that Estimate Learners' Time Management in a Korean Online Learning Context. *The International Review of Research in Open and Distributed Learning, 17*(1).

Johnson, L., Smith, R., Willis, H., Levine, A., & Haywood, K. (2011). The horizon report 2011. *The New Media Consortium, Austin.*

Kahneman, D. (1973). *Attention and effort* (Vol. 1063). Englewood Cliffs, NJ: Prentice−Hall.

Kahneman, D., & Beatty, J. (1966). Pupil diameter and load on memory. *Science, 154*(3756), 1583−1585.

Kaufman−Scarborough, C., & Lindquist, J. D. (1999). Time management and poly−

chronicity: Comparisons, contrasts, and insights for the workplace. *Journal of Managerial Psychology, 14*(3/4), 288−312.

Khalil, M., & Ebner, M. (2015, June). Learning analytics: principles and constraints. In *EdMedia: World Conferenceon Educational Media and Technology*(pp. 1789−1799). Association for the Advancement of Computingin Education(AACE).

Kim, D., Park, Y., Yoon, M., & Jo, I. (2016). Toward evidence−based learning an−alytics: Using proxy variables to improve asynchronous online discussion environments. *The Internet and Higher Education, 30,* 30−43.

Kim, J., & Jo, I. (2019). Exploring the feasibility and use of psychophysiological re−sponses based on cognitive load theory. *Australasian Journal of Educational Technology, 35*(3), 150−165. https://doi.org/10.14742/ajet.4163

Kirkpatrick, D. L., & Kirkpatrick, J. D. (2006). *Evaluating training programs: The four levels* (3rd ed.). San Francisco: Berrett−Koehler.

Klösgen, W., & Zytkow, J. M. (2002). *Knowledge discovery in databases: the pur−pose, necessity, and challenges.* Paper presented at the Handbook of data mining and knowledge discovery.

Laeng, B., Sirois, S., & Gredebäck, G. (2012). Pupillometry: a window to the pre−conscious? *Perspectives on psychological science, 7*(1),18−27.

Lai, M. L., Tsai, M. J., Yang, F. Y., Hsu, C. Y., Liu, T. C., Lee, S. W. Y., ... & Tsai, C. C. (2013). A review of using eye−tracking technology in exploring learning from 2000 to 2012. *Educational research review, 10,* 90−115.

Landgraf, S., van der Meer, E., & Krueger, F. (2010). Cognitive resource allocation for neural activity underlying mathematical cognition: A multi−method study. *Zdm, 42*(6), 579−590.

Lang, C., Siemens, G., Wise, A., & Gašević, D. (Eds.). (2017). *Handbook of Learning Analytics−First edition:* Society for Learning Analytics Research.

Larusson, J. A., & White, B. (2014). *Learning analytics: From research to practice* (Vol. 13): Springer.

Lei, X., Pahl, C., & Donnellan, D. (2003, July). An evaluation technique for content interaction in web−based teaching and learning environments. *In Proceedings 3rd IEEE International Conference on Advanced Technologies* (pp. 294−295).

Luan, J. (2002). Data mining and its applications in higher education. *New direc−*

tions for institutional research, 2002(113), 17−36.

Macan, T. H., Shahani, C., Dipboye, R. L., & Phillips, A. P. (1990). College students' time management: Correlations with academic performance and stress. *Journal of educational psychology, 82*(4), 760.

Manyika, J., Chui, M., Brown, B., Bughin, J., Dobbs, R., Roxburgh, C., & Byers, A. H. (2011). Big data: The next frontier for innovation, competition, and productivity.

Mazza, R., & Milani, C. (2004). *Gismo: a graphical interactive student monitoring tool for course management systems.* Paper presented at the Technology Enhanced Learning Conference, Milan.

Mor, E., & Minguillón, J. (2004). *E−learning personalization based on itineraries and long−term navigational behavior.* Paper presented at the Proceedings of the 13th international World Wide Web conference on Alternate track papers & posters.

Mostow, J., & Beck, J. (2006). Some useful tactics to modify, map and mine data from intelligent tutors. *Natural Language Engineering, 12*(2), 195−208.

NIST. (2018). *NIST Big Data Interoperability Framwork: Volume 1, Definitions.* Retrieved from https://doi.org/10.6028/NIST.SP.1500−1r1

Oblinger, D., & Campbell, J. (2007). Academic analytics, educause white paper. *Retrieved October, 20*, 2011.

Obrist, P. A. (2012). *Cardiovascular psychophysiology: A perspective.* Springer Science & Business Media.

Open University of England. (2014). Policy on Ethical Use of Student Data for Learning Analytics Retrieved 03 December 2014 from http://www.open.ac.uk/students/charter/sites/www.open.ac.uk.students.charter/files/files/ecms/webcontent/ethical−use−of−student−data−policy.pdf

Orpen, C. (1994). The effect of time−management training on employee attitudes and behavior: A field experiment. *The Journal of psychology, 128*(4), 393−396.

Paas, F. G., & Van Merriënboer, J. J. (1993). The efficiency of instructional conditions: An approach to combine mental effort and performance measures. Human Factors: *The Journal of the Human Factors and Ergonomics Society, 35*(4), 737−743.

Papillo, J. F., & Shapiro, D. (1990). The cardiovascular system In JT Cacioppo and

LG Tassinary (Eds.) *Principles of psychophysiology: Physical, social, and in—ferential elements* (pp. 456−512).

Pardo, A., & Teasley, S. (2014). Learning analytics research, theory and practice: widening the discipline. *Journal of Learning Analytics, 1*(3), 4−6.

Park, Y., & Jo, I. (2015). Development of Learning Analytics Dashboard Supporting Learning Performance. *Journal of Universal Computing Science, 21*(1), 110−133.

Parry, M. (2012). Big data on campus. *TheNewYorkTimes,* 18.

Pesut, D. J. (1990). Creative Thinking as a Self-Regulatory Metacognitive Process-A Model for Education, Training and Further Research. *The Journal of Creative Behavior, 24*(2), 105−110.

Petersen, R. J. (2012). Policy Dimensions of Analytics in Higher Education. *EDUCAUS Ereview, 47*(4),44.

Piateski, G., & Frawley, W. (1991). *Knowledge discovery in databases.* MIT press.

Piccoli, G., Ahmad, R., & Ives, B. (2001). Web−based virtual learning environ—ments: A research framework and a preliminary assessment of effectiveness in basic IT skills training. *MIS quarterly*, 401−426.

Pintrich, P. R. (1988). A process-oriented view of student motivation and cognition. *New directions for institutional research, 1988*(57), 65−79.

Pintrich, P. R., & De Groot, E. V. (1990). Motivational and self−regulated learning components of classroom academic performance. *Journal of educational psy—chology, 82*(1), 33.

Pintrich, P. R., Smith, D. A., García, T., & McKeachie, W. J. (1993). Reliability and predictive validity of the Motivated Strategies for Learning Questionnaire (MSLQ). *Educational and psychological measurement, 53*(3), 801−813.

Porges, S. W. (1995). Orienting in a defensive world: Mammalian modifications of our evolutionary heritage: A polyvagal theory. *Psychophysiology, 32*, 301-318.

Prell, C. (2011). *Social network analysis: History, theory and methodology.* Sage Publications Limited.

Ravaja, N. (2004). Contributions of psychophysiology to media research: Review and recommendations. *Media Psychology, 6*(2), 193−235.

Rayner, K. (1997). Understanding eye movements in reading. *Scientific Studies of Reading, 1*(4), 317−339.

Reinsel, D., & Gantz, J. (2012). The digital universe in 2020: Big data. *Bigger Digital Shadows, and Biggest Growth in the Far East, 12*, 2014−2009.

Rizzatti, L. (2016). Digital data storage is undergoing mind−boggling growth. EE Ti mes. Retrieved from https://www.eetimes.com/author.asp?section_id=36&doc_id =1330462

Rogers, C., McEwen, M., & Pond, S. (2010). The use of web analytics in the design and evaluation of distance education. *Using emerging technologies in distance education, 231−248.*

Romero, C., & Ventura, S. (2006). *Data mining in e−learning* (Vol. 4): Wit Press.

Romero, C., & Ventura, S. (2007). Educational data mining: A survey from 1995 to 2005. *Expert systems with applications, 33*(1), 135−146.

Romero, C., Ventura, S., & García, E. (2008). Data mining in course management sys− tems: Moodle case study and tutorial. *Computers & Education, 51*(1), 368−384.

Schunk, D. H., Meece, J. R., & Pintrich, P. R. (2012). *Motivation in education: Theory, research, and applications.* Pearson Higher Ed.

Shum, S. B., Knight, S., & Littleton, K. (2012). *Learning analytics.* Paper presented at the UNESCO Institute for Information Technologies in Education. Policy Brief.

Siemens, G. (2013). Learning Analytics The Emergence of a Discipline. *American Behavioral Scientist, 57*(10), 1380−1400.

Siemens, G., & Baker, R. S. (2012). *Learning analytics and educational data mining: towards communication and collaboration.* Paperpres entedatthe Proceedings of the 2nd international conference on learning analytics and knowledge.

Siemens, G., & Long, P. (2011). Penetrating the Fog: Analytics in Learning and Education. *EDUCAUSE review, 46*(5), 30.

Siemens, G., Gasevic, D., Haythornthwaite, C., Dawson, S., Shum, S. B., Ferguson, R., ... Baker, R. (2011). Open Learning Analytics: an integrated & modularized platform. *Proposal to design, implement and evaluate an open platform to in− tegrate heterogeneous learning analytics techniques.*

Slade, S., & Prinsloo, P. (2013). Learning analytics: Ethical issues and dilemmas. *American Behavioral Scientist, 57*(10), 1510−1529.

Slaven, G., & Totterdell, P. (1993). Time management training: does it transfer to the workplace? *Journal of Managerial Psychology, 8*(1), 20−28.

Talavera, L., & Gaudioso, E. (2004). *Mining student data to characterize similar be-havior groups in unstructured collaboration spaces.* Paper presented at the Workshop on artificial intelligence in CSCL. 16th European conference on artificial intelligence.

Tanes, Z., Arnold, K. E., King, A. S., & Remnet, M. A. (2011). Using Signals for ap-propriate feedback: Perceptions and practices. *Computers & Education, 57*(4), 2414-2422. doi: 10.1016/j.compedu.2011.05.016.

Taylor, L., & McAleese, V. (2012). Beyond retention: Using targeted analytics to improve student success. *EDUCAUSE Review Online.*

Thaler, R. H., & Sunstein, C. R. (2008). *Nudge: Improving decisions about health, wealth, and happiness.* In: Springer.

Tryon, W. W. (1975). Pupillometry: A survey of sources of variation. *Psychophysiology, 12*(1), 90-93.

Tsantis, L., & Castellani, J. (2001). Enhancing learning environments through sol-ution-based knowledge discovery tools: Forecasting for self-perpetuating sys-temic reform. *Journal of Special Education Technology, 16*(4), 39-52.

Turner, J. R. (1994). *Cardiovascular reactivity and stress: Patternsof physiological response.* New York: Plenum.

Verbert, K., Duval, E., Klerkx, J., Govaerts, S., & Santos, J. L. (2013). Learning ana-lytics dashboard applications. *American Behavioral Scientist, 57*(10), 1500-1509.

Verbert, K., Govaerts, S., Duval, E., Santos, J. L., Assche, F., Parra, G., ... Computing, U. (2014). Learning dashboards: an overview and future research opportunities. *Personal and Ubiquitous Computing, 18*(6), 1499-1514.

Ward, J. S., & Barker, A. (2013). Undefined by data: a survey of big data definitions. *arXiv preprint arXiv:1309.5821.*

Wickens, M. R. (1972). A note on the use of proxy variables. *Econometrica: Journal of the Econometric Society,* 759-761.

Wighting, M. J., Liu, J., & Rovai, A. P. (2008). Distinguishing sense of community and motivation characteristics between online and traditional college students. *Quarterly Review of Distance Education, 9*(3), 285-295.

Willis, J. Campbell, J. & Pistilli, M. (2013). Collegiate Administration and the Obligation of Knowing: An Essay on Practical Ethics in an Era of Big Data.

Educause.

Wolters, C. A. (1998). Self−regulated learning and college students' regulation of motivation. *Journal of educational psychology, 90*(2), 224.

Woolfolk, A. E., & Woolfolk, R. L. (1986). Time management: An experimental investigation. *Journal of school Psychology, 24*(3), 267−275.

Yoo, Y., Lee, H., Jo, I., & Park, Y. (2014). *Educational Dashboards for Smart Learning: Review of Case Studies.* Paper presented at the International Conference of Smart Learning Environment, Hong Kong.

Zhu, E. (2006). Interaction and cognitive engagement: An analysis of four asyn−chronous online discussions. *Instructional Science, 34*(6), 451−480.

Zimmerman, B. J. (2002). Becoming a self−regulated learner: An overview. *Theory into practice, 41*(2), 64−70.

Zimmerman, B. J., & Pons, M. M. (1986). Development of a structured interview for assessing student use of self−regulated learning strategies. *American educational research journal, 23*(4), 614−628.

Zorrilla, M. E., Menasalvas, E., Marin, D., Mora, E., & Segovia, J. (2005). *Web usage mining project for improving web−based learning sites.* Paper presented at the International conference on computer aided systems theory.

INDEX

ㄱ

가상학습공간(Virtual Learning
  Environment: VLE) 146
가설 주도형 29
게시판 활용 125
고 성취자(high achievers) 120
과제복합성 200
광의의 빅데이터 13
교육적 데이터 마이닝(Educational Data
  Mining: EDM) 26
군집기반 예측모델 130
군집분석 123
귀납적인 접근 29
규모의 경제 228
기저 반응 196

ㄴ

내용분석 106
내적 신뢰성(inter−rater reliability) 108
내향 중심도(in−degree centrality) 108
네트워크 중심도(degree centrality) 108
넷플릭스 20

ㄷ

다중회귀분석 104
담화 분석 154
대리변인(proxy variable) 81
데이터 마이닝(data mining) 28, 39

데이터 베이스 내 지식 발견 27
데이터 양 12
데이터의 시각화 도구 19
데이터의 폭발적 증가 16
동영상 재생 125
디지털 공유경제 223
디지털 교과서 223
디지털 발자국 230
딥 러닝(deep learning) 223

ㄹ

랜덤 포레스트(Random Forest) 120
로그 분석 110
로그데이터 38

ㅁ

모수 통계 39
몸짓 감지(gesture sensing) 192
밀도(density) 109

ㅂ

바쁜 참새(Busy sparrow) 127
바이오 센서 192
별 모양 네트워크 119
부지런한 개미 127
분류 기법(classification technique) 120
분석과 예측 96
블렌디드 러닝(BL) 99, 102

비식별화 210
비정형 데이터 17
비즈니스 인텔리전스 163
비형식학습 223
비활동적 나무늘보들 127
빅 데이터(Big data) 13
빅브라더 164

ㅅ

사회적 바람직성(social desirability) 42,
 86
사회적 자본 48
생리심리 38
설문조사 80
소셜 네트워크 분석 152
소시오그램(sociogram) 109
스몰브라더 176
시간 및 학습환경 관리 87
시간관리 76
시간관리 전략 79
시스템 이론 224
시험불안 195
신뢰도 165
심리적 구인 59

ㅇ

아카데믹 분석학 44
알파고 171
여섯 가지 Vs 15
예측 분석 149
예측 98
온라인 학습 99

온라인 행동 변수 90
온라인 행동 변인 103
외향 중심도(out-degree centrality) 108
웨어러블 기기 38
웹기반 적응 하이퍼미디어 시스템 28
유의한 예측 시점 113
인공지능 171
인지부하 이론 200
인지적 실재감 107
인지전략 73
일반 예측 모델 130

ㅈ

자기리포트 80
자기조절학습 능력 228
재학률 98
저(抵) 성취자(low achievers) 113, 120
적극적 참여 119
적외선 이미징 192
적응형 학습(Adaptive learning) 분석 151
적절한 개입 방법(intervention) 133
전처리(pre-processing) 56
접속 간격(login interval) 84
접속 간격의 규칙성 83
접속시점 간격 규칙성 100
정보적 자기결정권 212
정형 데이터 17
조기 탐지(early detection) 113
준거타당도 59
중심도 57
중심성(centralization) 109
지속적인 노력과 관심 120

ᄎ

처방 136
총 로그인 횟수 83
총 접속 시간 82
총괄평가(summative evaluation) 43
추론 39

ᄏ

커크패트릭 4단계 평가 175
코스 시그널(Course Signal) 149
코스웨어 226
크롤링 18
클라우드 컴퓨팅 164

ᄐ

타당성 165
토론 주제에 대한 몰입 120
토론 포럼 117
통계 39
팀별 토론 117

ᄑ

판옵티콘 176
페로몬 171
표준편차 84
프록시 변수(proxy variable) 56

ᄒ

학습 조직 171
학습관리시스템 21
학습동기 72

학습분석학 29
학습심리 70
학습전략 73
학업성취 72
행동조절 77
협의의 빅데이터 13
형성평가(formative evaluation) 43
형식학습 223
호라이즌 리포트(Horizon Report) 36

[영문]

ADDIE 224
API(Application Programming
    Interface) 18
D3(Data－Driven Documents) 19
e－러닝 27
Horizon Report 26
HR 161
HRDer 161
IoT 162
Kirkpatrick(2006) 99
K－평균 군집분석 127
LMS 및 VLE 기반 분석 대시보드 146
LMS 접속 125
LMS 활용 지수 100
MOOC 38, 64
MSLQ 검사 74
OCW－OER 64
P2C 112
P2P 112
P2S 112
Python 229
R 229

Random Forest 분석 104
ROI 168
SNA(Social Network Analysis) 108, 121

Society for Learning Analytics
    Research(SOLAR) 37
Watson 38

공저자약력

조일현(Il-Hyun Jo)
Florida State Univ. 교육공학 박사
연세대학교 교육학석사
서울대학교 농경제학과 학사
(현) 이화여자대학교 교육공학과 교수, 인재개발원 원장, 에듀테크융합연구소 소장
(전) 이화여자대학교 교수학습개발원장, 한국기업교육학회 회장, ㈜크레듀 이사

박연정(Yeonjeong Park)
Virginia Tech Univ. 교육공학 박사
이화여자대학교 교육공학과 석사, 학사
(현) 호남대학교 유아교육학과 조교수, 교수학습개발원 전담교수
(전) ㈜크레듀 대리, 삼성SDS 책임컨설턴트, 이화여자대학교 교육과학연구소 연구교수

김정현(Jeonghyun Kim)
이화여자대학교 교육공학과 박사, 석사, 학사
(현) 이화여자대학교 에듀테크융합연구소 박사후연구원
(전) ㈜크레듀 과장

학습분석학의 이해

초판발행   2019년 2월 28일
중판발행   2021년 6월 5일

지은이   조일현·박연정·김정현
펴낸이   노   현

편 집   배근하
기획/마케팅   이선경
표지디자인   김연서
제 작   고철민·조영환

펴낸곳   ㈜ 피와이메이트
             서울특별시 금천구 가산디지털2로 53 한라시그마밸리 210호(가산동)
             등록 2014. 2. 12. 제2018-000080호
전 화   02)733-6771
f a x   02)736-4818
e-mail   pys@pybook.co.kr
homepage   www.pybook.co.kr
ISBN   979-11-89005-28-3   93370

정 가   17,000원